THOMAS CHORHERR
PENSIONSSCHOCK
PLANUNG STATT PANIK

MOLDEN
VERLAG

THOMAS CHORHERR

PENSIONS SCHOCK

PLANUNG STATT PANIK

MOLDEN VERLAG, WIEN

Die deutsche Bibliothek – CIP-Einheitsaufnahme

Chorherr, Thomas
Pensionsschock – Planung statt Panik/Thomas Chorherr –
Wien: Molden Verlag, 2003
ISBN 3-85485-096-4

© 2003 by Molden Verlag GmbH, Wien
www.molden.at
Umschlagentwurf: Veronika Molden
Lektorat: Helga Zoglmann
Herstellung: Alfred Rankel
Satz: Zehetner Ges. m. b. H.
Druck: GGP Media GmbH

ISBN 3-85485-096-4
Alle Rechte vorbehalten, auch die der auszugsweisen
Wiedergabe in Print- oder elektronischen Medien

Inhalt

Kapitel 1: Wissen, wohin man geht
Lebensplanung in Gelassenheit ist schwierig,
aber notwendig 7

Kapitel 2: Schlag nach bei Seneca
Der Ruhestand als erfüllte Zeit der „jungen Alten" ... 15

Kapitel 3: Ein sonderbar Ding
Alles ist reproduzierbar, nur nicht die Zeit 20

Kapitel 4: Die Methusalemgesellschaft vor der Tür
Ein kleiner Ausflug in die Demographie 33

Kapitel 5: Was heisst eigentlich „Lebensstandard"?
Über die vermeintliche Bedürfnislosigkeit im Ruhestand 48

Kapitel 6: Es begann mit Ödipus
Der Generationenkonflikt ist ein ungelöstes Problem . 55

Kapitel 7: Die Zufriedenheit trägt ein Dirndl
Alter, Glück und Lebensplanung 71

Kapitel 8: Wann beginnt das Leben?
Eine Zäsur und wie man sie verkraften kann 78

Kapitel 9: Frohe Musse, tödliche Langeweile
Wie man nach der Lebensarbeitszeit die lebenslange
Freiheit bewältigt 84

Kapitel 10: Von der Flucht aus dem Arbeitsleid
Die Frühpension: Provokante Thesen und nüchterne
Bestandsaufnahmen 89

Kapitel 11: Keine Pension für Alpha-Tiere
Die Macht als lebensverlängerndes Elixier 102

Kapitel 12: Weder Sekretärin noch Dienstwagen
Nicht alle trauern verlorener Macht nach 108

Kapitel 13: Junge Hitzköpfe, alte Feuerlöscher
Ist der Rat der „Wegwerfgeneration" zu teuer? 120

Kapitel 14: Das „schwarze Loch" als Todesfalle
Wenn der Pensionsschock zum Verhängnis wird 131

Kapitel 15: Tschüssi, Welt von gestern!
Können die Jungen Verständnis für die Älteren habe 139

Kapitel 16: Die ungewohnte Freiheit
Wie sich Familienkontakte verändern können 145

Kapitel 17: Gretchenfragen an die Pensionisten
Werden alte Werte von den Alten noch hochgehalten? 153

Kapitel 18: Alte Kameraden, neue Freunde
Einsamkeit – die große Gefahr der Pension 160

Kapitel 19: Der Herr Sektionschef auf der Harley
Die Würde der Pension hat vielerlei Gestalt......... 165

Kapitel 20: Homo sapiens, das graue Lerntier
Das Seniorenstudium als Mittel zur Lebensverlängerun 174

Kapitel 21: Von hier nach dort – und anderswohin
Mobilität kann in der Pension großgeschrieben werde 181

Kapitel 22: Weiterarbeiten ohne Lohn
Ehrenamt und Engagement als sinnvoller „Zeitvertrei 189

Kapitel 23: Die neue Zwei-Klassen-Gesellschaft
Warum in der Pension sowohl Kommunikation wie
Information so wichtig sind 196

Kapitel 24: Der übersehene Reichtum
Wie lange wird die Werbung noch dem Jugendkult
huldigen?..................................... 203

Kapitel 25: Harmonisierung, das unbekannte Wesen
Gleiche Pensionen für alle – oder bleiben manche
gleicher als gleich? 212

Epilog 216
Anhang I....................................... 218
Anhang II 223

Kapitel 1
Wissen, wohin man geht

Lebensplanung in Gelassenheit ist schwierig, aber notwendig

„Wenn ich groß bin, liebe Mutter ...", sang eine Bubenstimme. Das Lied war sehr populär und ist oft im Radio zu hören gewesen. „Wenn ich groß bin, liebe Mutter, will ich alles für dich tun." Eine mütterliche Frauenstimme fiel ein: „Wenn du groß bist, lieber Junge ..." Fast schwang Mißtrauen mit. Zu Recht. Das Lied müßte heute neu bearbeitet werden. Wenn ich groß bin, wird meine Lebenserwartung, und vor allem die der Frauen, viel höher sein als die deiner Generation. Aber das ist das einzige, was sicher ist. Alles andere ist ein ganz großes Fragezeichen.

Wenn ich groß bin, liebe Mutter, werde ich nicht wissen, wie viele Berufe ich nacheinander werde ergreifen müssen. Wenn ich groß bin, werde ich wahrscheinlich viel länger arbeiten, als ich es mir heute vorstelle. Es gibt ja Fachleute, die meinen, man werde bis achtzig im Berufsleben stehen.

Ich weiß, liebe Mutter, sicher nicht, was ich arbeiten werde, wenn ich groß bin. Ich habe keine Ahnung, wo ich diese Arbeit vollbringen werde – in einem Betrieb? In einer Firma? In wie vielen Firmen nacheinander? Oder werde ich zu Hause arbeiten?

Wenn ich groß bin, liebe Mutter, werde ich für Dinge zahlen müssen, die heute noch umsonst sind, gratis. Das aber wird sich der Sozialstaat, sofern es ihn dann noch gibt, nicht mehr leisten können. Ich werde zu akzeptieren haben, daß die Gesundheit nicht mehr gleichsam frei Haus geliefert wird. Ich werde für Arztbesuch und Spitalsaufenthalt jedenfalls einen gewaltigen Selbstbehalt zu entrichten haben.

Wenn ich groß bin, liebe Mutter, werde ich zwar viel mehr Freizeit haben als heute. Aber wenn ich sie nicht rechtzeitig plane, werde ich ein Lied anstimmen müssen, das zu deiner Zeit im Kabarett gesungen wurde, von Leuten, die dir ein Begriff waren: Helmut Qualtinger, Gerhard Bronner und Konsorten: „Weil uns so fad is ..."

Vor allem aber, liebe Mutter, weiß ich heute noch nicht, wie, wo und wovon ich leben werde, wenn ich groß bin. Ich weiß nicht, wie hoch meine Pension sein wird, ob es überhaupt noch Pensionen geben wird, ob der Staat sie zahlen wird oder eine Pensionskasse oder ich selbst, sofern ich rechtzeitig vorgesorgt habe.

Wenn ich groß bin, wird alles anders sein. Auch wenn ich heute zwanzig bin oder dreißig oder vierzig, weiß ich nicht, was auf mich zukommt, wie lange das „Erwerbsalter" sein wird. Und ob ich, wenn es soweit ist, nicht einen Pensionsschock erleiden werde.

„Ich bin und weiß nicht wer, ich komm' und weiß nicht woher, ich geh' und weiß nicht wohin: Mich wundert, daß ich so fröhlich bin", lautet ein jahrhundertealter Spruch, den man vielleicht der Fun-Generation, der Spaßgesellschaft, ins Stammbuch schreiben sollte. Die ersten beiden Prämissen sind dabei durchaus zu negieren. Die dritte, aber vor allem die vierte sind von unheimlicher Aktualität und werden es bleiben.

„Ich geh' und weiß nicht wohin: Mich wundert, daß ich so fröhlich bin." Ein Buch, das sich mit dem Pensionsschock befaßt, sollte, ja muß diese beiden letzten Aussagen beachten. In der Tat weiß kaum jemand, wohin ihn das Leben führt; die gesicherten Wege sind längst obsolet geworden. Und wer dies einmal gedanklich erfaßt hat, wundert sich vielleicht doch über die Fröhlichkeit, die der Mensch Gott sei Dank noch immer nicht verloren hat.

Ich geh und weiß nicht wohin. Von einem Lebensalter in das andere, von einer Lebensperiode in die andere. Schließlich natürlich auch in jene, in der die Frage, wie man dieses Leben bestreiten wird, zur wichtigsten geworden ist.

Hunderttausende fragen dies. Hunderttausende Pensionistinnen und Pensionisten. Und die meisten meinen, daß sie künftig den Gürtel werden enger schnallen müssen. Auch die angehenden Pensionsempfänger, auch jene, die noch viele Jahre aktives Arbeitsleben vor sich haben, sind besorgt. Eine Umfrage des IMAS-Instituts hat gezeigt, daß nämlich mehr Menschen als früher sich durch die Aussichten auf das, was ihnen aufgrund der Pensionsreform blüht, die Laune verderben lassen.

Das, was man früher unter Berechenbarkeit verstehen konnte – nicht nur die Pensionshöhe, sondern auch das Antrittsalter –, ist jetzt anders geworden. Tatsächlich: Mich wundert, daß ich so fröhlich bin. Wobei „mich", das erwähnte uralte Gedicht interpretierend, für die Allgemeinheit stehen darf.

Wenn es nicht so skurril klänge und fast scherzhaft, könnte man sagen: Seit der Mensch aus dem Paradies vertrieben wurde, zerbricht er sich den Kopf darüber, wie er im Alter versorgt werden wird. Wer ihm einen auskömmlichen Ruhestand ermöglichen wird. So betrachtet, ist die Frage der Altersversorgung eine der ältesten der Menschheitsgeschichte, auch schon in der Zeit, da der Begriff Pension noch unbekannt war.

Es hat Perioden gegeben, da wurden die Alten in die Wüste (oder den Urwald) gebracht und mit einem Krug Wasser samt einigen Stücken Brot sich selbst überlassen. Das hat man dann möglicherweise eine Bereinigung demographischer Probleme auf natürlichem Wege genannt. Heute wird niemand in die Wüste geschickt, zumindest nicht im buchstäblichen Sinn. Aber die Frage, was nach dem Berufsleben geschieht (oder passiert), ist so aktuell wie nie zuvor.

Sie ist ein Problem der Soziologie ebenso wie der Medizin, der Philosophie ebenso wie der Politik. Und sie ist emotionsgeladen wie kaum eine andere; nicht (oder nicht nur) die Ereignisse und Entwicklungen sind gemeint, die in Österreich, Deutschland, Frankreich die Gemüter erregt haben. Aber kann man sich mit dem Thema Pension befassen, ohne sich der Emotion hinzugeben? Kann man die Frage der Pensionierung, die von der Frage des Alterns nicht zu trennen ist, mit Gelassenheit behandeln?

Das Problem geht jeden an. Keiner lebt, ohne daß irgend jemand oder irgend etwas für dieses sein Leben aufkommt: Er selbst – und dann wer? Die Familie? Die Allgemeinheit? An keinem geht der Zeitpunkt, da er vom aktiven Leben in das der Muße übertritt, wie immer sie auch aussehen mag – keiner kommt an jenem Einschnitt vorbei, an jener Zäsur, die ich Pensionsschock nenne. Wer nicht alt werden will, muß jung sterben, heißt es immer wieder. Pension heißt Alter – davon wird in den nächsten Kapiteln ausführlich die Rede sein.

Aber nochmals: Wer kann gelassen sein in Pensionszeiten wie diesen? Der einzelne nicht und fast noch weniger der Staat. Die Vorstellung, das Wasser kommt aus dem Hahn, der Strom aus der Steckdose und das Geld von der Pensionsversicherung – diese Vorstellung ist längst obsolet, wenn sie überhaupt je vorhanden war. Wir leben im Zeitalter des Schreckens und sind, ohne es zu wissen und zu wollen, unaufhörlich geschockt. Der Pensionsschock steht, so wie es aussieht, jedem am nächsten.

Man spricht neuerdings von der Massenalterung. Nie hat die Lebenserwartung solche Vorwärtssprünge gemacht als in den letzten 35 Jahren des vorigen Jahrhunderts. Der Mensch ist vom Homo sapiens zum Homo longaevus geworden, zum langlebigen, und gleichzeitig zum Homo pensionis – man verzeihe die skurrile Wortbildung. Aber man beginnt zu grübeln, wenn man im Wörterbuch entdeckt, daß „penso" ebenso wie „pendo" gleichzeitig „zahlen" und „denken" heißt.

Zahlen und denken, denken und zahlen. Der Österreicher, sagt ein Wissenschaftler, sei pensionssüchtig. Diese Sucht, wenn sie denn eine ist, scheint durchaus nicht auf die „Insel der Seligen" beschränkt. Sie grassiert überall, jedenfalls auf der nördlichen Hemisphäre, und hat nur unterschiedliche Ausformungen. Gemeinsam ist jedoch allen, daß die Pensionssucht jene Einschränkungen nicht zur Kenntnis nimmt, die dem Pensionsschock folgen oder, besser, vielfach seine Ursache sind.

Die Pensionssucht sehnt das Ende des Arbeitsleids herbei und nimmt vorerst zur Kenntnis, daß es dann nicht so sein wird wie vorher, daß man sich möglicherweise weniger wird leisten können als während des Arbeitslebens. Man meint, dies leicht ertragen zu können, wenn einmal die vermeintliche Repression der Arbeit vorbei ist. Umfragen haben ergeben, daß bei vielen Jungen die Freizeit höher bewertet wird als das Einkommen, die Dauer des Urlaubs höher als die Möglichkeit schnellen Vorrückens auf der Gehaltsskala.

Aber die Pensionssucht läßt vergessen, daß der Süchtige es schwer hat, die vorhin erwähnten Begriffe Zahlen, soll heißen: Bezahlt werden, und Denken gegeneinander abzuwägen. Wer vom Homo longaevus spricht, muß folgerichtig vom Homo pensionis reden. Zu erkennen, daß die beiden Begriffe miteinander in Verbindung stehen, ja voneinander abhängen, ist nicht nur Sache der Demographen. Jeder weiß es und jeder ist betroffen.

Die vielzitierten Eckdaten können demnach auch auf andere Weise interpretiert werden. Die Menschen leben länger, die Zahl der Pensionisten steigt von Jahr zu Jahr, wobei dies buchstäblich und nicht übertragen gemeint ist: Die Demographie kann hochrechnen, aber keine genauen Prognosen stellen. Andererseits wird die Zahl jener geringer, die im aktiven Erwerbsleben stehen und die Alten subventionieren müssen. Ist also der Weisheit letzter Schluß, daß die Lebensarbeitszeit verlängert werden muß, um die Zahl der Beitrags-Entrichter zu erhöhen? Wird man wirklich, was die Medizin in absehbarer Zeit durchaus wird ermöglichen können, bis achtzig arbeiten müssen?

Das Menschenalter könne, heißt es, ohne weiteres bis hundertzwanzig verlängert werden. „Ich will aber nicht so alt werden", höre ich immer wieder. Die Probe aufs Exempel muß erst gestellt werden. Gewiß ist es eines, die Gebrechlichkeit des Alters mit der Dynamik der aktiven Lebens zu vergleichen. Auch wenn man immer häufiger von den „jungen Alten" spricht, ist doch in der allgemeinen Meinung – man kann es nicht oft genug sagen – der Pensionist, die Pensionistin jemand, der im

Grunde nicht mehr gebraucht wird (was, wie wir sehen werden, in vielen, wenn nicht in den meisten Fällen die Frage offen läßt, ob Gebrauchtwerden wirklich mit Können gleichzusetzen ist).

Andererseits ist die rechtzeitige Pensionierung sicher eine Notwendigkeit, will man die Jugendarbeitslosigkeit steuern. Die Alternative wäre eine Parallelverschiebung von der Ausbildung bis hin zur Pension: länger lernen, länger arbeiten, länger ruhen. Dazu kommt, daß die Ausbildung, das Lernen eigentlich das ganze aktive und für viele auch das sogenannte Muße-Leben hindurch andauert. „Éducation permanente" hat längst die streng umrissene Ausbildungszeit hinter sich gelassen. Und die Annahme, mit dem Alter nehme die Lernfähigkeit ab, stimmt nicht.

Welcher Stellenwert kommt dann noch jenem Schlagwort zu, das jetzt immer häufiger verwendet wird? Ist das Leben, ist die Lebenszeit noch zu planen, kann man von Lebensplanung sprechen? Man meint sie, wenn von Ausbildung die Rede ist und Berufswahl und Fortkommen, von Lebensstandard und Familienplanung und natürlich auch von der Pension. Manchen kam es sonderbar vor, daß sich auch Studenten und Lehrlinge, die noch meilenweit vom Ruhestand entfernt sind, an der Diskussion über Pensionsreformen und Altersvorsorge beteiligen. Sie haben das Leben, das Arbeitsleben zumal, noch vor sich und die Pensionszeit liegt in weitester Ferne. Sie wissen auch, daß sie den Beruf, den sie ergreifen werden, im Verlauf ihres Lebens einige Male werden wechseln müssen, weil in der postindustriellen Gesellschaft Globalisierung, Automation und Innovation eine unaufhörliche Änderung mit sich bringen.

Das menschliche Leben ist, so betrachtet, ein Leben unausgesetzter Zäsuren. Die Abschnitte werden kürzer, die Einschnitte radikaler. Was man heute unternimmt, gilt morgen nicht mehr. In den letzten hundert Jahren hat der menschliche Erfindungsgeist mehr hervorgebracht als in all den Jahrhunderten zuvor. Planung wird schwierig, vielleicht sogar unmöglich. In der Bibel wird von einem Mann berichtet, der seine Ernte in die Scheune gebracht hat und zufrieden meint, er könne sich nun auf seinem Reichtum ausruhen. Im Lukas-Evangelium wird dieses Gleichnis, das Jesus dem Volk erzählte, ebenso ausführlich wie eindrucksvoll übermittelt: „Das Land eines Reichen brachte eine gesegnete Ernte. Da überlegte er bei sich: Was soll ich tun? Ich kann meinen Erntesegen nicht bergen! Er sagte sich: So will ich's machen. Ich breche meine Scheunen ab und baue größere. Dann bring ich alles unter, was gewachsen ist, die ganze Ernte. Dann will ich zu meiner Seele sagen: Liebe Seele, jetzt hast du reichen Vorrat auf viele Jahre. Ruhe denn, iß und trink und genieße dein Leben. Gott aber sprach zu ihm: Du Tor, noch heute Nacht wird man dein Leben von dir fordern. Wem wird dann alles zugehören, was du zusammengerafft hast?"

Es mutet, meine ich, an wie Hybris, wie eine Versuchung des Schicksals oder des lieben Gottes, wenn Künstler Verträge abschließen, die erst im folgenden Dezennium beginnen sollen bzw. Gültigkeit erlangen. Lebensplanung umfaßt die ganze Spanne des Lebens – aber wie lange dauert es? Die Elterngeneration konnte sich ausrechnen, noch ungefähr sieben Jahre zu leben, wenn man mit 65 in Pension ging. Heute gehen die Menschen, wie wir wissen, oft schon im Alter zwischen 57 und 58 Jahren in Frühpension, dabei haben sie eine Lebenserwartung von 77 Jahren für Männer und 82 für Frauen – alles aus heutiger Sicht. Wir nehmen auch zur Kenntnis, daß die Pension die Arbeitsperiode, von der man heute nicht wirklich weiß, wann sie beginnen und wie lange sie dauern wird, wahrscheinlich weit übertrifft. Und man weiß ja nicht einmal, welchen Beruf man am Ende haben wird. Daß es nicht der gleiche sein wird wie zu Beginn – das weiß man.

Lebensplanung. Ist sie wirklich notwendig? Ist sie wirklich möglich? Ist sie nicht eine Spekulation, ein Wechsel, dessen Deckung das Schicksal vornimmt? Die Pensionsreformen bringen, heißt es, die Lebensplanung in Unordnung. Man braucht sie dennoch. Jede Planung ist dem Ungeplanten, Wirren, dem Chaos vorzuziehen. Auch Leben kann chaotisch sein, verwirrt, ziellos. Lebensplanung heißt, sich Ziele zu setzen, Punkte, auch

Markierungen, denen man folgen will. Im Leben gilt ja nicht, was anderswo gerne gesagt wird: Das Ziel sei nichts, der Weg sei alles. Mag sein, daß das Ziel noch in weiter Ferne liegt, hinter dem Horizont gewissermaßen. Mag sein, daß das Ziel die Pension ist und daß man noch nicht weiß, wie groß unter Umständen der Schock ist, der einen erwartet. Aber Planung ist allemal besser als panikartig zu agieren. Wenn sich die Planung des Lebens und für das Leben auch noch mit Gelassenheit paart, wenn die Planung der Zeit, da das aktive Leben zu Ende ist und jenes der Pension beginnt, überlegt und – ja, gelassen erfolgt, dann besteht aller Grund, die wichtigste Zäsur nicht nur zu akzeptieren, nicht nur zu ertragen, sondern auch zu genießen. Dann ist der Schock nicht gefährlich, sondern ist positive Therapie.

Kapitel 2
Schlag nach bei Seneca

Der Ruhestand
als erfüllte Zeit der „jungen Alten"

„Man kann die meisten sagen hören: ‚Vom fünfzigsten Jahre an will ich mich in den Ruhestand zurückziehen' oder: ‚Das sechzigste Jahr soll mich von allen Geschäften losmachen'. Und wen bekommst du denn zum Bürgen für ein längeres Leben? Schämst du dich nicht, bloß den Rest des Lebens für dich aufzusparen und für den edlen Geist nur die Zeit zu bestimmen, die zu nichts mehr verwendet werden kann? Wieviel zu spät ist es doch, dann erst zu leben anzufangen, wenn man aufhören soll! Welch törichtes Vergessen der Sterblichkeit ist es, vernünftige Vorsätze auf das fünfzigste oder sechzigste Jahr hinauszuschieben und das Leben erst da beginnen zu wollen, wohin es nur wenige bringen!"

Schlag nach bei Seneca. Der Ruhestand: Ist er erfüllte Zeit, Lohn für ein mühevolles Leben, Ende des Arbeitsleids? Seit Menschen die Zeit einteilen, stellt sich die Frage nach dem Davor und dem Danach. Seit die Menschen zu jagen und zu sammeln begannen, gab es irgendwann einmal den Augenblick, da sie für solches entweder die Lust oder die Fähigkeit verloren hatten. Seit es Philosophen gibt, haben diese sich mit der Frage befaßt, was nachher kommt – auch nach der Arbeit, wohlgemerkt. Vor zweitausend und mehr Jahren hat man es weder Ruhestand genannt noch Rente und schon gar nicht Pension. Die Zäsur indes war vorhanden, als man noch nicht errechnen konnte (und wahrscheinlich auch nicht wollte), wie lange ein Mensch denn zu leben habe. Schlag nach bei Seneca!

In Spanien ist er einige Jahre vor Christi Geburt – so genau weiß man es nicht – geboren worden, dieser Lucius Annaëus Seneca, dessen Gedanken „Vom glückseligen Leben" auch heute noch so gültig sind wie ehedem. Glücklich leben: Was heißt hier Glück? Die Römer nannten das, was wir heute Geschäft nennen, Beruf, Beschäftigung, eine Zeit, die streng zu trennen sei von der Muße. Sie sprachen von „negotium", wenn sie das Geschäftsleben meinten. Otium, die Muße, war für sie offenbar die Hauptsache, alles andere war eine Verneinung derselben. Sie lebten, wenn sie es sich leisten konnten, für die Freizeit und in ihr.

Seneca, der Philosoph, wußte, wovon er sprach und schrieb. Zeitweilig war für ihn die Muße eine erzwungene. Kaiser Claudius verbannte ihn 41 n. Chr. nach Korsika, von wo er aber schon anno 49 zurückgeholt wurde. Er wurde dann, man glaubt es kaum, der Erzieher des jungen Nero, jenes Mannes, der von den unrühmlichsten römischen Kaisern der am schlechtesten beleumundete war, zumindest unserem Schulwissen zufolge. Man kann und darf dies seinem Hauslehrer nicht anlasten, obgleich dieser eine zeitlang mit dem jungen Nero sogar die Regierung des weiten römischen Reiches leitete.

Seneca, der alte Weise, und Nero, der junge Verbrecher auf dem Kaiserthron: Als dieser seine Mutter ermorden ließ, wandte sich sein Lehrer von ihm ab, verlor demnach das Vertrauen des Schülers und wurde von diesem zum Selbstmord gezwungen. „Vom glückseligen Leben"? Seneca war ein Stoiker. „De clementia" hieß eines seiner Bücher. Von der Sanftmut. „De beneficiis" nannte er ein anderes. Immer wieder hat er sich im Alter mit der Sittenlehre befaßt. „Der göttliche Augustus, den die Götter mehr als irgendeinem gewährten, hörte nie auf, sich Ruhe zu erflehen und um Befreiung von der Staatsverwaltung zu bitten. Seine Rede kam stets darauf zurück, daß er Muße erhoffe. Mit diesem, wenn auch irrigen, doch süßen Troste, daß er einst sich selbst leben werde, erleichterte er sich seine Mühen."

Seneca, der Wissende. Seneca, der unterschied zwischen dem leidigen Arbeitsleben, wie es den alten Römern vorkam, egal nun, ob sie arm waren oder reich, und der Muße, die mit Freuden erwartet wurde, vom Kaiser und wahrscheinlich auch vom Sklaven. Augustus habe, schrieb Seneca, die Muße als etwas so Herrliches gehalten, „daß er sie, weil er es nicht in der Wirklichkeit konnte, in Gedanken voraus genoß. Er, der alles von sich allein abhängen sah, den einzelnen Menschen und ganzen Völkern ihr Geschick bestimmte, dachte voll heller Freude an den Tag, wo er seiner Größe sich entäußern würde." Immer wieder: frei sein von Negotium. Immer wieder das Warten auf die Muße, auf die permanente Freizeit.

Fünfzig Jahre, sechzig Jahre, meint Seneca, müsse der Mensch warten, bis er dieses Stadium erreicht. Er selbst war ungefähr siebzig, als er auf Befehl des Kaisers Nero sich selbst den Tod gab. Er ist älter geworden als die meisten seiner Zeitgenossen. Er hat, vor allem in den „Epistulae morales ad Lucilium", in Form von Briefen gleichsam Anleitungen für das richtige und glückliche Leben gegeben. Auch für das lange Leben? Unter der römischen Herrschaft lebten damals auch die Juden, deren Altes Testament im Buch Genesis auch das Lebensalter der ersten Geschlechter verzeichnete: Adam, steht geschrieben, wurde neunhundertdreißig Jahre alt, Enos neunhundertzwölf Jahre, Methusalech – wir nennen ihn Methusalem und halten ihn für den ältesten aller Menschen – wurde neunhundertneunundsechzig Jahre. Ein methusalemisches Alter fürwahr.

Es waren Bilder, die da im Alten Testament geschrieben wurden, keine Realitäten. Alt war, wer die Lebenserwartung beträchtlich überstieg. Und diese war, wie wir heute wissen, sehr gering – geringer als die der Römer.

Alt wie Methusalem: eine Metapher, ein biblischer Vergleich, aber gleichzeitig ein Wunschtraum. Ein glückseliges Leben führen und dieses nach Möglichkeit in Muße, das heißt nach unseren heutigen Prinzipien und Gegebenheiten: die Pension möglichst lange zu genießen, so lange wie möglich im Ruhestand leben zu können. So lange wie möglich? Und wer soll das bezahlen?

Wir leben im Zeitalter des Pensionsschocks. Er trifft verschiedene Menschen auf verschiedene Weise. Es ist ein psychologischer, ein finanzieller, gelegentlich sogar ein körperlicher und natürlich auch ein sozialer Schock. Der Pensionsschock ist der Schock des 21. Jahrhunderts. Jeder erleidet ihn auf die eine oder andere Weise.

Es ist für viele ein finanzieller Schock, weil die Pension, so meinen sie, ihnen nicht den gleichen Lebensstandard ermöglicht, den sie im Berufsleben hatten. Sie glauben es zumindest. Ihre Lebensplanung – von ihr wird noch viel die Rede sein, sein müssen – entspricht nicht den Tatsachen. Sie meinen, geschockt sein zu müssen von dem Mangel an Glaubwürdigkeit früherer Versprechungen und Verträge.

Es ist auch ein psychologischer Schock. Man wird aus dem gewohnten Leben herausgerissen, verliert seine sozialen Kontakte, muß Macht aufgeben und auf die Zumessung von Kompetenz verzichten. Dieser Schock kann sogar ein körperlicher sein, der auf weite Sicht mitunter zum Tode führt.

Es ist schließlich ein soziologischer, weil demographischer Schock. Die Länder Europas werden zunehmend an Überalterung leiden – vorausgesetzt, daß man eine solche Entwicklung als Leiden betrachtet. Die Lebenserwartung steigt, das soziale Umfeld hat sich danach zu richten. Der Generationenvertrag wird zum Generationenkonflikt.

Es hat ihn immer gegeben, es wird ihn immer geben, allem menschlichen Bemühen zum Trotz. Es ist der Konflikt zwischen Eltern und Kindern, zwischen Vätern und Söhnen, zwischen Müttern und Töchtern. Es ist, kurz gesagt, der Konflikt zwischen jung und alt.

Aber wenn wir schon mit Seneca begonnen haben – warum nicht mit einem anderen Römer schließen, mit Marc Aurel, dem Philosophen auf dem Kaiserthron? Er hat die Grenze zwischen jung und alt so deutlich und gleichzeitig so fließend gezogen, wie sie auch heute noch existiert, befaßt man sich mit Arbeit und Pension, mit Jugend und Alter im Betrieb, mit der Frage auch, ob noch gebraucht wird, wer älter geworden ist:

„Jugend kennzeichnet nicht einen Lebensabschnitt, sondern eine Geisteshaltung; sie ist Ausdruck des Willens, der Vorstellungskraft und der Gefühlsintensität. Sie bedeutet den Sieg des Mutes über die Mutlosigkeit, den Sieg der Abenteuerlust über den Hang zur Bequemlichkeit.

Man wird nicht alt, weil man eine gewisse Anzahl Jahre gelebt hat: Man wird alt, wenn man seine Ideale aufgibt. Die Jahre zeichnen zwar das Äußere – Ideale aufgeben zeichnet aber die Seele. Vorurteile, Zweifel, Befürchtungen und Hoffnungslosigkeit sind Feinde, die uns nach und nach zur Erde niederdrücken und uns noch vor dem Tode zu Staub werden lassen.

Jung ist, wer noch staunen und sich begeistern kann, wer noch wie ein unersättliches Kind fragt: ‚Und dann?', wer die Ereignisse herausfordert und sich freut am Spiel des Lebens.

Ihr seid so jung wie Euer Glaube, so alt wie Eure Zweifel, so jung wie Euer Selbstvertrauen und Eure Hoffnungen, so alt wie Eure Niedergeschlagenheit.

Ihr werdet jung bleiben, so lange Ihr aufnahmebereit bleibt: Empfänglich für das Schöne, das Gute und das Große; empfänglich für die Botschaften der Natur, der Mitmenschen, des Unfaßlichen. Sollte eines Tages Euer Herz verätzt werden von Pessimismus, zernagt werden von Zynismus, dann möge ein Gott Erbarmen haben mit Eurer Seele – der Seele eines Greises."

Zwei Philosophen haben den Bogen gespannt. Man spricht heute gerne von den „jungen Alten" und meint die im Ruhestand. Der Begriff ist kein Widerspruch in sich. Marc Aurel hat es erkannt. Es scheint, daß es zu wenige Philosophen gibt in unserer Zeit und zuwenig Gelassenheit. Deshalb ist der Pensionsschock, welche Formen er auch immer hat, der Schock des 21. Jahrhunderts.

Kapitel 3
Ein sonderbar Ding

Alles ist reproduzierbar,
nur nicht die Zeit

„Die Pensionisten, wie eh und je
in Schönbrunn, auf dem Ring, in der Hauptallee,
mit dem weißen Bart und dem weißen Haar,
die leben das Leben, das gestern war.

Sie gehen gemessenen Schritts, zwei, drei
in einer Reih und plaudern dabei.
Der Rang, der Dienst, der Ruhegenuß,
das schwache Auge, der steife Fuß –
und sie machen exakt am gleichen Ort kehrt
und grüßen einander hochgeehrt.

Sie sitzen im prachtvollen Sonnenschein
und schauen mitunter ganz kaiserlich drein.
Und auf einmal zeigt so ein alter Rat
einen Ring, eine Nadel, die er noch hat
von seiner Majestät. Und ein Flüstern geht
herum wie ein Gebet.

Sie stehen oft Stunden an einem Platz
und locken die Vögel zu zärtlicher Atz,
und schwuppt ein Fink nach dem Bröserl und holts,
dann dreht sich der Alte in richtigem Stolz,
als wollt er sagen: „Nun, bitte sehr,
was tät das Viecherl, wenn ich nicht wär."

Die Zeit ist fort und das Blut geht leis
und rauscht eine lang verklungene Weis.

Die Pensionisten, wie eh und je,
in Schönbrunn, auf dem Ring, in der Hauptallee,
mit dem weißen Bart und dem weißen Haar,
die leben ein Leben, das schöner war."

Kaum einer hat das Leben pensionierter Staatsbeamter so elegisch, so eindrucksvoll, kurz: so gut geschildert wie Josef Weinheber, der Wiener Dichter, der gleichzeitig ein Schriftsteller war und dazu ein Poet von Gnaden. „Die Pensionisten, wie eh und je" – sind es wirklich die von ehedem oder nicht auch jene von heute? Gewiß, Weinheber hat die alten Beamten gemeint, die hohen, die Amtsräte und Ministerialräte und Sektionschefs der Monarchie. Aber die unterschieden sich kaum von jenen, die einander heute treffen. Vielleicht gehen sie nicht gemessenen Schrittes, sondern, wie es dem „Unruhestand" geziemt, oft hektisch.

Aber sie plaudern, sofern sie einander treffen, gewiß auch über das, was der Dichter den „Dienst" nennt. Doch halt: Schildert nicht auch Weinheber seine Pensionisten als Menschen, die „im prachtvollen Sonnenschein" sitzen? So wie auf den Illustrationen in den Zeitungen und im Fernsehen, die man immer dann verwendet, wenn es um die Frage des Problems der Pensionen geht? In der Tat: Es hat sich da, scheint es, nicht viel geändert, die alte Zeit gleicht doch der heutigen. „Und auf einmal zeigt so ein alter Rat einen Ring, eine Nadel, die er noch hat von seiner Majestät." Die Zeit ist fixiert, die Epoche bestimmt, aber geträumt wird „wie eh und je".

Mein Patenonkel war seinerzeit Ministerialrat im k. u. k. Finanzministerium gewesen. Es war die Zeit, da die höheren und hohen Amtsträger eine „Beamtenuniform" trugen, die sie bei offiziellen Anlässen anlegten, bei der Fronleichnamsprozession etwa, oder, was bei Ministerialräten natürlich ganz selten der Fall war, für eine Audienz beim Kaiser. Zu dieser Uniform gehörten ein Beamtenfrack, ein schwarzer Zweispitz und ein Beamtendegen.

Alles das lag, als ich auf die Welt kam, hoch oben in einem

Kasten, verstaubt, und ich wundere mich heute noch, daß der Hut nicht von Motten zerfressen war. Er war es nicht, zur Freude meines Onkels, der die Utensilien natürlich aufgehoben hatte, obwohl die Zeit über die Monarchie hinweggegangen war. Einmal erklärte er mir auch, wofür sie gedient hatten – bis 1918. Sie hatten gezeigt, daß jener, der sie trug, ein kaiserlicher Beamter war, und daß dieses Amtskleid das gleiche war von Triest bis Krakau und Tarnopol.

Ist mit der Pension wirklich die Erinnerung an eine vergangene Zeit verbunden? Anders gesagt: Ist für jene Menschen, deren Arbeitsleben hinter ihnen liegt, die Gegenwart nur noch ein Warten auf die Zukunft und nicht ein Bestehen der Jetzt-Zeit? Ist für sie die Zeit ein Gut, das schneller vergeht als jenes, das die Jüngeren zu besitzen glauben?

Die alten Herren in Schönbrunn und in der Hauptallee träumen sich zurück – in ein „Leben, das schöner war". War es schöner? War das Leben vor der Pension nicht nur anders, sondern auch schöner? Anders gefragt: War für die Menschen im Ruhestand die Zeit vor diesem wirklich die gute alte Zeit, die heile Welt? Ich weiß nicht mehr, was mein Patenonkel gedacht hat, als er mir den alten federgeschmückten schwarzen Zweispitz zeigte, der mich immer an ein Begräbnis erinnert hat, und den Beamtendegen, mit dem ich am liebsten gefochten hätte, der mir aber rechtzeitig als Reliquie aus der Hand genommen wurde. Ich glaube aber, daß auch dieser frühere Ministerialrat – er wurde dann sogar noch Finanzgerichtspräsident, aber das war mit dem Büro in der Himmelpfortgasse nicht zu vergleichen – von einem Leben geträumt hat, daß nicht nur anders, sondern auch besser war. Die meisten Pensionisten (und, nota bene, Pensionistinnen) träumen von dem, was früher war. Früher war die Welt heil, was immer man unter „heiler Welt" verstehen mag. Die Erinnerung ist gemeinhin eine selektive. Man verdrängt offenbar das Negative, je älter man wird, und das Positive dringt in den Vordergrund. Die Erinnerung verklärt. Auch die an die Schulzeit. Die berühmte deutsche Filmkomödie „Die Feuerzangenbowle" beginnt mit dem Beisammensein grauhaariger, zum Teil schon pensionierter Schulkollegen nach dem Begräbnis eines ihrer alten Lehrer. Sie erinnern sich nicht an die Strafarbeiten, die sie schreiben mußten, und an das Nachsitzen – sie erinnern sich an die Streiche, die sie den Professoren spielten.

Wann immer ich das Weinheber-Gedicht über die pensionierten Ministerialbeamten lese, denke ich an das Wienerlied vom Herrn Doktor, der gefragt wird, ob er sich noch an das Zwölferjahr erinnere. „Das alte Burgtheater, die vierte Galerie, ein Frühlingstag im Prater – das war noch Poesie". Daß im Zwölferjahr das alte Burgtheater längst dem neuen gewichen war, soll da keine Rolle spielen. Es war eben – Poesie. Vielleicht ist es auch eine Art Pensionsschock, sich nicht mehr erinnern zu wollen.

Erinnerung heißt, Erlebtes wieder bewußt werden zu lassen. „In seiner Erinnerung leben" heißt es oft von Pensionisten. Sie haben ein ganz eigenes Verhältnis zur Zeit. Sie leben, sofern sie nicht aus ihr herausgeholt werden, was eine der wichtigsten Aufgaben der Pensionspsychologie ist (nennen wir sie so) – sie leben in der Vergangenheit. Und je eindrucksvoller diese Vergangenheit war, je jünger sie waren, als sich das Erlebte ins Gedächtnis prägte, desto häufiger wird die Vergangenheit wieder zurückgerufen.

Kameradschaftstreffen als Zusammensein von Ewiggestrigen zu bezeichnen ist deshalb Unsinn. Old soldiers never die – they just fade away, heißt es in Amerika. Alte Soldaten sterben nicht – sie dämmern hinweg. Mein Vater, als Maschinenmaat aktiv in der k. u. k. Kriegsmarine dienend, weil er offenbar das Seemannslos als Beruf erwählt hatte (wobei ihm allerdings die Weltgeschichte einen Strich durch die Rechnung machte), mein Vater also, der Marineur, traf sich bis zu seinem Tod regelmäßig mit Marinekameraden. Der Dienst auf dem k. u. k. Torpedoboot hatte sich in seine Erinnerung gegraben.

Über das Wesen der Zeit sind Bücher geschrieben worden, die ganze Bibliotheken füllen, ohne daß man dieses Wesen im Grunde zu begreifen imstande ist. Über die Zeit haben Philosophen und Mathematiker, Dichter und Physiker nachgedacht, ohne viel mehr Verständnis dafür zu wecken, als daß sie eben nicht reproduzierbar sei. Jedes Gut, das der Mensch kennt, ist wieder herstellbar – die Zeit ist es nicht. Wir versuchen, uns dies nicht vor Augen zu halten, weil wir eben das Wesen der Zeit nicht verstehen können. „Für Zeit und Ewigkeit", sagen wir und glauben, einen Gegensatz herausarbeiten zu können. Die Zeit ist meßbar, die Ewigkeit nicht. Die Zeit ist gestern, heute und morgen, sie ist Vergangenheit, Gegenwart und Zukunft. Die Ewigkeit war immer da und wird immer sein, sie hat keinen Anfang und kein Ende. An sie zu glauben ist schwierig und weist wieder einmal auf den Gegensatz hin zwischen Glauben und Wissen. Ist auch der Pensionsschock, wenn es ihn denn gibt, bis zu einem gewissen Grad mit der Erkenntnis verbunden, daß die Zeit immer wieder eine andere wird, ja geworden ist – die rein persönliche Zeit, die jeder in und mit sich selbst zu verbringen gezwungen ist? Sie ist, heißt es, das Vergehen von Gegenwart, von einer Gegenwart, zu der die Zukunft wird. Die Gegenwart liegt zwischen Vergangenheit und Zukunft.

Immer schwieriger wird es, sich in diese Formulierungen hineinzudenken und sie zu verstehen. Da halte ich es, weil ich ihn besser verstehe, lieber mit Heraklit: Du steigst nicht zweimal in denselben Fluß. Er fließt wie die Zeit. Tempus fugit, steht über der einen und der anderen Sonnenuhr. Bisweilen kann man auch lesen, mach es wie die Sonnenuhr, zähl die heitren Stunden nur. Auch in Stammbücher wird es gelegentlich geschrieben. Stammbücher – Dokumente der jungen Freundschaften aus vergangener Zeit. Wieder: die Zeit! Eines vom Schönsten, das je über sie geschrieben wurde, findet man im Alten Testament, im Buch der Prediger:

„Für alles gibt es eine Zeit, und jedes Vorhaben hat unterm Himmel eine Stunde.

Für das Geborenwerden gibt es eine Zeit und eine Zeit fürs Sterben, fürs Pflanzen eine Zeit und eine Zeit, Gepflanztes auszureuten.

Fürs Töten gibt es eine Zeit und eine Zeit fürs Heilen, fürs Niederreißen eine Zeit und eine Zeit fürs Aufbauen.

Fürs Weinen gibt es eine Zeit und eine Zeit fürs Tanzen.

Fürs Steine werfen gibt es eine Zeit und eine Zeit fürs Steine sammeln und fürs Liebkosen eine Zeit und eine Zeit für das Sich-Meiden.

Fürs Suchen gibt es eine Zeit und eine Zeit, verloren zu geben, fürs Aufbewahren gibt es eine Zeit und eine Zeit sich nicht darum zu kümmern. Fürs Reißen gibt es eine Zeit und eine Zeit für Nähen, fürs Schweigen gibt es eine Zeit und eine Zeit fürs Reden.

Fürs Lieben gibt es eine Zeit und eine Zeit fürs Hassen, für Kriege eine Zeit und eine Zeit für Frieden."

Die Philosophie der Zeit kann kaum besser umrissen werden als mit diesen Worten: Für alles gibt es eine Zeit, gibt es seine Zeit. Es gibt eine Zeit für das Arbeitsleben und eine für den Ruhestand. Die Zäsur schockt sehr oft. Sie muß es nicht: siehe die alten Herren in Schönbrunn und in der Hauptallee.

Noch ein anderes Zitat, das ich dem herrlichen Text Hugo von Hofmannsthals für den „Rosenkavalier" von Richard Strauss entnommen habe, behandelt auf wundervolle Weise das Phänomen der Zeit. Die Marschallin (sie dürfte, nota bene, die Vierzig noch nicht erreicht haben), die eben eine Nacht mit ihrem noch bubenhaften Geliebten Octavian (den sie „Quinquin" nennt) verbracht hat, beginnt zu sinnieren:

„Die Zeit im Grund, Quinquin,
Die Zeit, die ändert doch nichts an den Sachen.
Die Zeit, die ist ein sonderbar Ding.
Wenn man so hinlebt, ist sie rein gar nichts.
Aber dann auf einmal, da spürt man nichts als sie.
Sie ist um uns herum, sie ist auch in uns drinnen.
In den Gesichtern rieselt sie,
im Spiegel da rieselt sie,
in meinen Schläfen, da fließt sie.
Und zwischen mir und dir

da fließt sie wieder, lautlos wie eine Sanduhr.
(Warm)
Oh, Quinquin! Manchmal höre ich sie fließen –
unaufhaltsam.
(Leise)
Manchmal steh ich auf mitten in der Nacht
und laß die Uhren alle, alle stehn.
Allein man muß sich auch vor ihr nicht fürchten.
Auch sie ist ein Geschöpf des Vaters, der uns alle erschaffen hat."

Die Marschallin sieht sich, obwohl im landläufigen heutigen Sinn auch selbst noch jung, im Gegensatz zum noch jüngeren Octavian. Sie meint, die Zeit laufe ihr davon, und gleichzeitig fühlt sie sich als Beweis jenes Generationenkonflikts, der die Älteren und die Jüngeren, die Alten und die Jungen in vielfältiger Weise beherrscht, ohne daß sie es immer merken, fühlen und wissen; über ihn und die Art, wie er zu überwinden ist, wird später noch berichtet werden. Die Marschallin erkennt aber unbewußt auch noch etwas Zweites: daß der objektive Zeitablauf abhängig ist von der Anzahl erlebter Veränderungen. Einfacher ausgedrückt: Auch sie selbst dürfte – so genau wissen wir das nicht – in Anbetracht der Tatsache, daß ihr Mann häufig auf Reisen beziehungsweise auf der Jagd war, etliche Liebschaften gehabt haben. Mit ihrem Quinquin hat es, wie die Strauss-Oper zeigt, länger gedauert. Vielleicht wird sie nun nach einer Pause einen neuen Geliebten nehmen. Die Zahl der Veränderungen, diesfalls der Liebschaften, wird aber geringer, der objektive Zeitablauf schwankt. Oder, um aus dem galant-amourösen achtzehnten Jahrhundert in das einundzwanzigste hinüberzublenden: Je älter die Menschen sind, desto schneller, meinen sie, vergeht die Zeit.

Pensionisten sind in Eile. Wir merken dies in Geschäftslokalen, an den Kassen der Supermärkte, an den Schaltern der Bahnhöfe und Postämter. Menschen, von denen man annehmen sollte, daß sie heute alle Zeit der Welt haben, beweisen das

Gegenteil. Sie sind ungeduldig. Jede Schlange wird, bildlich gesprochen, zum Strick, der ihnen um den Hals gelegt wird. Sie kommen nicht zu spät, sie kommen immer zu früh. Ohne es zu wissen, fühlen sie im Unterbewußtsein, daß die Zeit, die ihnen bleibt, immer weniger wird. Sie lassen die Uhren zwar nicht stehen, aber sie würden wünschen, daß sie stehen blieben. Mehr als die Jungen wissen die Alten, daß die Zeit nicht reproduzierbar ist. Mehr als die Aktiven erkennen die Pensionisten, daß nicht wiederherstellbar ist, was sie früher versäumt haben. Sie können die Jugend nicht zurückholen.

Mehr als bisher auch erscheint für Menschen, die ihre Zeit als bemessen erkennen, es eine Sünde wider den Geist zu sein, die Zeit totzuschlagen. Sie killen Zeit. Sie betrachten es auch oft als Verschwendung, sich im Schlaf zu regenerieren, obzwar dies physiologisch ebenso notwendig ist wie bei den Jüngeren.

Ist demnach Schlaf eigentlich Zeitverschwendung? Ich möchte nicht auf die medizinische Notwendigkeit der entsprechenden Ruhepausen eingehen. Aber es kann nicht von ungefähr sein, daß der Schlaf in so vielen Sagen, Märchen und Legenden eine große, ja die wichtigste Rolle spielt. „O rühre niemals an dem Schlaf der Welt!" heißt es bei Friedrich Hebbel. Andererseits geht es in zahlreichen Geschichten um einen Schlaf, der die Zeit und die Zeiten überdauert, bis der Schläfer aufwacht und sich in einer anderen, späteren Epoche wiederfindet. Eine der eindrucksvollsten Legenden ist jene, die der amerikanische Schriftsteller Washington Irving zu Beginn des neunzehnten Jahrhunderts über Rip Van Winkle schrieb, einen Mann, der zwanzig Jahre verschlief und in einer anderen Welt aufwachte – oder besser: in einer, die ihm ganz anders schien als die, in der er eingeschlummert war.

Irving siedelte die Geschichte, die er, wie er schrieb, von einem Reisenden namens Knickerbocker erzählt bekommen hatte, in den Catskill-Mountains im Staat New York an. Rip Van Winkle, ein Faulenzer, lebte in einem Dorf holländischer Einwanderer in der Zeit, da New York noch eine britische Kolonie und ihr Monarch König Georg III. von England war. Um wieder einmal von seiner strengen Frau loszukommen, ging er mit seiner Schrotflinte auf die Jagd, geriet in ein Felsental, begegnete dort einem geheimnisvollen Mann, der ihn in einen höhlenartigen Talschluß führte, und fand sich inmitten einer Reihe von kleinen Männern, die emsig arbeiteten. Der geheimnisvolle Fremde ließ ihn einen Schluck aus seiner Feldflasche nehmen, worauf Winkle einschlief. Als er erwachte, meinte er, die ganze Nacht geschlummert zu haben – aber da war das Gewehr neben ihm vom Rost zerfressen, der Schaft vermodert, sein Hund verschwunden. Verwundert wanderte er ins Dorf zurück – und siehe, es gab allenthalben Neubauten, das Wirtshaus war zum Hotel geworden, an dem eine Fahne mit roten Streifen und weißen Sternen im blauen Feld hing, sein eigenes Haus war verfallen, und die Leute, die alle nach einer unbekannten Mode gekleidet waren, sprachen von Washington, von Kongreßabgeordneten und von anderen für ihn unverständlichen Dingen.

Der langen Erzählung kurzer Sinn: Rip Van Winkle hatte den Unabhängigkeitskrieg Amerikas, die Gründung der Vereinigten Staaten, die Schaffung einer neuen Verfassung und noch vieles mehr verschlafen. In einer jungen Frau aber erkannte er seine kleine Tochter wieder, und diese nahm ihren alten Vater, sobald sie und die anderen Ortsbewohner sich von ihrer Verwunderung erholt hatten, liebevoll auf. Und wenn sie nicht gestorben sind ...

Legenden sind weder Märchen noch Sagen, sie beruhen meist auf einer wahren Begebenheit. Die Story von Rip Van Winkle war eine Legende, die Frage ist nur, was deren Kern gewesen ist. Die Mahnung, alte Menschen zu ehren, auch wenn sie verwirrt scheinen? Dann würde auch dies zum Thema „Generationenkonflikt" gehören. Oder ist das, was sich laut Volksmund oben in den Catskill-Montains zugetragen hatte, eine legendenhaft verklärte Erklärung des Phänomens der sich stets verändernden Zeit, gleichsam eine Neuauflage der Heraklitschen Weisheit? „Gott weiß, rief er mit seinem Witz am Ende, ich bin nicht ich selbst. Ich bin jemand anderer. Aber das bin doch ich – nein – es ist jemand anderer, der in meine Schuhe trat. Ich war ich selbst, noch vorige Nacht, aber man hat mein Gewehr ausgewechselt und geändert, jedes Ding ist geändert, ich bin geändert!" Ein alter Mann findet die Welt nicht mehr so, wie sie war. Sie ist nicht mehr seine Welt. Er kennt sich nicht mehr aus in ihr. Aber er wird getröstet und begegnet Kindesliebe. Das Letztere ist ebenfalls unter Generationenkonflikt – diesmal besser: Generationen-Gerechtigkeit – zu subsumieren. Es ist dies aber auch, wie diese Legende offenbar zu zeigen bereit ist, ein Ausweg aus dem veritablen Pensionsschock, den Rip Van Winkle, aus seinem „normalen" Leben gerissen, erlitten hat. Er hat den Wandel der Welt buchstäblich verschlafen. Er hat den Wilhelm Busch-Vers: „Eins, zwei, drei, im Sauseschritt läuft die Zeit, wir laufen mit", nicht akzeptiert. Er war, wie die Legende berichtete, ja faul gewesen. Wahrscheinlich auch gedankenfaul. So betrachtet, ist diese Legende von Rip Van Winkle eine Lehrgeschichte, ohne daß sie von den Menschen in den Catskill-Mountains, wo man sie angeblich heute noch erzählt, als solche gemeint wird.

Was nichts daran ändert, daß es den Alten, ich will sie in Hinkunft „Senioren" nennen, oft schwer fällt, sich mit der geänderten Zeit abzufinden. Die Marschallin im „Rosenkavalier" würde am liebsten „alle, alle Uhren stehen lassen". Sie will, daß die Gegenwart nicht aufhört, weil ihr vor der Zukunft graut – ihr, die selbst noch jung ist. Ferdinand Raimund hat in seinem Zaubermärchen „Der Bauer als Millionär" die Jugend dem hohen Alter gegenübergestellt. Fortunatus Wurzel erlebt innerhalb von Minuten den Wandel vom jungen Mann zum Greis. Es kommt aber schließlich auch eine weitere Figur ins Spiel: die Zufriedenheit. Raimund – selbst ein zutiefst Unzufriedener – wollte vielleicht nicht nur versinnbildlichen, daß Fortunatus dem Neid und dem Haß, beide personifiziert, nicht Gehör schenken sollte, sondern sich zufriedengeben möge mit dem, was er hat. Er wollte vielleicht auch aufzeigen, daß es dem Menschen anstehe, das Alter mit Würde zu ertragen; dabei an die Jugend zu denken, ist dann gewiß kein Fehler. Ferdinand Raimund hat sich im „Bauer als Millionär" demnach auch mit dem Problem der Vergänglichkeit, der Zeit insgesamt befaßt. Vor allem auch in seinem gereiftesten Stück, im „Verschwender", ist davon ausgiebig die Rede. Sowohl Flottwell wie auch sein ehemaliger Diener Valentin sind am Ende sehr gealtert, aber beide auf verschiedene Weise – der „Verschwender" in negativer Hinsicht, Valentin als positive Figur. Als Inbegriff des Bösen tritt der Kammerdiener Wolf auf. Er wird am Ende im Rollstuhl geschoben, alt und krank. Das Schicksal hat ihn bestraft, verdientermaßen.

Die Zeit, das sonderbar Ding. Sie lebt, könnte man sagen. Man kann sie ja, wie gesagt, totschlagen. Kaum eine Metapher im Deutschen ist bezeichnender und gleichzeitig negativer als jene. Sind wir alle Totschläger? Müßten wir eigentlich vor irgendein Gericht gestellt werden, das Anklage erhebt, weil etwas Wertvolles umgebracht worden ist, eine Art Lebewesen, das dann genauso unwiederbringlich tot ist wie ein Mensch, den man tötet? Daß die Zeit zwar nicht reproduzierbar und daher genauso wertvoll ist wie etwa das Wasser, zeigt sich auch darin, daß man sie stehlen kann. Gestohlene Zeit. Verschwendete Zeit. Zeitverschwendung. Man sollte, je älter man wird, sich diese Wortgebilde immer wieder vor Augen halten. Aber Zeit wird scheinbar auch wie Geld gehandelt. „Zeit ist Geld" heißt es. Man kann Zeit sparen. Man kann Zeit, wie gesagt, auch verschwenden. Neuerdings spricht man sogar von einem Zeitkonto, von dem man abbuchen kann.

Wieder darf in diesem Zusammenhang der alte Seneca zu Wort kommen. Er hat sich ja ausführlich auch mit dem Problem der Zeit befaßt. „Ich wundere mich immer, wenn ich sehe, daß manche Leute andere um Zeit ansprechen und die, welche darum gebeten werden, so bereitwillig sind", schrieb er. „Das, weshalb die Zeit erbeten wird, haben beide im Auge, die Zeit selbst aber keiner von beiden. Als wenn um ein Nichts gebeten, ein Nichts gewährt würde, wird mit der allerkostbarsten Sache ein Spiel getrieben. Sie täuscht aber, weil sie etwas unkörperliches ist, weil sie nicht vor Augen tritt, und daher wird sie sehr gering geschätzt, ja sie hat für sie fast gar keinen Wert. Niemand achtet den Wert der Zeit; man gebraucht sie verschwenderisch, so als ob sie nichts koste."

Seneca, der Stoiker, hat, als er dieses schrieb, noch nicht gewußt, daß er „seine Zeit" selbst werde beenden müssen. Trotzdem weiß er, wie kostbar sie ist: „Niemand wird hier die Jahre wiederschaffen, niemand dich dir selbst zurückgeben. Hingehen wird deine Lebenszeit, wie sie angefangen hat, und ihren Lauf weder zurückrufen noch hemmen." Erinnern wir uns da nicht an das, was im „Rosenkavalier" die Marschallin über die Zeit gesagt hat? Sie lebte – laut Hofmannsthal – im 18. Jahrhundert, Seneca im ersten. Dennoch sind beide in den Aussagen beinahe gleich. „Sie wird keinen Lärm machen, sie wird dich nicht an ihre Eile erinnern: schweigend wird sie dahinfließen", schreibt der weise Philosoph, der Stoiker. „Nicht auf Befehl eines Fürsten, nicht durch Volksgunst wird sie sich verlängern: wie sie vom ersten Tage angetreten, wird sie ihre Bahn dahinlaufen; nirgends wird sie einkehren, nirgends sich aufhalten. Was wird geschehen? Du bist geschäftig, das Leben eilt dahin; inzwischen wird der Tod erscheinen, für den du, magst du wollen oder nicht, Zeit haben mußt." Es gilt für Seneca, was auch für die Marschallin gilt: Selten sind schönere, eindrucksvollere, treffendere Worte über dieses geheimnisvolle Phänomen Zeit gesprochen und geschrieben worden.

Die Zeit, das sonderbar Ding! Sie stehen zu lassen, scheint ein ewig menschlicher Wunsch zu sein, sie nicht fortschreiten zu lassen, ist nicht nur dem Philosophen oder der Opernfigur im „Rosenkavalier" zur zeitweiligen Sehnsucht geworden. Andere Perioden der Geschichte entweder durchwandern zu können oder in sie gleichsam transplantiert zu werden, ist ein beliebtes Thema von Zukunftsromanen und -filmen. Wenn man schon nicht Unsterblichkeit erreichen kann, so mag man doch in andere „Zeiten" hineinschnuppern. H.G. Wells hat über eine „Zeitmaschine" geschrieben – ein Buch, das 1895 erschien und für seinen Autor den Durchbruch als genialer Science-Fiction-Erzähler, für die Weltliteratur einen der nach Jules Vernes faszinierendsten utopischen Romane bedeutete. Über die Zeit sagt ganz zu Beginn einer der Zuhörer des „Zeitreisenden" (so nennt Wells die Hauptperson seines Romans): „Innerhalb der Zeit aber kann man sich überhaupt nicht bewegen, den gegenwärtigen Augenblick kann man nicht verlassen." Der Zeitreisende widerspricht: „Gerade in diesem Punkt, mein Verehrtester, irren Sie. Hier irrte die ganze Welt. Wir entfernen uns doch stetig vom gegenwärtigen Moment. Unsere geistige Existenz, die immateriell ist und keinerlei Dimensionen hat, gleitet von der Wiege bis zum Grabe mit gleicher Geschwindigkeit der Zeitdimension entlang."

Der „Zeitreisende" des H.G. Wells hat eine fahrradähnliche Apparatur gebaut, mit der er auf der erwähnten „Zeitschiene" in die Vergangenheit und in die Zukunft reisen konnte. Moderne Science Fiction hat sich auch punkto Technologie modernisiert. Das Fahrrad wurde zum Laserstrahl. Man kann, erzählen die Utopisten der Neuzeit, in die Vergangenheit und in die Zukunft „gebeamt" werden. Was Menschen, die sich dieser Prozedur unterziehen, erwartet – wäre das die Umkehr des Pensionsschocks? Würde es die Teleportation ermöglichen, Raum und Zeit zu verändern? Alles ist Science Fiction, sagt der weltberühmte österreichische Experte für Quantenphysik, Univ.-Prof. Anton Zeilinger. Seine Skeptik, wenn er über solche Phänomene spricht, ist unüberhörbar. Aber diese Phänomene für alle Zeiten ausschließen?

Kapitel 4
Die Methusalemgesellschaft vor der Tür

Ein kleiner Ausflug in die Demographie

„Das Erwerbspotential, das ist die Bevölkerung im Alter von 15 bis unter 60 Jahren, wird in Zukunft kontinuierlich niedriger werden." Die Demographen rechnen ohne Rücksicht auf Politik, soziales Umfeld oder wirtschaftliche Bedürfnisse. Sie arbeiten mit nackten Zahlen – das ist ihr Gewerbe. Sie sind die Propheten der Menschheit. Sie sagen uns, was heute ist, morgen sein wird und übermorgen wahrscheinlich zutrifft.

Demographie: Das ist die Auf- und Hochrechnung alles dessen, was mit der Menschenzahl und dem Menschenalter zusammenhängt. Demos heißt im Griechischen „Volk". Am gebräuchlichsten ist das Wort, wenn es zu „Demokratie" zusammengesetzt wird, zu Deutsch „Volksherrschaft". Inwieweit dies stimmt, gehört nicht in dieses Buch – nur eines: „Volksdemokratie" zu sagen, war ebensolcher Unsinn wie vieles in deren unseligen Zeiten.

Die Demographen sind demnach jene, die aufschreiben, wie sich das Volk (Demos) entwickeln wird. Noch einmal: Sie gehören zu jenen neuzeitlichen Propheten, die für sich haben, daß man ihnen glauben darf. Sie rechnen vor, wie sich die Völker entwickeln, und zwar zahlenmäßig. Sie rechnen aus, wie viele Pensionisten es in Zukunft geben wird. Daher sind sie für dieses Buch so wichtig.

Es wird notwendig sein, einen Ausflug in die Demographie zu unternehmen. Ohne zu wissen, was der Menschheit zahlenmäßig bevorsteht, also wie viele Menschen es in den nächsten Jahrzehnten geben wird, ist jede soziale, politische und wirtschaftliche Vorausplanung schwierig, wenn nicht fast unmöglich. Wir müssen die Zahlen kennen, mit denen wir es zu tun haben.

Die Demographie ist demgemäß eine Wissenschaft. Daß sie ohne Zahlen und Ziffern nicht auskommt, stellt sie der Statistik an die Seite. Sie ist indes kein Dschungel, durch den sich der Laie durcharbeiten muß. Die Demographie ist mitunter so spannend wie ein Zukunftsroman. Sie schildert, was in der Zukunft passieren wird, ohne Utopie zu sein. Genau das macht sie so interessant.

Die Demographie kann sich freilich auch irren. Sie hat beispielsweise ausgerechnet, daß es auf der Welt im Jahr 2050 rund 9,3 Milliarden Menschen geben wird. Heute sind es bereits 6,3 Milliarden. Vor einem weiteren halben Jahrhundert waren es rund 2 Milliarden. So viele Einwohner hat heute China. Man sieht daraus, wie schnell sich die Weltbevölkerung vermehrt. Innerhalb von wenig mehr als 50 Jahren hat sie sich verdreifacht.

Hat Thomas Robert Malthus Recht gehabt? Er war ein britischer Wirtschafts-, besser: Bevölkerungswissenschaftler. Man könnte ihn aber auch einen der ersten Demographen nennen – und nach heutigen Begriffen auch einen der ersten Wissenschaftler, die Geburtenkontrolle propagierten. In seinem „Essay on the Principle of Population", das er 1798 schrieb, behauptete er, daß menschliche Armut unausweichlich sei. Die Bevölkerung vermehre sich nämlich in geometrischer Reihenfolge, während die Nahrungsmittelproduktion in arithmetischer Reihe wachse. Nur Krieg, Hungersnot, Seuchen und „Moral Restraint", womit Malthus keusch sexuelle Enthaltsamkeit bezeichnete, könnten die immer größer werdende Übervölkerung eindämmen.

Malthus war, wie gesagt, einer der ersten Demographen, auch einer der ersten Verfechter der Geburtenkontrolle. Er hat sich geirrt, jedenfalls dort, wo er das Wachsen der globalen Nahrungsmittelproduktion zu gering ansetzte. Er hat noch nicht geahnt, daß heute das Schlagwort von der Überproduktion die Agrarwirtschaft beherrscht, jedenfalls in der nördlichen Hemisphäre. Er hat allerdings in anderen Punkten Recht gehabt. Ein Teil der Menschheit hat nicht genug zu essen, ja es gibt Gebiete der Erde, wo täglich Hunderte, ja Tausende Kinder hungrig zu Bett gehen.

Noch ein zweiter Punkt ist es allerdings, der an Malthus denken läßt. Es ist heute so gut wie bewiesen, daß Aids, jene Seuche, gegen die auch heute noch kein Mittel gefunden worden ist, das Bevölkerungswachstum, ja die Bevölkerungsexplosion, die in der Vergangenheit vorhanden war, vermindert, sogar eindämmt.

Die Menschenzahl auf der Erde wird sich ebensowenig in geometrischer Reihe vermehren, wie die Nahrungsproduktion nur in arithmetischer Reihe zunehmen kann. In anderen Worten: Malthus war doppelt pessimistisch. Er hat nicht mit den neuen Mitteln gerechnet, die es der Menschheit ermöglichen, die Nahrungsmittelproduktion ins nahezu Unermeßliche zu steigern, so wie er einkalkuliert hat, daß neue Seuchen entstehen werden – in einem Zeitalter, da man geglaubt hat, Massenepidemien längst ausgerottet zu haben. Irgendwie scheint es, als ob die Natur – oder der liebe Gott? – der Übervölkerung des Globus Einhalt gebieten möchte.

Genug der Metaphysik. Halten wir uns lieber an jene Fakten, die beweisen, daß die Demographen in der Tat alarmierende Entwicklungen voraussagen, und zwar für die ganze Welt. Nur zum Teil ist da die Übervölkerung gemeint. Vielmehr ist die Rede von der radikalen – jawohl: alarmierenden – Steigerung der Lebenserwartung.

Nun ist erst einmal zu definieren, was unter dem Begriff „alarmierend" in diesem Zusammenhang zu verstehen ist. Die Betroffenen fühlen sich doch wohl in keiner wie immer gearteten Weise alarmiert. Sie freuen sich über ihr hohes Alter, ist anzunehmen.

Nicht so die Vereinten Nationen, die WHO oder die „Zweite Weltversammlung zur Frage des Alterns", die im Frühjahr 2002 in Madrid stattfand. Als „solide demographische

Grundlage" hat die UNO für diese Weltversammlung einen Bericht erstellt, der die demographischen Veränderungen, vor denen die Welt steht, „außergewöhnlich und tiefgreifend" nennt. „Soziale und wirtschaftliche Kräfte zwingen uns, neue Formen des Lebens, der Arbeit und der Fürsorge füreinander zu finden und greifen damit tief in die Struktur der menschlichen Gesellschaft ein", heißt es in dem Bericht. „Keiner wird von dieser Entwicklung unberührt bleiben. Die demographisch geformten Gesellschaften, wie wir sie bisher kennen – mit einer breiten Basis an jungen und weniger älteren Menschen –, werden der Vergangenheit angehören."

Das Altern der Bevölkerung heute ist ohne Beispiel in der Geschichte der Menschheit. Im Jahr 2050 wird es weltweit erstmals mehr ältere Menschen geben als Jugendliche. Das Problem, das sich daraus ergibt, ist ein globales.

Dieses Altern hat bereits wesentliche Folgen und Auswirkungen in allen Bereichen des täglichen Lebens und wird dies auch weiter haben, formuliert die UNO. „In der Wirtschaft wird sich das Altern der Bevölkerung auf das Wirtschaftswachstum, die Sparquote, die Investitionen und den Konsum, auf den Arbeitsmarkt, die Pensionen, das Steueraufkommen und die Transferleistungen, auf das Eigentum und die Fürsorge zwischen den Generationen auswirken. Es wird seine Spuren im Gesundheitswesen, in der Zusammensetzung der Familien und den Formen des Zusammenlebens, im Wohnungs- und Migrationsbereich hinterlassen. Auf politischem Gebiet hat das Altern der Bevölkerung bereits zu einer mächtigen Stimme der Senioren in den Industriestaaten geführt, die sich in Abstimmungsverhalten und der Auswahl der politischen Repräsentanten niederschlägt."

1950 lag der Anteil der älteren Menschen bei acht Prozent. Im Jahr 2000 betrug er bereits zehn Prozent, für das Jahr 2050 wird er auf 21 Prozent hochgerechnet. Und der Trend ist unumkehrbar. Die starken jugendlichen Bevölkerungsgruppen der Vergangenheit wird es mit größter Wahrscheinlichkeit nicht mehr geben.

Wenn wir also von einem Pensionsschock sprechen, dann ist er hier in erster Linie zu finden: in den Faktoren Überalterung einerseits und Lebenserwartung auf der anderen Seite. Weltweit ist sie seit 1950 von 46 auf 66 Jahre gestiegen.

Das Durchschnittsalter der Weltbevölkerung beträgt heute 26 Jahre. Das Land mit der jüngsten Bevölkerung, nämlich im Durchschnitt 15 Jahre, ist Jemen, jenes mit der ältesten Bevölkerung (Durchschnittsalter 41 Jahre) Japan. Der ultrakonservative amerikanische Politologe und Autor Patrick J. Buchanan, bekannt auch als (freilich erfolgloser) Präsidentschaftskandidat, sieht die Zukunft Japans als die einer überdimensionierten geriatrischen Anstalt. Die Geburtenrate dort sei, schreibt er, halb so groß, als sie 1950 war. Die Bevölkerung Japans betrage demnächst 127 Millionen, werde aber bis 2050 auf 104 Millionen fallen. Bald gäbe es 15 Chinesen auf jeden Japaner, und das alles, weil es immer mehr Japanerinnen gäbe, die ein Singleleben vorziehen (eine Lebensweise, über deren Auswirkung auf die Altersversorgung noch zu berichten sein wird).

Und warum, klagt Buchanan, sei der Altersdurchschnitt in Japan so hoch? Weil dieses Land die erste moderne Nation gewesen sei, die Abtreibung legalisiert habe (nämlich schon 1948). Der Babyboom habe dort wenig später sein Ende gefunden, lange vor einer ähnlichen Entwicklung in der Industriewelt.

Patrick J. Buchanan, Rechtsaußen unter den konservativen amerikanischen Autoren, hat dabei noch gar nicht erfaßt, daß sich das Durchschnittsalter der Weltbevölkerung bis 2050 von 26 auf 36 Jahre erhöht haben wird. Das Land mit der jüngsten Bevölkerung wird dann voraussichtlich das afrikanische Niger sein. Es wird einen Altersdurchschnitt von 20 Jahren haben – und Buchanans Theorie bestätigen, daß die Weißen auf der Welt immer mehr im Rückzug begriffen sind. Hochgerechnet wird dann längst nicht mehr Japan das Land mit der ältesten Bevölkerung sein, sondern Spanien – mit einem Durchschnitt von 55 Jahren.

Ist der „Pensionsschock" demnach ein globaler? Ist nicht anzunehmen, daß die Zunahme des Durchschnittsalters und vor allem der Lebenserwartung eine direkte Rückwirkung auf die Zahl der Pensionisten und Pensionistinnen haben wird, mit anderen Worten: daß es in den Industrienationen immer mehr Pensionsbezieher, Rentner, Menschen im Ruhestand geben wird?

Zurück zu Österreich. Die Zahl der über Sechzigjährigen wird im Jahr 2021 insgesamt 2,3 Millionen und 2030 sogar 2,7 Millionen betragen. Derzeit ist nur ein Fünftel der in Österreich lebenden Bevölkerung über 60 Jahre alt, etwa sieben Prozent sind älter als 75 Jahre. Bis zum Jahr 2031 wird der Anteil der über Sechzigjährigen auf rund ein Drittel steigen, darunter werden fast 15 Prozent über 75 Jahre alt sein.

Das Durchschnittsalter der Bevölkerung beträgt derzeit 39,6 Jahre, steigt freilich bis 2050 auf „japanische Dimensionen" – wobei man natürlich nicht vergessen darf, daß sich auch dort das Durchschnittsalter bis dahin beträchtlich erhöht haben wird. In Österreich wird dieses Durchschnittsalter 2050 auf 47,1 Jahre geklettert sein. Und wieder ergibt sich eine Differenz zwischen Männern und Frauen. Die Österreicherinnen werden dann im Durchschnitt 48,6 Jahre alt sein – das sind um 7,3 Jahre mehr als 2000. Der Anstieg des Durchschnittsalters der Österreicher hingegen wird den Hochrechnungen zufolge 7,7 Jahre betragen – von 37,8 auf 45,5 Jahre.

In Österreich wissen Bürgermeister und Bürgermeisterinnen, wovon die Rede ist. Sie besuchen oder empfangen etwa die „goldenen" Hochzeitspaare. Besuche können freilich nur dann abgestattet werden, wenn sich die Zahl der Geehrten in halbwegs überschaubaren Grenzen hält. In Wien ist das längst nicht mehr der Fall. 1999 wurden in der österreichischen Bundeshauptstadt 1733 „goldene" gefeiert, 2001 waren es bereits 1944. Die permanente Erhöhung des Lebensalters spiegelt sich nämlich auch in der Dauer der Ehen wider.

Immerhin sind 2001 auch 332 „diamantene" Hochzeiten gefeiert und die Eheleute geehrt worden, die 60 Jahre miteinander lebten. „Eiserne" Hochzeitspaare – mit 65 Ehejahren – gab es anno 2001 65, dazu kommen 15 „steinerne" (67½ Jahre). Sechs Paare konnten nach 70 Ehejahren die „Gnadenhochzeit" feiern, und zwei Paare durften nach 72½ Ehejahren anläßlich ihrer „Juwelenhochzeit" die Glückwünsche der Stadt und deren Oberhaupt entgegennehmen. 2002 sind es schon drei „Juwelenhochzeiter" gewesen.

Noch eindrucksvoller ist es, wenn man die zunehmende Zahl der Hundertjährigen in Wien betrachtet. 1999 waren es 167, im Jahr 2002 hat der Bürgermeister der Bundeshauptstadt 195 Hundertjährige beglückwünschen können – Tendenz steigend.

Dazu noch einmal der Bericht der UNO über die Weltbevölkerung: Er sagt unter anderem, daß ältere Männer eher verheiratet sind als ältere Frauen. Diese leben eben länger und sind andererseits meist jünger als die Männer, die sie heiraten. 78 Prozent aller älteren Männer sind verheiratet, aber nur 45 Prozent aller älteren Frauen. Die meisten unverheirateten älteren Männer sind verwitwet, aber sie gehen eher eine neue Ehe ein als verwitwete Frauen; daß diese neue Ehe der Männer zumeist mit einer jüngeren Frau geschlossen wird, brauchte nicht erst der Bestätigung durch den UNO-Bericht. In jedem Ehevermittlungsbüro kann dies dokumentiert werden.

Bis zum Jahr 2030 wird sich die männliche Lebenserwartung auf 80 Jahre verbessert haben, wie aus dem Demographischen Jahrbuch 2000 hervorging. Die Lebenserwartung steigert sich für die Männer dann stetig, bis sie im Jahr 2050 bereits 82 Jahre erreicht hat. Mit anderen Worten: Ein 2050 geborenes männliches Kind wird im Durchschnitt 82 Jahre alt. Die weibliche Lebenserwartung ist auch in diesem Fall höher, und zwar sogar beträchtlich. Sie beträgt 2030 schon 87 und 2050 sogar 92 Jahre.

Ein alter Herr – er ist indessen allerdings bereits gestorben – erkundigte sich bei mir einmal, als er schon im fortgeschrittenen Alter war, ob sein Eindruck stimme, daß die Todesnachrichten in den Zeitungen heute immer mehr Menschen beträfen, die die 80 bereits mehr oder minder weit überschritten hätten; er lese nichts von Jungverstorbenen, meinte er, und habe sich, wie er sagte, ausgerechnet, daß der Tod die Leute demnach immer in hohem und höchstem Alter erreiche. Ich konnte ihm, seine Enttäuschung einkalkulierend, nur antworten, daß die Bestattungsunternehmen, von denen die Zeitungen die Todesfälle übermittelt bekommen, jeweils nur jene publizieren ließen, die auf Interesse stoßen – und dies wachse mit dem Alter.

Wenn mein Freund sich mit dem Problem der Lebenserwartung (seiner eigenen und die der Bevölkerung) gedanklich beschäftigt hat, ließ er dies jedenfalls nicht erkennen. Vielleicht hat er auch die von Zeit zu Zeit diesbezüglich publizierten Statistiken nicht gelesen. Sie sind so eindrucksvoll (und für unser Thema so wichtig), daß ich nicht umhin kann, sie aufzugliedern – ohne den Leser oder die Leserin sich in dem vorhin erwähnten, abschreckenden Zahlengestrüpp verheddern zu lassen.

Das, was sich aus diesem derzeit vorliegenden Register der Lebenserwartung (der durchschnittlichen, versteht sich) herauslesen läßt, ist im Grunde für die Industriestaaten durchaus angenehm, wobei wir als Beispiel naturgemäß Österreich wählen wollen, eines der reichsten Länder der Welt. Derzeit hat ein jetzt geborenes männliches Kind die Aussicht, im Durchschnitt 74 Jahre alt zu werden. Bei den Frauen beträgt die Lebenserwartung heute 80,4 Jahre.

Allerdings kann diese erstaunliche Lebenserwartungsstatistik schon heute mit Anomalien aufwarten, mit Phänomenen, die zu Recht den Eindruck vermitteln, in manchen Industriestaaten (wo die Lebenserwartung, wie man weiß, derzeit und wahrscheinlich auch in Zukunft allgemein viel höher ist als in den Entwicklungsländern) würde das Sterbealter beträchtlich höher sein als anderswo. Auch hier scheint immer wieder Japan auf. Schon jetzt kann eine heuer geborene Japanerin damit rechnen, durchschnittlich fast 90 Jahre alt zu werden. Während die Männer dort zwar auch älter, aber nicht wesentlich älter werden als die Europäer, ist die japanische Frau ihnen diesbezüglich beträchtlich überlegen.

Es war freilich nicht nur die so hohe Lebenserwartung der Japanerinnen, die zu einem vom japanischen Ministerpräsidenten einberufenen Treffen der führenden Industriestaaten der Welt, der G7-Staaten, in Tokio geführt hat. Vielmehr stand unter anderem auch wieder die für den Laien so interessante Frage zur Diskussion, warum Frauen ganz allgemein eine höhere Lebenserwartung haben als Männer. Mediziner und Soziologen haben sich mit diesem Thema immer wieder befaßt und es auf zwei wahrscheinliche Faktoren zurückgeführt.

Erstens ist das weibliche Geschlecht seit jeher robuster als das männliche, erträgt körperliche Anstrengungen besser, ist von Natur aus dafür geschaffen, jene Last zu tragen, die bereits im alten Testament der Urmutter Eva von Gott bei der Vertreibung aus dem Paradies angekündigt worden ist: „Unter Schmerzen sollst du deine Kinder gebären." Die Frauen, heißt es heute ebenso nüchterner wie verständlicher, leben durchschnittlich länger als die Männer, weil sie mehr mit der Fortpflanzung und Reproduktion des Menschengeschlechts zu tun haben. Ihr Körper ist daher von der Natur viel privilegierter als der männliche, der nicht so sehr an der Erhaltung der Art teilhat wie der weibliche.

Und was die Japanerinnen betrifft, so spielt hier – was freilich auch auf die japanischen Männer zutrifft – die Ernährungsweise eine große Rolle. Daß fischreiche Nahrung gesünder ist als eine, die viel Fleisch enthält, wird heute allenthalben gepredigt, ohne daß den Menschen gleichzeitig erklärt wird, was die Ursache dafür ist.

Es sei, erläutert Univ.-Prof. Johannes Huber, der Endokrinologe von Rang, der Reichtum an Fischöl in der Nahrung. Dieses Fischöl – das naturgemäß in rohem Fisch am meisten enthalten ist – wirke „antiinflammatorisch", verhindere also Entzündungen. Fisch bzw. Fischöl sind natürliche Entzündungshemmer. Das Altern aber sei eine Entzündung. Krebs sei, sagt Huber, eine Entzündung, viele chronischen Krankheiten seien Entzündungen, auch die Arteriosklerose ist eine. Viel Fisch zu essen wirke praktisch so, als ob man täglich ein Aspirin schlucke. Für das hohe Alter der in Japan Geborenen spräche zudem noch ein zweiter Faktor: auch die sojareiche Diät, weil in Soja viel Pflanzenhormon enthalten sei.

Andererseits standen im Jahr 2000 in Österreich 5,08 Millionen in erwerbsfähigem Alter, das zwischen 15 und 60 Jahren angenommen wird. „Auch diese Zahl wird in Zukunft mehr oder weniger kontinuierlich sinken", sagen die Statistiken. „Es wechseln somit jährlich mehr Personen ins Pensionsalter als durch Übertritt aus dem Kindesalter bzw. durch Zuwanderung dazukommen." Eine der Kernaussagen zum Thema Pensionsschock! Noch deutlicher wird diese „schockartige", alarmierende bevölkerungspolitische Entwicklung, betrachtet man die bereits erwähnte Zahl der im Pensionsalter von 60 oder mehr Jahren stehenden Österreicher. Derzeit findet sich jeder fünfte in dieser Alterskategorie, ab dem Jahr 2015 wird schon jeder vierte Österreicher über 60 Jahre alt sein, und 2035 bereits jeder dritte!

Das österreichische Demographische Handbuch erläutert diesen Problemkomplex: „Der Zeitraum, der in den letzten beiden Jahrzehnten als sogenannte ‚Demographische Atempause' im Hinblick auf den bevorstehenden Alterungsprozeß der Bevölkerung bezeichnet wurde, ist bereits seit zwei Jahren vorbei. Immer stärker besetzte Geburtsjahrgänge werden künftig ins Pensionsalter wechseln. Vorerst sind dies die starken Geburtsjahrgänge um 1940, später dann die Babyboom-Jahrgänge der fünfziger und sechziger Jahre. Auch erreichen mehr Menschen als früher ein höheres Alter. Einerseits ist dies durch den kontinuierlichen Anstieg der Lebenserwartung bedingt, andererseits rücken aber auch von Kriegsverlusten unversehrt gebliebene Männergenerationen in höhere Alter nach. Somit wird die Zahl der über 60jährigen im Jahr 2015 mit 2,06 Millionen um 23 Prozent größer sein als 2000. Bis 2046 steigt ihre Zahl auf ein Maximum von 2,86 Millionen (+71 Prozent), danach geht sie wiederum leicht zurück."

Die Demographen verwenden für die Einteilung der jeweiligen Altersgruppen allerdings Fachausdrücke, die für unsereinen zwar nicht fremd, aber doch ungewöhnlich sind. Sie sprechen zum Beispiel vom „zentralen Erwerbsalter" und meinen die 30- bis 54jährigen. Es sind jene, die im Verlauf dieses Vierteljahrhunderts auf den Höhepunkt ihres Einkommens zusteuern beziehungsweise diesen halten. Vorher, also bevor sie das 30. Lebensjahr erreicht haben, sind sie teilweise noch im Zustand der Ausbildung („Azubis" werden sie in den Betrieben, Firmen und Büros gerne genannt, also „Auszubildende"), wohingegen als „spätes Erwerbs- beziehungsweise frühes Ruhestandsalter" die Gruppe der 55- bis 64jährigen bezeichnet wird.

Diese Altersgruppe wird den Prognosen zufolge gleichfalls stetig steigen: Bis 2015 wird es in Österreich 1,06 Millionen im „späten Erwerbs- oder frühen Ruhestandsalter" geben, das sind um 16 Prozent mehr, als es im Jahr 2000 waren. Bis 2020 wird es dann 1,22 Millionen mehr in dieser Altersgruppe geben, also 33 Prozent, und bis 2025 1,29 Millionen, also 41 Prozent mehr, als es im Jahr 2000 waren.

Am stärksten aber wird in den nächsten Jahrzehnten die Altersgruppe der über 80jährigen zunehmen. Warum das so ist, welche medizinischen Fortschritte dies ermöglichen und was die Konsequenzen einer solchen Entwicklung sind, berichte ich an anderer Stelle. Hier soll noch einmal ein kleiner Ausflug in die Demographie beziehungsweise in die Altersstatistik zugemutet werden.

„Betagte und hochbetagte Personen" nennen die Demographen diese Altersgruppe – alte, steinalte und uralte zu sagen, scheuen sie sich ebenso wie alle jene, die nicht unmittelbar mit dem Generationenkonflikt (auch über diesen muß gesondert berichtet werden) befaßt sind. Die Zahl der Betagten und Hochbetagten jedenfalls wird österreichweit bis 2020 auf 454 000 angestiegen sein, das sind nicht weniger als 58 Prozent mehr als im Jahr 2000. Im Jahr 2030, behaupten die Hochrechnungen der österreichischen Demographen, wird die Zahl der „Betagten und Hochbetagten", also der über 80jährigen, dann bereits doppelt so groß sein wie im Jahr 2000.

Noch schneller steigt die Prozentzahl dann bis zum Jahr

2050 an. Unter der Voraussetzung aber, daß die Einwohnerzahl Österreichs nach wie vor um 8 Millionen pendeln wird, wird das Land fast ein Viertel Einwohner haben, die über 80 Jahre alt sind. Was dies in sozialer, gesellschaftlicher und für den Staat finanzieller Hinsicht bedeutet, ist leicht vorstellbar.

Sind wir also wirklich unterwegs in eine Epoche, in der Methusalem den Ton angeben wird? Der österreichische Mediziner Siegfried Meryn zitiert in seinem Buch „Leben bis 100" eine Studie, die Corinna Mühlhausen vom Zukunftsinstitut „Future Health" publiziert hat und die von einer „grauen Gesundheit in einer Methusalem-Gesellschaft" spricht. Sie greift ihrerseits – immer laut Meryn – auf Zahlen des amerikanischen Magazins „Wired" zurück, und der österreichische Soziologe zitiert Frau Mühlhausen im Wortlaut: „Wenn Sie heute 100 Jahre alt sind, schaffen Sie es mit viel Kraft und Durchhaltevermögen vielleicht bis 110.

Wenn Sie heute 70 sind, besonders als Frau, ist Ihre Chance, 100 zu werden, größer als 1 Prozent. Das Alter von 98 erreichen Sie schon mit 3 Prozent Wahrscheinlichkeit. Und 95 Jahre alt wird jede Zehnte.

Wenn Sie heute 40 sind, werden die meisten von Ihnen das Alter von 85 Jahren erreichen. Mit einer ausgewogenen Lebensweise, mit gesunder Ernährung, viel Sport und beherrschtem Stress ist Ihre Chance auf Überschreitung der 100-Jahres-Grenze sehr gut.

Wenn Sie heute 30 Jahre alt sind, werden Sie Ihre Lebensspanne bis ans Ende des 21. Jahrhunderts ausdehnen können – maximal 130, wenn alle Lebensstilfaktoren stimmen. Wahrscheinlich werden in 20 oder 30 Jahren die ersten lebensverlängernden Gentherapien auf den Markt kommen.

Wenn Sie heute zehn Jahre alt sind: Ein tiefer Blick ins 22. Jahrhundert ist für Sie nicht unwahrscheinlich. Wenn Sie nicht als 16jähriger mit dem Rauchen anfangen und wohlhabend genug sind, sich die lebensverlängernden Therapien ab der Mitte des 21. Jahrhunderts leisten zu können, wird Ihre Lebensspanne weit über 100 liegen.

Wenn Sie 2020 geboren werden, sind genoptimierende Techniken bereits in der Keimbahn verfügbar. Falls Ihre Eltern diese anwenden, werden Sie von Anfang an langsamer altern, und mit kontrollierter Ernährung sowie einem vernünftigen Lebensstil könnten Sie vielleicht sogar noch einen Blick ins 23. Jahrhundert werfen."

Nicht einmal in Japan mit der höchsten Lebenserwartung der Welt hegt man derzeit solche Gedanken, und die ältesten Menschen – nennen wir sie nicht Hoch-, sondern Höchstbetagte – sind noch immer relativ selten; es gibt zwar Ausnahmen, die sogar ein Alter von 120 und mehr Jahren erreichen, aber das sind eben Ausnahmen. Die Frage indes, warum es Menschen gibt, die sehr alt werden, und dann wieder andere, die zwar auch betagt, aber nicht hochbetagt genannt werden können, wenn sie sterben – diese Frage, von den Laien immer wieder gestellt, ist in der Wissenschaft nicht unumstritten. Unbestritten ist, was Univ.-Prof. DDr. Huber, international bekannt auch als Experte für die Hormonabhängigkeit von Alterungsprozessen, in diesem Zusammenhang zu sagen weiß: „Das ist zweifellos in den Genen prädisponiert, und es kann heute teilweise schon diagnostiziert werden. Zu diesen Genen, die für die Langlebigkeit verantwortlich sind, gehören Konstellationen, die etwa keine überschießende Kortisonausschüttung bewirken. In Situationen von Streß und Aufregung strapaziert man den Körper nicht so sehr, sondern man hat einen gewissen Gleichmut. Das nicht überschießende Reagieren auf äußere Stimuli ist ein ganz entscheidender Faktor."

Aber wie alt können wir, wie alt wollen wir wirklich werden? Es besteht da ein nicht unbeträchtlicher Unterschied zwischen Prädisposition und Wunsch. Eine Untersuchung des Sozialministeriums hat da sehr interessante Tatsachen ergeben. Zuerst einmal wurde gefragt, „inwieweit der Gewinn an Lebensjahren und das Erreichen eines höheren und hohen Alters von immer mehr Menschen seitens der Bevölkerung reflektiert werden". Weniger kompliziert ausgedrückt: Welches Alter glauben die Befragten zu erreichen? Wie alt glauben sie zu werden? Es ging hier nicht darum zu erkunden, wie viele Jahre die Betreffenden in der Pension verbringen wollten, sondern um die persönliche Lebenserwartung.

Zwanzig Prozent sind da relativ pessimistisch: Sie meinen, nicht älter als siebzig zu werden. Optimistisch sind vierzehn Prozent: sie erwarten ein Alter von fünfundsiebzig Jahren. Ein Drittel glaubt, achtzig Jahre zu erreichen. Gut neun Prozent meinen, etwa fünfundachtzig Jahre, und fünfzehn Prozent vermuten, bis zu neunzig Jahre alt zu werden. Immerhin sechs Prozent glauben, ein Alter bis zu hundert Jahren zu erreichen, und rund zwei Prozent glauben, daß sie nach heutigen Begriffen sogar Methusalem ähneln werden: Sie meinen, ein Alter von über hundert Jahren zu erreichen. „Damit erwartet jeweils ein Drittel der Befragten, bis zu achtzig Jahre, rund achtzig Jahre und über achtzig Jahre alt zu werden. Auffällig ist allerdings der hohe Anteil von zwanzig Prozent an Personen, die glauben, nur ein Alter von etwa siebzig Jahren zu erreichen", heißt es in der Untersuchung. Sind die Österreicher also, entgegen landläufiger Meinungen, in dieser Hinsicht Pessimisten – oder ist das Ergebnis eines der Verwirrung?

Denn anders ist das Resultat, wenn die Menschen gefragt werden, welches Alter sie erreichen *wollen*. Da spielt natürlich die Frage eine wichtige, ja vielleicht primäre Rolle, in welchem Zustand gealtert werden soll. Nicht beachtet ist dabei auch der gegenwärtige Zustand der Befragten: sind sie krank, sind sie gesund, sind sie gebrechlich, sind sie fit?

Nur so ist es, scheint mir, zu erklären, daß sich nur 14 Prozent wünschen, ein maximales Alter von 75 Jahren zu erreichen. Wohlgemerkt: Hier war der Wunsch, nicht die Erwartung, gefragt, was das Ergebnis einigermaßen sonderbar gestaltet. 20 Prozent nämlich erwarten, maximal 70 Jahre alt zu werden, aber nur sieben Prozent wollen ein solches Alter erreichen. Ähnlich ist es in der nächsthöheren Kategorie: 14 Prozent erwarten für sich ein Alter bis zu 75 Jahren, aber nur sieben Prozent wollen wirklich so alt werden. Die Diskrepanz der Antworten ist fast unerklärlich.

Anders ist es in den höheren Altersgruppen. 34 Prozent wollen zwischen 76 und 80 Jahre alt werden, zehn Prozent zwischen 81 und 85. Der Wunsch, ein noch höheres Alter zu erreichen, ist bei 17 Prozent relevant: so viele wünschen, bis 90 Jahre alt zu werden. Drei Prozent erhoffen ein Alter von bis zu 95 Jahren. Dann steigert sich der Prozentsatz wieder gewaltig: 17 Prozent wünschen, bis zu 100 Jahre alt zu werden, und fünf Prozent hegen sogar die Hoffnung, ein Alter von mehr als 100 Jahren zu erreichen.

Warum eigentlich? Was erwarten diese Menschen? Vielleicht wollen sie die schnelle Entwicklung, die Technologie und Technik in den nächsten Jahren und Jahrzehnten erleben werden, auch selbst mitmachen können. Bereits im 20. Jahrhundert ist diese Entwicklung ja mit einer Beschleunigung vor sich gegangen wie zu keiner anderen Zeit. Ich denke da immer an die Lebensspanne meiner Mutter, die im letzten Jahr des 19. Jahrhunderts geboren wurde und mit 86 Jahren starb. Sie hat als kleines Mädchen noch, auf dem Gehsteig der Mariahilfer Straße stehend, geknickst, wenn Kaiser Franz Josef im offenen Zweispänner, begleitet nur von einem Adjutanten, von Schönbrunn in die Hofburg fuhr. Und sie hat vor dem Fernsehapparat die ersten Schritte des Astronauten Neil Armstrong auf der Oberfläche des Mondes miterleben können. Ein Bogen des irdischen Daseins, den kaum eine Generation vor ihr durchmessen hat! Vielleicht hoffen die Befragten, die „höchstbetagt" werden wollen, auf ähnliche zur Realität werdende SciFi-Entwicklungen.

Ganz allgemein wollen Männer älter werden als Frauen, und jüngere Menschen erwarten für sich auch ein höheres Lebensalter als die älteren – die Unterschiede sind allerdings nicht sehr groß. Und nicht gefragt wurde, wie gesagt, der gegenwärtige Gesundheitszustand. Er würde, scheint es, die Antworten doch nicht unbeträchtlich beeinflussen.

Kapitel 5
Was heisst eigentlich „Lebensstandard"?

Über die vermeintliche Bedürfnislosigkeit im Ruhestand

Alle Prophezeiungen sind schwierig, aber am schwierigsten sind jene, die sich mit der Zukunft befassen. Was scherzhaft gemeint ist, hat doch auch einen ernsten Hintergrund. Er habe, sagte der österreichische Bundeskanzler Bruno Kreisky vor Jahren einmal, schon viele Prognosen die Donau hinunterschwimmen gesehen. Und wenn er gefragt wurde, wie es mit der österreichischen Politik, der heimischen Wirtschaft oder auch den internationalen Beziehungen à la longue bestellt sein werde, sagte er: „À la longue sind wir alle tot."

Kreisky war ein kluger Politiker, obwohl die Wirtschaftspolitik nicht gerade seine starke Seite gewesen ist. Niemand konnte ihm widersprechen, wenn er von den Prognosen sprach, die den Bach hinunterschwammen – oder auch den Strom.

Prognosen sind wohlfeil in Zeiten wie diesen. Die ureigensten, jene, die jeder oder jede für sich selbst stellen möchte, sind besonders schwierig. Dabei geht es gar nicht um die Frage, wie lange man leben werde. Vielmehr scheint es uns allen wichtiger, ob wir jenen Lebensstandard, den wir erreicht haben, à la longue beibehalten können.

Auch Angst ist wohlfeil. Angst davor, daß man künftig als Pensionist nicht mehr wird so leben können, wie man es sich vorstellt, wie man es vorausberechnet hat – nicht nur finanziell. Aber wird man wirklich, wie ich ganz zu Beginn schrieb, den Gürtel enger schnallen müssen? Und war er nicht vielleicht am Ende so streng gespannt, daß kein Loch mehr vorhanden war?

Die Frage läßt sich auf ein paar Dinge reduzieren, die man heute so gerne als Eckdaten bezeichnet. Lebensstandard – das sind jene Dinge, Umstände, Fakten, die man sich leisten kann. Heute jedenfalls – in einem Land, das zu den reichsten der Welt gehört. Immer sollte man sich dieses vor Augen halten: Österreich ist wohlhabend. Sehr wohlhabend sogar. Es ist wirklich reich.

Nie noch in der Geschichte hat seine Bevölkerung so viel besessen wie heute. Der Fehlschluß, daß es immer so weitergehen werde, weil es so weitergehen müsse oder jedenfalls sollte, ist ein Fehlschluß – in der Tat. Das Glück ist ein Vogerl, heißt es. Trotz seiner wechselhaften Geschichte hat Österreich, was seine Wirtschaft betrifft, bisher immer Glück gehabt. Daß dies nicht zuletzt mit der Tüchtigkeit seiner Menschen zusammenhängt, wird von vielen nicht verstanden oder absichtlich verzerrt oder verschwiegen. Das Papstwort, daß dieses Land eine Insel der Seligen sei, hören wir nicht gerne. Warum eigentlich?

Der Lebensstandard der Österreicher ist so hoch wie nie zuvor. Er läßt sich in der Zahl der Kraftfahrzeuge ebenso messen wie in jener der Fernsehapparate, in der durchschnittlichen Wohnungsgröße ebenso wie in der Zahl der Urlaubsreisen. Alles das und noch viel mehr gehört zum Begriff des Lebensstandards, wie er in diesem Buch verstanden werden will.

Nur: Die Prognosen schwimmen auch in diesem Fall munter die Donau hinab, so wie sie es auch im Rhein und im Mississippi tun. Eine Generation, von der noch heute etliche unter uns leben, hat zwei Weltkriege erlebt, einen dritten befürchtet und zweimal ihre Ersparnisse verloren. Trotzdem hat sich der Lebensstandard ständig verbessert.

Man kann ihn, wenn man will, auch in der Zahl der täglich verzehrten Menge Kalorien messen. In der Hungerzeit nach dem Zweiten Weltkrieg stemmte sich diese Kalorienzahl langsam empor: von kaum mehr als 800 täglich für den „Normalverbraucher" über 1000 und 1500 bis zum heutigen Durchschnittsverbrauch von rund 3000 Kalorien. Wir liegen im Bierkonsum heute mit an der Spitze, im Weintrinken gleichfalls, und im Sektkonsum im guten Mittelfeld. Also ist der Lebensstandard ein durchaus zufriedenstellender – im Durchschnitt jedenfalls.

Allein, auch seine Prognose plätschert stromabwärts. Österreich wird immer mehr zu einem Volk der Pensionisten. Die Zunahme der Lebenszeit hat direkt mit der Lebensplanung zu tun, und diese wieder mit dem Lebensstandard: Werde ich mir in Zukunft leisten können, was ich mir heute leisten kann?

„The Affluent Society" hat der amerikanische Diplomat und Nationalökonom John Kenneth Galbraith eines seiner Bücher genannt. Es handelt vom Leben und den Problemen der „Überflußgesellschaft". Auch wenn Galbraith in erster Linie die Amerikaner und deren Wirtschaft und erst in zweiter Linie die Weltwirtschaft gemeint hat: Auch wir leben in dieser Überflußgesellschaft. Vielleicht sind sogenannte Alternative und Aussteiger davon ausgenommen, aber es sind dies Leute, die der Überflußgesellschaft freiwillig den Rücken kehren und nicht, weil sie dazu gezwungen sind.

Die Überflußgesellschaft ist eine, die dazu führt, daß manche Arbeitslose – zugegeben: nur einige wenige – es vorziehen, von der staatlichen Hilfe zu leben als von eigenem Verdienst. Die Überflußgesellschaft ist eine, in die vor allem die „Baby-Boomers" hineingeboren wurden, jene Menschen, die in den sechziger Jahren auf die Welt kamen. Gerade sie, die jetzt ihrerseits wieder eine neue Generation zur Welt brachten, konnten und können sich nicht vorstellen, daß es einmal anders war und daß es nicht immer aufwärts gehen werde.

Und doch ist da die Angst, daß die Lebensplanung an Hürden gelangen werde. Je länger das Leben, desto länger auch seine zweite Hälfte – so „unarithmetisch" dies auch klingen mag. Die zweite Hälfte des Lebens wird immer länger dauern. Die Zeit, in der nicht mehr gearbeitet wird, die Zeit also des Ruhestands, wird immer häufiger die Lebensarbeitszeit übertreffen. Die Frage, ob dieser Ruhestand dann auch einer in finanzieller Hinsicht sein wird, ob also der bewußte Lebensstandard, den man gewohnt ist, aufrechterhalten bleiben wird oder kann, muß zwangsläufig offen bleiben. Man kann die Frage auch einfacher stellen und auf die erwähnten Eckdaten reduzieren: Kann man sich leisten, was man sich heute zu leisten imstande ist, oder muß man sich einschränken? Wird der Übertritt vom aktiven Arbeitsleben in das passive des Ruhestands mit einem Schock verbunden sein?

In Anbetracht der Tatsache, daß sich das Leben verlängert, wird auch jene Lebensspanne länger, in der man eine Pension erhält, eine Rente, oder was immer man an Einkünften bezieht, die das Leben – nun, sagen wir: lebenswert machen. Was heißt „lebenswertes Leben" in der Pensionszeit?

Es wird immer wieder gesagt, daß mit dem Alter die Bedürfnisse abnehmen. Wie falsch das ist, wissen nur jene nicht, die das angeblich so bedürfnislose Alter noch nicht erreicht haben. Daß die Werbung von solchen Jungen gestaltet wird, ist eine der Konsequenzen dieser falschen Auffassung. Die Bedürfnisse schränken sich im Alter nicht ein, sie gestalten sich nur anders – und auch das nicht immer. Trotzdem ist das „Sich-leisten-Können" dann das Hauptproblem. Es ist auch eines der Gesellschaft, des Umfelds, des Staats. Wie viele Pensionisten kann sich der Staat leisten, kann sich die immer wieder zitierte Gesellschaft leisten? Oder auch: wie lange muß gearbeitet werden, damit sich der Staat und die Gesellschaft die nicht mehr im Arbeitsprozeß Eingegliederten leisten können?

Fast jeder, fast jede freut sich auf die Pension. Viele sind sogar, wie gesagt wird, pensionssüchtig. Nicht alle. Jene etwa, die sich an den Fingern einer Hand ausrechnen können, worauf sie verzichten müssen. Aber es gibt weitaus mehr, die einen solchen Verzicht auf sich nehmen, wenn sie sich nicht mehr unter das Joch der Arbeit gezwungen fühlen müssen. Nur bleibt auch für sie die Frage, ob sie wirklich akzeptieren wollen, was ihnen das Leben dann abverlangt: die Einschränkung nämlich.

Weniger Bedürfnisse? Die Relativität solcher Bedürfnislosigkeit scheint klar. Noch einmal: Den gewohnten Lebensstandard einzuschränken, einschränken zu müssen, wird leichthin akzeptiert, wenn es noch nicht soweit ist. Der Schock kommt erst im nachhinein. Man hat immer gewußt, was geschehen wird, aber wenn es dann passiert, ist man schockiert. Muß man dann wirklich jeden Cent umdrehen?

Eine Umfrage des Instituts für Freizeit- und Tourismusforschung bei Personen unter 15 Jahren hat ergeben, daß als „sehr wichtige Faktoren für die Lebensqualität" 86 Prozent die „Gesundheit", 83 Prozent „Familie und Partnerschaft" und 61 Prozent „Bekannte und Freunde" nannten. Die Freizeit lag bei dieser Studie mit 57 Prozent dem Beruf bereits dicht auf den Fersen. Zählt man die Antworten „sehr wichtig" und „eher wichtig" zusammen, dann liegt die „Freizeit" (90 Prozent) bereits vor dem Beruf (80 Prozent). Bei einer Befragung 1987 sei es umgekehrt gewesen, berichtete die „Presse". Und weiter las man: „In wenigen Jahren werde der Beruf noch weniger Bedeutung für die Österreicher haben. Für 69 Prozent der Jungen ist Freizeit sehr wichtig, Beruf und Karriere sind nur 59 Prozent der Befragten ein großes Anliegen."

Und weiter: „Prägte noch vor einem Jahrzehnt der Lebensstandard das Bewußtsein vieler, so trete an dessen Stelle nun die Lebensqualität. Viele Menschen seien bereit, zehn Prozent des Gehalts für 20 Prozent mehr Lebensqualität zu geben, meint der Leiter des Instituts, Prof. Peter Zellmann. Und weiter: Schon alleine aus diesem Grund gilt für Zellmann der Satz: ‚Arbeit macht das Leben süß' schon lange nicht. Der Sozialwissenschaftler meint sogar: ‚Das Industriezeitalter war eine Entgleisung der Evolution'."

Gilt das eigentlich auch für die Pensionisten – oder nur für die Jungen, die in die erwähnte Überflußgesellschaft hineingeboren worden sind? Wer heute im Ruhestand ist, hat erlebt, was es heißt, auf Lebensqualität zu verzichten, verzichten zu müssen. Dies aber führt zu einer neuen und wichtigen Frage: Was heißt denn wirklich Lebensqualität? Was bedeutet dieser Begriff für die Jungen und was für die Pensionisten? Sie schütteln wahrscheinlich den Kopf über die Prioritäten von heute. Ist es nicht eigentlich schon eine Art von „Aussteigen", wenn man Freizeit höher schätzt als Arbeit, wenn man das Wochenende am liebsten schon Donnerstag abend beginnen lassen möchte und gerne dafür Gehaltskürzungen akzeptiert?

Wer die Pension antritt, will wissen, ob er seinen Lebensstandard wird vermindern müssen. Wetten, daß jene, die früher, als sie jung waren, den Arbeitsschluß weitaus höher geschätzt haben als den Arbeitsbeginn – wetten, daß diese dann im Ruhestand gerne das kassieren möchten, worauf sie vorher angeblich so gerne verzichtet haben? Die Lebensqualität ist, wenn man jung ist, vielleicht eine andere als später, wenn man angeblich weniger Bedürfnisse hat und doch von der Bedürfnislosigkeit wenig hält.

Es wird immer wieder verlangt, daß man den Jungen, die eine Familie gründen und eine Existenz aufbauen sollen, mehr bezahlen sollte als den Pensionisten, die angeblich weniger Bedürfnisse haben. Sollte es so kommen, wird es Schwierigkeiten geben beim Generationenvertrag. Die Realverfassung der verschiedenen Altersgruppen zeigt nämlich, daß die Alten die Jungen materiell unterstützen, bis es umgekehrt sein wird – oder jedenfalls sein sollte.

Halten wir fest, daß behauptet wird, die Pensionisten von heute seien die wohlhabendsten in der Geschichte, jedenfalls in Österreich. Halten wir fest, daß die heutige Generation der sogenannten „mature consumers" über ein Einkommen verfügt, das um zirka 30 Prozent höher ist als das der Bevölkerung unter 50 Jahren. Halten wir schließlich fest, daß die Pensionisten angeblich über das höchste Haushaltseinkommen verfügen. Dann ist freilich schwer verständlich, daß 50 Prozent der über 50jährigen ein Haushalts-Nettoeinkommen von über 1 450,– Euro haben. Immerhin haben die Gegner der Pensionsreform eingewandt, die durchschnittliche Alterspension sei nur 1 100,– Euro. Was stimmt?

Stimmt es auch, daß die Pensionisten im allgemeinen wohlhabender sind, als sie je waren? Daß sie ein Vermögen von über 29,1 Milliarden Euro verwalten, daß sie von Wirtschaftskrisen weniger getroffen werden als jede andere Altersgruppe und daß ihre Zahlungsmoral ungebrochen sei?

Aber man kann offensichtlich jede Statistik mit einer anderen widerlegen und jede Untersuchung nach Belieben resultieren lassen. 92 Prozent der Pensionisten haben einen Fernsehapparat, 68 Prozent einen Pkw, 64 Prozent einen Videorecorder. Immerhin 60 Prozent verfügen über einen eigenen Garten, 54 Prozent haben einen Bausparvertrag, 63 Prozent haben eine oder mehrere Kreditkarten. Und elf Prozent nennen einen Zweitwohnsitz ihr eigen.

Lebensqualität? Lebensstandard und dazu die Frage: Was gehört eigentlich wirklich zu den Bedürfnissen der Pensionisten, der heutigen und der zukünftigen? Sollten sie eingeschränkt werden müssen, wäre das ganz gewiß ein gewaltiger Pensionsschock. Das sollten alle jene bedenken, die leichtfertig behaupten, wenn man alt ist, braucht man immer weniger.

Kapitel 6
Es begann mit Ödipus

Der Generationenkonflikt ist ein ungelöstes Problem

Solange es Menschen gab, hat es Kriege gegeben. Solange es Familien gibt – oder das, was man unter Familie versteht –, geistert der Begriff „Generationenkonflikt" durch die Soziologie, aber nicht nur durch diese. Vom Generationenkonflikt, der Konfliktsituation also, der sich Alte und Junge, Eltern und Kinder gegenübersehen, ist die Rede, seit Söhne sich gegen die Väter und Töchter sich gegen die Mütter auflehnen – direkt, heutzutage aber auch (und zumeist) indirekt.

Aber beginnen wir mit jenem Generationenkonflikt, der sich in Einzelpersonen manifestiert. Schon Sophokles hat ihn geschildert und zur Wurzel einer seiner erschütterndsten Tragödien gemacht. Ödipus erschlägt seinen Vater. Die Situation könnte in der Gegenwart spielen. Ein Wagen versperrt dem jungen Mann den Weg, es entspinnt sich ein Wortwechsel und der neben dem Wagenlenker sitzende alte Mann wird vom jungen in einem Wutanfall umgebracht. Der Alte ist der Vater des Jungen und ist von diesem nicht erkannt worden.

Generationenkonflikt als Faustrecht. Vor Jahren wohnte ich als Reporter einem Mordprozeß bei, der gegen einen Mittelschüler geführt wurde. Dieser hatte aus nichtigem Anlaß seine Eltern getötet. Er ist schuldig gesprochen worden, sein jugendliches Alter schützte ihn vor der Höchststrafe, er ist längst wieder frei, im Gefängnis hat er sich weiterbilden dürfen, vielleicht ist er heute Computerspezialist – wer weiß.

Generationenkonflikt. Es gibt ihn viel öfter, weit weniger brutal, aber dafür fast allgemein, auch heute. Er wird kaum mit den Fäusten ausgetragen, ist aber für die Betroffenen nicht weniger schmerzvoll – ohne daß diese sich dessen bewußt sind.

Der Generationenkonflikt spielt sich in den Köpfen ab, im Wirtschaftsleben, in der Demographie. Immer weniger müssen arbeiten, damit sich immer mehr ein schönes Leben bereiten können. So ist es doch, oder? Man kann es auch anders, eine Spur mehr wissenschaftlich und auch demographischer ausdrücken: Das Erwerbspotential der Bevölkerung – ich habe schon kurz darüber berichtet – wird immer geringer. Erwerbspotential – das sind die Menschen zwischen 15 und 60 Jahren. Jene Menschen also, die in den Arbeitsprozeß eingegliedert sind – oder wären, wenn es nicht das Problem der Arbeitslosigkeit gäbe, die aber an dieser Stelle nicht berücksichtigt werden soll. Das erwähnte Erwerbspotential wird in Österreich sinken. Im Jahr 2000 war der Anteil der Erwerbsfähigen mit 61,0 Prozent der Bevölkerung im Burgenland am niedrigsten und mit 64,5 Prozent in Wien am höchsten. Bis 2030 wird diese Bevölkerungsgruppe in Kärnten am niedrigsten sein, nämlich 50,7 Prozent betragen, und auch weiterhin in Wien am höchsten, nämlich mit 57,6 Prozent. Bis zum Jahr 2050 wird sich nur beim „Schlußlicht" eine Änderung ergeben – die Untergrenze wird mit 48,1 Prozent wieder vom Burgenland gebildet, während Wien mit 55,7 Prozent nach wie vor an der Spitze liegen wird.

Wohlgemerkt: Es handelt sich dabei um das erwähnte Erwerbspotential, die Menschen also, die voll arbeiten – nach den derzeitigen Voraussetzungen jedenfalls. Wer noch nicht 15 Jahre alt ist, gehört noch nicht dazu. Wir mögen sie Halbwüchsige nennen, vielleicht auch „Teenies", weil die jetzt landläufig gewordene Bezeichnung „Kids" ja für eine jüngere Altersgruppe gilt, und ein Jahr später mögen sie da und dort vielleich sogar wählen können. Selbst das Rauchen ist ihnen in der Öffentlichkeit unbenommen, scheint es. Aber der reguläre Arbeitsprozeß ist ihnen, jedenfalls demographisch gesehen, noch verschlossen.

Diese Altersgruppe der unter 15jährigen – überraschenderweise werden sie in der Demographie sogar noch „Kinder" genannt – wird in allen Bundesländern künftig stark sinken. Derzeit beträgt ihr Anteil in Wien rund 15 Prozent, in Vorarlberg, dem Spitzenreiter in Österreich, rund 19 Prozent. Wien steht also beim Kinderanteil der österreichischen Bevölkerung an letzter Stelle – die nächsten Jahrzehnte lang jedenfalls. 2030 wird das Burgenland an seinen Platz treten, das dann nur noch 12,4 Prozent Kinder haben wird. Vorarlberg wird mit 15,7 Prozent an der Spitze bleiben und diesen Rang bis 2050 beibehalten, nämlich mit 14,8 Prozent, während das Burgenland die letzte Stelle behält. 11,9 Prozent der Bevölkerung werden dann in jenem Jahr, also in einem runden halben Jahrhundert, unter 15 Jahre alt sein.

Jetzt aber ist es Zeit, sich wieder an eine der Kernaussagen der österreichischen Demographie zu erinnern: Während die Zahl der Kinder sinkt, wird die Zahl der alten Leute steigen – eine Erscheinung, die sich in ganz Europa bemerkbar machen wird. Interessanterweise sind die stärksten Zuwächse dieser Altersgruppe, nämlich der über 60jährigen, im Westen Österreichs zu erwarten: In Vorarlberg, Tirol und Salzburg wird sie sich sogar verdoppeln. In Wien wird bei den über 60jährigen bis zum Jahr 2050 ein Zuwachs von 77 Prozent errechnet. „Die vier Bundesländer des Ostens und Südens (ohne Wien) entwickeln sich hingegen unter dem Bundesdurchschnitt", sagt das Demographische Handbuch. „Den schwächsten Absolutzuwachs an den über 60jährigen hat langfristig das Burgenland (+48 Prozent bis 2037), gefolgt von der Steiermark (+58 Prozent, ebenfall 2037) und Kärnten (+72 Prozent bis zum Jahr 2035). In Niederösterreich steigt ihre Zahl bis zum Ende des Projektionszeitraums um 64 Prozent."

Aus alldem ergibt sich also ganz einfach jenes Phänomen, das sich als Teil des weit verstandenen und interpretierten „Pensionsschocks" durch dieses ganze Buch zieht. Die Zahl der alten Menschen nimmt zu, die Zahl jener, die für sie zu arbeiten haben, wird immer geringer. Oder, wie gesagt: Immer weniger müssen arbeiten, damit sich immer mehr ein schönes Leben bereiten können. Ein schönes Leben? Wie man's nimmt. „Lieber reich und g'sund als arm und krank", heißt es ja.

Eines allerdings ist sicher: Ein Generationenkonflikt ist unausweichlich. Er ergibt sich, ohne daß er in den meisten Fällen irgendeiner der Altersgruppen bewußt wird. Es ist ein Konflikt, den man wahrscheinlich als solchen gar nicht erkennt. Er erscheint in vielerlei Gestalt und läßt sich dennoch auf ein einziges Phänomen reduzieren: Die jüngere Generation muß direkt oder indirekt für die ältere sorgen. Daraus ergibt sich, was den soziologischen und psychologischen Hintergrund betrifft, ein gewaltiges Konfliktpotential.

Es sieht so aus, als ob es diesen Generationenkonflikt früher nicht gegeben habe, und es sieht auch so aus, als ob jene recht hätten, die heute lieber „Gerechtigkeit" statt „Konflikt" sagen: die also von Generationengerechtigkeit sprechen. Die Älteren haben aufgebaut, was die Jüngeren weitertragen sollen. Immer wieder hat die ältere (oder sagen wir ruhig: die alte) Generation der jungen versprochen, sie möge es „einmal besser haben". Die Großeltern haben es über die Eltern gesagt und die Eltern über die Kinder. Immer wieder konnte man es hören: „Du sollst es einmal besser haben." Es war vor allem die Generation der Großeltern, die Kriege, Geldentwertung, Bomben und Not ertragen hat. Es war auch die Generation, die dann am Wiederaufbau des Landes mitgewirkt hat, die in der Stunde Null aus den Kellern kam und das sogenannte „Österreichische Wunder" bewirkt hat. Und in der Tat: Die Jungen hatten es dann besser als die Alten. Es ist auch jene „nachgeborene" Generation gewesen, die bereits in die Überflußgesellschaft hineingeboren wurde. Man nennt sie auch heute noch die „Baby-Boomer". Ihnen ist es tatsächlich in den meisten Fällen besser gegangen als ihren Eltern und Großeltern.

Vielleicht ist dies die Ursache, warum den Großeltern – und, nota bene, auch der Elterngeneration – eine Version des Generationenkonkliks präsentiert wird, die immer wieder zu heftigen Debatten Anlaß gibt. Es ist die leidige Frage nach der sogenannten Vergangenheitsbewältigung. Vom Pensionsschock zu berichten, ohne diese Frage zu erwähnen und möglicherweise auch zu beantworten (oder jedenfalls zu versuchen, es zu tun) wäre falsch. Es sind ja gerade die „Baby-Boomer", die immer wieder etwas wissen wollen, auf das den heutigen Senioren zu erwidern schwerfällt, weil sie die Frage nicht verstanden haben. Sie haben, glauben sie, die Gegenwart, wie sie sich ihnen darbot – in der erwähnten Stunde Null, eben in den Ruinen und in der Not – bewältigt. Die Vergangenheit, die sie überlebt hatten, war für sie sekundär, und sie fragen sich nun, ob es für die „Baby-Boomer" und deren Nachfahren nicht wichtiger wäre, die Zukunft zu bewältigen, als die Vergangenheit aufzuarbeiten.

Trotzdem werden viele von ihnen immer wieder mit der Frage konfrontiert: „Warum habt ihr nichts unternommen?" Es ist dies für die befragten Senioren in der Tat ein Pensionsschock ganz eigener Art. Sie werden, nachdem sie aus dem „Erwerbspotential" in das höhere Alter umgestiegen sind, oft als Menschen angesehen, die mit der längst nicht mehr aktuellen, im Vokabular der Gegenwart zu findenden „Kollektivschuld" belastet erscheinen, jedenfalls in den Augen der Nachgeborenen, eben der „Baby-Boomer".

Noch einmal: Es scheint diesen Älteren und Alten, diesen nach einem arbeitsreichen Leben zur Ruhe gekommenen Mitgliedern in einer Generation, die sich, den Prophezeiungen der steigenden Lebenserwartung zum Trotz, auf natürliche Weise immer mehr verringert – es scheint ihnen absurd, daß ihnen nicht Dankbarkeit, sondern oftmals Verachtung entgegengebracht wird.

Aber Dankbarkeit ist keine Kategorie, – nicht in der Gesellschaft, und auch nicht – ich bitte die Metapher zu verzeihen – in der Demographie. Dieser Mangel ist freilich auch soziologisch begründbar und demgemäß beiderseitig. Es kommen nämlich Aspekte hinzu, die den Pensionsschock gleichsam doppelbödig gestalten.

Das immer häufigere Single-Leben wird von Experten auch „Singularisierung" genannt. Die Ursachen dafür sind mannigfach, aber eine ist der Wunsch, dem Konfliktbereich Familie zu entgehen, der größer ist als der Konfliktbereich Arbeitsplatz. Leopold Rosenmayr hat in einer Umfrage herausgefunden, daß 60 Prozent die Familie, nur 30 Prozent die Arbeitsstätte als „Streitort" angeben: „Die Gegenwartsfamilie in hochentwikkelten Ländern ist unter den Gesichtspunkten zunehmender Individualisierung und Singularisierung zu sehen. Es sind dies gesellschaftliche Phänomene, die ihre Wurzeln einerseits im ökonomischen Wettbewerb und andererseits im politischen und theologischen Pluralismus haben." Man muß hier freilich ergänzen, daß diese Umfrage zu Ende des vorigen Jahrhunderts gemacht wurde. In den zehn Jahren seither haben sich die Dinge, was den Konfliktbereich Familie betrifft, nicht unerheblich geändert. Was man als ideologischen und politischen Pluralismus zu erkennen glaubte und als Ursache des familiären Konfliktbereiches annahm, ist heute zur Selbstverständlichkeit geworden, ohne daß sich daraus Konflikte ergeben hätten.

Die Versteinerungstheorie – daß Söhne und Töchter die gleichen Parteien wählen wie ihre Eltern und politisch genauso oder ähnlich denken – ist längst obsolet geworden. Die Mobilität der Wähler läßt sich auch darin feststellen, daß die Kinder zunehmend politisch andere Auffassungen haben und demnach anders wählen. Das hat im allgemeinen nichts mit Trotz zu tun oder mit einer Kritik am politischen Unverständnis. Vielmehr ist auch im politischen und ideologischen Umfeld ein Ende der Patronisierung festzustellen. Zudem haben die Jungen andere Lebensinteressen und Lebensziele als ihre Eltern und Großeltern. Es erhebt sich demnach auch die Frage, ob politischer Streit um Pensionshöhe und Lebensarbeitszeit als Wahlthema für junge Menschen geeignet ist. Aber davon wird in diesem Buch später berichtet werden.

Daß sich Erstwähler und dann auch Jungwähler, ja auch die Mitglieder der Mittelgeneration politisch wesentlich anders, divergierend und oft auch gegenteilig verhalten wie ihre Eltern, ist längst zur Binsenweisheit geworden. Daraus schöpfen z. B. nicht zuletzt die Grünen ihr Wählerpotential. Aber auch

Schwarz-Rot oder Blau-Rot sind politische Farbenzusammenstellungen zwischen Älteren und Jüngeren, die immer häufiger zutage treten. Alles dies als Nährboden für ein Konfliktpotenial zu nehmen, scheint mir nicht mehr so gültig zu sein, wie es etwa noch vor einem Vierteljahrhundert der Fall war.

„Mehr denn je wird das Wahlverhalten der Älteren in Zukunft die Mehrheitsverhältnisse und die in einer breiteren Öffentlichkeit diskutierten Themen bestimmen", heißt es in einer Studie über die „Ursachen und Folgen der ergrauenden Gesellschaft" von Heinz Fassmann und Rainer Mürz. „Stellten die über 60jährigen bis Anfang der neunziger Jahre weniger als 30 Prozent aller Erwachsenen, so wird dieser Anteil bis 2030 auf über 40 Prozent steigen. Da die ausländische und bei Nationalratswahlen somit nicht wahlberechtigte Bevölkerung im Schnitt jünger ist als die inländische, ist zu erwarten, daß zwischen 2011 und 2016 die über 50jährigen unter den Wahlberechtigten in der Mehrzahl sein werden." Der Anteil der über 60jährigen an der wahlberechtigten Bevölkerung lag noch vor rund 20 Jahren bei 25,7 Prozent und lag 2001 bei 26,7 Prozent. 2031 werden 41,1 Prozent der über 60jährigen wahlberechtigt sein.

Jedenfalls in Deutschland werden sie keineswegs alle konservativ sein, schrieb die „Zeit". Das Bonmot, angeblich von Churchill, daß, wer unter 35 kein Sozialist sei, kein Herz habe, und wer es über 35 noch sei, über keinen Verstand verfüge, hat nie gegolten und gilt auch bei den Pensionisten nicht.

Zurück zum Einzelgängertum. Als Alternative zur Familie wird es, wie gesagt, gesellschaftlich legitimiert und als Lebensform der Gegenwart anerkannt, sagt der Altersforscher Leopold Rosenmayr. „Nicht das Alleinleben an sich, sondern die gesellschaftliche Anerkennung mit ihren vielen sozialen und ökonomischen Folgen konstituiert die Singularisierung."

Ganz allgemein aber zögern die Menschen heute immer mehr, sich auf Bindungen einzulassen – dies wirkt sich dann auch direkt oder indirekt auf die jeweilige Pensionsberechtigung aus. Das Motto, fast das Zauberwort heißt „Living apart together" und betrifft alle Arten der Lebensgemeinschaften von Mann und Frau. „Die Angst vor Nähe und auch der Unwille, sich im Intimbereich mit den Problemen von anderen Menschen als Teil seiner eigenen Problemlage auseinanderzusetzen, haben zugenommen. Die singularisierten Individuen ertragen einander besser auf Distanz." Damit scheint die Tatsache zusammenzuhängen, daß auch immer mehr „Altehen" geschieden werden. Daß in Österreich jede dritte, in Wien jede zweite neue Ehe geschieden wird, ist längst bekannt. Daß auch Eheleute, die die silberne Hochzeit längst hinter sich gebracht haben, ihre Ehe vom Richter trennen lassen, ist neu, nimmt aber seit Jahren immer mehr zu. Die kritische Zeit beginnt dann, wenn sich die Kinder „abgenabelt" haben und der Wunsch nach Selbstverwirklichung (vor allem der Frau) akut wird. Es ist dann nicht selten, daß sogar „Höchstbetagte" auseinandergehen.

Man kann jedenfalls feststellen, daß die Zahl der „Drei-Generationen-Haushalte" überall in Europa stark zurückgegangen ist. Gleichzeitig nimmt das Zusammenwohnen von Familienmitgliedern verschiedener Generationen laufend ab. Die soziale Generationenvielfalt wächst durch die Zunahme der Lebenserwartung, insbesondere der über 60jährigen, aber die familiären Wohngemeinschaften werden geringer.

Dazu nochmals Leopold Rosenmayr, der sich gerade mit diesem Phänomen ausführlich befaßt hat: „Vor einem Jahrhundert erlebte in West- und Mitteleuropa nur eine kleine Minderheit der Bevölkerung, vielleicht ein Dreißigstel, die Rente, die in den 60er und 70er Jahren des 19. Jahrhunderts als große sozialpolitische Neuerung und nicht zuletzt als bürgerliche Gegenmaßnahme gegen die aufstrebende und sozial und politisch drängende Sozialdemokratie eingeführt wurde. Heute zeigen uns die Daten eine drastische Zunahme der Rentner und Pensionisten auf fast ein Drittel. Es verstärkt sich das Bild von zwei Generationen im Rentenalter, sowie eine rapide Zunahme der Urgroßmütter. Sowohl gegenüber Eltern als auch gegenüber Großeltern steigen die Verpflichtungen familiärer Hilfe und Pflege von Menschen, die zum Teil selber knapp vor der Pensionierung stehen oder selber Pensionisten sind."

In diesem Zusammenhang fällt, ohne das wir uns dessen richtig bewußt geworden sind, auf, daß die Vertreter meiner Generation kaum jemals alle vier Großelternteile gekannt haben. Meist waren die Großväter oder jedenfalls einer von ihnen tot, als wir im Kleinkindesalter waren. Das ist heute nicht mehr der Fall. Die meisten Zehnjährigen kennen alle vier Großelternteile, und es gibt eine immer stärker werdende Minorität, die auch noch ein oder zwei Urgroßmütter oder Urgroßväter kennen.

Was das bedeutet, ist klar: Immer häufiger leben Menschen verschiedener Generationen gleichzeitig in der Familie – aber in getrennten Haushalten. Rosenmayr: „Noch nie in der Geschichte der Menschheit lebten so viele Generationen mit so wenigen Kindern lebenslaufmäßig überlappend zur selben Zeit." Daraus kann der Schluß gezogen werden, daß alternde Eltern für durchschnittlich mehr als ein halbes Jahrhundert Teil des Lebens ihrer erwachsenen Kinder sind. Aber immer wieder ist das „Living apart together" aktuell. In Amerika sind die Hälfte der über 65jährigen Mitglieder von Vier-Generationen-Familien. Sie nehmen allerdings in Kauf, daß sich diese drei oder vier Generationen über die ganzen Vereinigten Staaten, in Ausnahmefällen sogar über die Welt verstreut haben. Die in den USA üblichen alljährlichen Briefe, die über Leben, Aktualitäten und berufliche Erfolge der jeweiligen Familienmitglieder berichten, sind demnach fast eine Notwendigkeit geworden und werden nicht nur Freunden, sondern auch den Mitgliedern der verschiedenen Generationen geschickt.

Wie gesagt: Alternde Eltern leben durchschnittlich mehr als 50 Jahre gleichzeitig mit ihren erwachsenen Kindern. Enkel leben im Durchschnitt mehr als 20 Jahre gleichzeitig mit den Großeltern. Es gäbe, berichtet Rosenmayr „Minoritäten von Großeltern, die selber noch Großeltern haben und diese teils auch pflegen".

Aber alles das heißt nicht, daß die gleichzeitig lebenden Familienangehörigen auch in einer Wohnung beisammen leben. Sie würden dies nicht einmal tun, wenn sie es könnten. Die Generationen verteidigen ihre Unabhängigkeit und legen Wert auf eine „Intimität auf Abstand". „Familie à la carte" nennt Rosenmayr diese Art des selektiven Zusammenlebens: Jedes Familienmitglied will seine Auffassung und seine Sicht von der Familie verwirklicht sehen, was im übrigen auch für die Alten zutrifft.

Das heutige Sozialsystem und die gesellschaftlichen Umstände freilich seien im anderen Konfliktbereich, jenem an der Arbeitsstätte (auch wenn er geringer eingeschätzt wird als der familiäre), wenig dazu angetan, das Alter zu respektieren, sagt der Psychiater Prof. Siegfried Kasper. In Afrika zähle eben der Stammesälteste weitaus mehr als die Jungen (wer je Karl May gelesen hat, weiß, wie oft dies auch bei den Indianern der Fall war). Bei uns, so Kasper, gäbe es zum Unterschied von diesen Kulturen zwar den Ausdruck „Der führt sich auf wie ein Häuptling", aber man meine eigentlich: „Der ist ein alter Depp". Ein Generationenkonflikt also, wie er im Buche steht, auch in diesem Buch, und für den Betreffenden, so er es spürt oder gar hört, ein Pensionsschock allererster Ordnung.

Die erfolgsorientierte Gesellschaft nimmt dabei zur Kenntnis, daß sich der Großteil der persönlichen Beziehungen rein auf beruflicher Ebene abspielt und mit Emotionalität nichts zu tun hat. Der „alte Depp" hat freilich im Berufsleben – vor allem dann, wenn er in der Manageretage arbeitet – genug Möglichkeiten, sich für den Mangel an positiver Emotionalität zu rächen. Prof. Kasper nennt es die „Kronprinzenideologie". Anders ausgedrückt: Jemanden an sich herankommen lassen ist in der Meinung vieler Oberer ein Fehler. Der „Kronprinz", sofern er sich als solcher fühlt oder gar von den anderen als einer betrachtet wird, könnte allzuleicht in die Versuchung kommen, den Vorgesetzten zu drängen oder ihm gar ein Bein zu stellen, wenn er nach dem beliebten Motto handelt: „Solang i gehn kann, geh i net." Um den Pensionsschock zu vermeiden, wird häufig auch nach der Methode „divide et impera" gehandelt.

Teile und herrsche: was – aber dies würde besser in ein Handbuch des Intrigierens passen – nichts anderes bedeutet, als einer ganzen Reihe von Anwärtern die Knackwurst der Beförderung vor der Schnauze baumeln zu lassen. „Rat race" sagen die Amerikaner. Die Ratten verlassen nicht das sinkende Schiff, sondern sie drängen sich auf der Brücke.

Es gehört zu den Kardinalfehlern von Menschen, die ihren Platz nicht räumen wollen, auch wenn sie ihn aus Altersgründen längst hätten verlassen müssen, daß sie meinen, kein anderer als sie selbst könne die Arbeit entsprechend leisten, schon allein deswegen könne ihnen niemand nahekommen. Ihre Maxime ist, „daß es ein Unding und schädlich wäre, Junge oder Jüngere ans Ruder zu lassen, was auch immer damit gesteuert werden mag". Es gäbe ja heute nur noch unqualifizierte Menschen, die grün hinter den Ohren seien, Grünschnäbel also. Der Nachwuchs sei nichts mehr wert, daher noch einmal: „Solang i gehn kann, geh i net."

Das „Ich kann es besser" ist ein Anspruch, den sich die Älteren oft nicht nehmen lassen wollen. Es mag stimmen (siehe unten), aber es führt dazu, daß die Jüngeren in ihrem Selbstwertgefühl gekränkt sind, wenn man sie immer nur in einer „Dienstfunktion" sieht. Wenn man sie gleichsam als bürotechnischen Butler ansieht und sie dies auch fühlen läßt. Ich erinnere mich an zwei österreichische Spitzenpolitiker, von denen der eine Minister und der andere Sekretär war. Die Verhältnisse haben sich dann geändert, der Sekretär stieg auf und der Minister ab – wie es in der Politik eben so kommt. Aus Gründen, die nicht hierher gehören („Das aber ist eine andere Geschichte", hätte Michael Ende geschrieben), wurden die beiden schließlich spinnefeind, und der Abgestiegene – der gar nicht abgestiegen war, sondern nur aus der Politik schied – bezeichnete seinen ehemaligen Sekretär ebenso grimmig wie geringschätzig als ehemaligen „Aktentaschenträger". Ihm sei seine neue politische Spitzenfunktion offenbar in den Kopf gestiegen.

Dabei ist es in diesem Fall jeweils nur um die Position gegangen und nicht um die Feststellung, der eine oder der andere habe es „besser gekonnt". Die beiden waren auch nicht im Verhältnis des jeweils Älteren zum Jüngeren gestanden, sodaß der „Herrschaftsanspruch", den zuerst der eine und dann der andere behauptete, eigentlich nicht vorhanden war. Ärger ist es, wenn dieser „Herrschaftsanspruch" im Betrieb, im Büro, in der Firma, im Konzern geltend gemacht wird. Es ist jenes erwähnte Selbstwertgefühl, das verletzt wird, weil die Jüngeren – wie der Soziologe und Altersforscher Leopold Rosenmayr sagt – diesen „Herrschaftsanspruch" der Älteren weder rational noch emotional akzeptieren können. „Die Jungen verstehen die inneren Ablösungsängste der Älteren nicht und erleben sich vorwiegend in einer strategischen Gegenstellung."

Diese Ablösungsängste sind umso größer, je unangefochtener der Betreffende in seiner Position war. Am ärgsten sind sie, wenn, was oft vorkommt, der Nachfolger schon nominiert ist und der Vorgänger noch im Amt bleibt. Bei den Amerikanern heißt eine solche Interimsperiode, die laut Verfassung der USA auf den Wechsel der Präsidenten zutrifft, wenn ein Neuer den Alten ablöst, eine „Lame duck administration", die – so die wörtliche Übersetzung – von einer „lahmen Ente" geführt wird. Sie dauert zwei Monate. Auch in Österreich kommt es bisweilen vor, daß ein neuer Chef nominiert wird, während der alte noch voll amtiert. Die Ablösungsangst trifft dann freilich auch auf die Untergebenen zu, die nicht wissen oder nicht wissen wollen, an wen sie sich zu wenden haben.

Es ist dies ein für die „lahme Ente" überaus schmerzvoller Kompetenzverlust. Er werde (so wieder Rosenmayr) von anderen, schließlich von ihm (ihr) selbst wahrgenommen und könne für den verantwortlichen Manager, aber auch auf unteren Entscheidungsebenen nicht nur als Selbstwertverlust, sondern als schwere Niederlage erlebt werden.

Rosenmayr hat in diesem Zusammenhang von der „Verhaltenssouveränität" der Älteren gesprochen, die den Ablösungsprozeß erleichtere. Es gehe ja auch um die Weitergabe und Abgabe von Macht – eine, wie wir gesehen haben, vielfach schmerzvolle Lebensperiode. Aber auch die langsame Kompetenzeinschränkung gehört dazu. Kompetenzen abgeben ist ein Vorspiel zur Machtabgabe. Gerade ältere Menschen, die sehr verantwortungsvoll sind, würden sich in einem solchen Prozeß weniger leicht tun als solche, die am liebsten noch der „Fun Generation" angehören würden.

Wobei es natürlich immer wieder Fälle gibt, in denen es gut gewesen wäre, wenn sich der Altvordere nicht in Pension begeben hätte, sondern am Platz geblieben wäre – als Platzhirsch gleichsam. Gemeint sind jene Firmen, Betriebe, renommierte Ladenketten, die zum Teil Jahrzehnte, ja jahrhundertelang in Familienbesitz gewesen waren, dann von den zur Herrschaft gelangten Kronprinzen heruntergewirtschaftet und schließlich „versilbert" wurden – sofern noch etwas von ihnen übriggeblieben ist. Da bewahrheitete sich dann die alte Weisheit, daß eine Generation aufbaue, die zweite weiterarbeite und die dritte zerstöre – nicht zuletzt um des eigenen Vorteils willen.

Entwicklungen wie diese sind freilich glücklicherweise selten. Häufiger ist die Meinung, daß es nicht ratsam sei, einen „ausgebrannten Fall" länger kommandieren zu lassen; daß es heutzutage auch bei den Jungen das sogenannte Burn-out-Syndrom gibt, steht auf einem anderen Blatt. Aber im Regelfall ist es, so glaubt man, klüger, ein Ende ohne Schrecken zu bereiten als einen Schrecken ohne Ende. Diese Art des Pensionsschocks kann dann zwar wahrscheinlich nicht verhindert, aber doch gemildert werden.

Vor allem durch den Golden Handshake. Durch die Höhe der Pension, wobei nicht die allgemeine, die ASVG-Pension oder (im Fall der Politiker) die der Mandatare gemeint ist. Darauf wird noch eigens zurückgekommen. Gemeint sind die Firmenpensionen, die, wenn sie vertraglich abgesichert sind, eine beträchtliche Höhe annehmen können. Die Frage freilich, ob sie das Selbstwertgefühl kompensieren können, ob sie für das Nichtgebrauchtwerden entschädigen, ob sie wirklich eine Kränkung gutmachen können, ist eine ganz andere. Da ist dann auch die Frage zu beantworten, ob nicht eine ganze Generation vergeudet wird, weil man auf sie verzichten zu können glaubt.

Solches gilt nicht zuletzt für jene Pensionisten, die nicht in den Ruhestand treten, sondern getreten werden – zumeist dann, wenn sie nicht nur in der Lage, sondern auch willens wären, sich noch nicht in den Ruhestand zu begeben, weil sie noch kein Bedürfnis an Ruhe haben. Oder, wie es der Soziologe Rosenmayr erklärt, daß ihr früher Ruhestand „in West- und Mitteleuropa die Funktion der Kontrolle von Arbeitslosigkeit" hat. Rosenmayr hat sich gerade mit diesem Aspekt ausführlich befaßt: „Es ist richtig, daß vor allem für die Minoritäten der körperlich schwer Arbeitenden oder der psychisch schwer belasteten Gruppen, wie Krankenpfleger oder Lehrer oder Arbeitsinvaliden, der frühe Ruhestand subjektiv willkommen und objektiv auch gerechtfertigt ist, so schwer solche Rechtfertigungskriterien auch zu erstellen sein mögen. Aber die Frühpensionierungen sind im Grunde eine beinharte Anpassung an das Arbeitskräftevolumen."

Rosenmayr schreibt zu Recht vorzugsweise über jene Arbeitskräfte, deren Arbeitsplatz nicht der Schreibtisch, sondern – wie es früher hieß – die Werkbank war oder auch die Kassa im Supermarkt. Die Folgerungen, die er zieht, gelten dann freilich auch für alle im weitesten Sinn als Arbeitskräfte zu bezeichnenden Menschen, die aus zumeist arbeitspolitischen Gründen gekündigt werden: „Dadurch wird die nicht unwichtige Arbeitskapazität einer Minorität, nämlich der älteren Arbeitnehmer, unachtsam verschleudert. Auf subjektive Befriedigung, Verbesserung der ökonomischen Ressourcen älterer Menschen, die der gesellschaftlich-wirtschaftlichen Wertmehrung dienen können, wird verzichtet. Alle diese Elemente und Motive von einander zu trennen, ist, gelinde gesagt, schwer."

Immer wieder ist in diesem Zusammenhang das nun schon oft zitierte Konfliktpotential im Betrieb zu bedenken. Das „aggressive Element der nachrückenden Generation" drängt allzuoft auf die innerbetriebliche Abschiebung der Älteren, die eben wieder in Widerstandshaltungen resultiert. Die Betreffenden wehren sich dann gegen Innovationen, obgleich sie geistig und körperlich durchaus in der Lage wären, sich ihnen zu stellen und sie zu bewältigen. Immer wieder ist dies mit der Beeinträchtigung des Selbstwertgefühls zu begründen und nicht mit einer Trotzhaltung.

Die auf solche Weise aus dem Betrieb, der Firma, ja dem Konzern „hinausgetretenen" Menschen sind natürlich offiziell nicht hinausgetreten worden. Es gibt vielmehr den verhältnismäßig neuen Begriff des „Mobbing". Man macht ihnen, und das kann durchaus auch jüngere Leute betreffen, den Aufenthalt in der Firma unleidlich. Die Kollegen – und es sind meist Kollegen oder Kolleginnen, und sie rotten sich gleichsam zusammen – möchten sie hinausdrängen, aus Altersgründen oder aus welchen Motiven auch immer.

Mobbing ist eine neue Form des Rudelverhaltens. Jemand wird hinausgebissen, weil er nicht mehr toleriert wird – obgleich er nichts dafür kann. Mobbing ist eine besonders ekelhafte, grausliche Art des Eliminierens.

Und dann gibt es natürlich auch das „beiderseitige Einvernehmen". Man geht in den Ruhestand, weil man muß, ohne daß es seitens der Firmenleitung offen ausgesprochen wird. Denn dieses beiderseitige Einvernehmen ist in vielen Fällen nur ein einseitiges, nämlich auf seiten des Arbeitgebers. Der Arbeitnehmer, der – um den Begriff weiter zu spannen – Angestellte, der Beamte, vielleicht auch der überflüssig gewordene Mandatar, soll dann durch den erwähnten Golden Handshake zufriedengestellt werden und mag es finanziell und ökonomisch in den meisten Fällen auch sein. Die Frage, inwieweit auch das Selbstwertgefühl mit Gold aufgewogen werden kann, bleibt indes bestehen.

Leopold Rosenmayr kommt in diesem Zusammenhang noch auf ein anderes, oft nicht bedachtes Problem zu sprechen: Es bestehe die Gefahr, „daß von der Gesellschaft die lange Pensionszeit als Überkonsum und Überprivilegierung den Alten angelastet wird und daß man sie als Bevölkerungsgruppe insgesamt unter dem Aspekt einer ökonomischen und sozialen Belastungsquote sieht. Verkürzt und vergröbert gesagt: Zuerst schickt man die Menschen heim, entläßt sie aus Fabrik und

Büro, um für jüngere, willfährigere und vor allem billigere Arbeitskräfte Stellen freizubekommen oder um die betriebliche Rationalisierung zu erleichtern. Dann aber wirft man den so behandelten ‚Freigesetzten' vor, daß man sie so lange und so aufwendig erhalten müsse."

Rosenmayr erwähnt in diesem Zusammenhang eine Methode, die Abhilfe schaffen kann: „Fitting the job to the worker". Er verlangt nicht nur eine neue Arbeitsmarktpolitik, sondern auch eine neue Arbeitsqualitätspolitik. Das „Fitting the job to the worker" würde bewirken, daß Arbeitnehmer, die älter geworden sind, gesundheitlich imstande sind, länger zu arbeiten, „was sie ... auch bis zu einem gewissen Grad wollen".

Eine vergeudete Generation also? Eine verschleuderte Generation? Ein menschliches Kapital, das nicht hoch genug bewertet werden kann, wird verschwendet. Man kann es noch weiter benützen, kann – um bei den finanziellen Metaphern zu bleiben – das Angesparte nur langsam verbrauchen, aber es ist offenbar bequemer, einen radikalen Schnitt zu tun. Wie gesagt: Den „Schrecken ohne Ende" vermeiden.

KAPITEL 7
DIE ZUFRIEDENHEIT
TRÄGT EIN DIRNDL

Alter, Glück und Lebensplanung

Die Österreicher scheinen geborene Optimisten zu sein. Ein Ehepaar aus meinem Freundeskreis, beide immerhin nahe der siebzig, hat ein neues Haus gebaut, wunderschön, teilweise aufwendig, einstöckig. Die Schlafräume befinden sich im Obergeschoß, das durch eine elegant geschwungene Treppe zu erreichen ist.

Das Ehepaar fühlt sich gesund und scheint es auch zu sein. Sonst würde es ja nicht im Vertrauen auf das Fortdauern dieser Gesundheit annehmen, daß beide, Mann und Frau, auch weiterhin und noch viele Jahre hindurch (was ihnen jeder wünscht) in der Lage sein werden, die Schlafzimmer zu erklimmen. Aber wer denkt schon an Gebrechlichkeit, wenn er oder sie sich munter fühlt (wenn er oder sie nichts von den Beschwerlichkeiten des Alters spürt)?

„Carpe diem" heißt es auch, was diesen Teil der Lebensplanung betrifft. In einer Zeit, da dieses Leben immer länger wird, reicht die Planung eben auch viel weiter. Der Tod ist aufgeschoben – so wie in vielen Märchen und Sagen. Dazu kommt eine spezifisch österreichische, ja wienerische Denkungsart, die man „Augustinismus" nennen könnte (ohne daß dies etwas mit den Augustinern jedweder Observanz zu tun hätte). Augustinismus: Das ist die Mentalität, die der Liebe Augustin vorgezeichnet hat. Man singt: „Alles ist hin" und denkt an den Dudelsackpfeifer, der in die Pestgrube fiel und überlebte. Zwar ziehen neue große Epidemien und Seuchen um den Globus, aber die Annahme, daß schon nichts passieren werde, was immer auch geschehen möge – dieser Glaube kennzeichnet die Lebensplanung.

Die schönsten Wienerlieder, gesungen beim Heurigen, haben das Sterben zum Inhalt. Dies führt zu der Annahme, daß die Österreicher gerade dann, wenn es ihnen am besten geht, vom Tod singen, ohne an ihn zu glauben. Singt nicht der Tischler Valentin in Raimunds „Verschwender" ein Lied, das fast zu einer „Signation" alles Österreichischen geworden ist? „Da streiten sich die Leut' herum wohl um den Wert des Glücks ..." Und in der letzten Strophe heißt es: „Zeigt sich der Tod einst mit Verlaub und zupft mich: Brüderl, kumm – da stell' ich mich im Anfang taub und schau mich gar nicht um. Doch sagt er: Lieber Valentin, mach keine Umständ, geh! Da leg ich meinen Hobel hin und sag der Welt adje." Valentins Lebensplanung (Ablebensplanung) ist Volksgut geworden.

Was nicht nur auf Österreich, sondern auch auf Deutschland zutrifft. Die Selbsteinschätzung samt den Aussichten für das weitere Leben ähneln da einander. Und auch das bisherige Resümee des Lebens scheint eher positiv zu sein. „Wenn sie Ihr Leben alles in allem betrachten, wie glücklich sind Sie dann", wollte eine Umfrage des Fessel-Instituts wissen. Das Ergebnis war mehr als überraschend, vor allem in Zeiten wie diesen. 23 Prozent der Befragten sagten, sie seien „sehr glücklich" und 68 Prozent meinten, daß sie „ziemlich glücklich" seien. Das heißt, daß insgesamt 91 Prozent sich als glücklich bezeichnen. Dabei muß man in Betracht ziehen, daß es sich bei den Befragten ja um die „Generation 50plus" handelt, also um jene Menschen, die sich bereits in die zweite Hälfte des Lebens begeben haben – nach gegenwärtigen Vorstellungen jedenfalls. Es ist ja nicht gesagt, daß sich die Hälfte angesichts geänderter Lebenserwartung nicht verschieben wird. Aber schon heute gibt es rundum fast nur glückliche Menschen. Ist das ein Statusbericht, ist es eine Bilanz oder ist es beides? Friedrich Nietzsche soll sich auf das Lied „Freu dich erlöste Christenheit" bezogen haben, als er fragte, warum die Christen rundum so „verdammt unerlöst" aussehen.

Was den „Glücks"-Teil der Fessel-Umfrage und die diesbezügliche Lebensbilanz betrifft, so darf ich mich ausnahmsweise selbst zitieren – aus einem Buch, das ich „Über das Lachen" nannte: „Das Lachen, sagt der ‚Gemütsspezialist' Peter Gathmann, sei nicht steuerbar. Es ist ‚einladbar'. Es gleicht in diesem Fall dem Glück. Auch dieses kann man nicht steuern, sagt er. Aber man kann es einladen. Wenn man krank ist zum Beispiel. ‚In den göttlichen Sekunden des Lachens ist man Herr über seine Krankheit'. Göttliche Sekunden des Lachens. Göttliche Sekunden des Glücks.

Ich predige heute immer wieder meine Lebensphilosophie, die ich offenbar immer schon in meinem Inneren trug: Nicht rückwärts blicken, sondern vorwärts. Nicht das betrauern, was man nicht mehr kann, sondern sich über das freuen, was man noch kann und wieder können wird. Glück sei die Cousine des Lachens, sagt Peter Gathmann. Die stille Cousine. Nur: Was ist Glück? Ist es das, wovon Tante Jolesch spricht, wenn sie meint: ‚Gott behüt uns vor allem, was noch a Glück ist'? Tiefsinnige jüdische Weisheit, ist man versucht zu sagen. Und doch unterscheidet sich das ‚a Glück haben' der Tante Jolesch von der anderen Bedeutung des Glücks, etwa jener, die schon zur Zeit der Unabhängigkeitserklärung im amerikanischen ‚Bill of Rights' festgeschrieben wurde: daß jedem Menschen das Streben nach Glück, pursuit of happiness, ermöglicht werden sollte."

Es gibt viele Facetten des Glücks und des Glücklichseins. Jeder Mensch trägt seine eigenen in sich und mit sich. Wenn man freilich eine andere Fessel-Umfrage betrachtet, kommt man schnell zur Überzeugung, daß Valentin (und wohl auch der Liebe Augustin) vielleicht doch eine Art Patron der Österreicher ist. „Wie sehen Sie Ihrem höheren Alter entgegen?" lautete die Frage. In Anbetracht der Glücks-Antworten ist man nicht überrascht, wenn man dann liest, daß 24 Prozent „sehr zuversichtlich" sind und 53 Prozent „eher zuversichtlich", somit 77 Prozent zuversichtlich in die Zukunft blicken. Nur 3 Prozent sind „sehr beunruhigt" und 17 Prozent „eher beunruhigt". Womit also 20 Prozent von 100 ihr höheres Alter mit Unruhe erwarten. Nur jeder fünfte Österreicher ist also, was die Zukunft betrifft, beunruhigt. Wer's glaubt, wird selig? Oder, um beim Seligsein zu bleiben: Ist Österreich noch immer eine „Insel der Seligen", trotz Pensionsschock – und was nachher kommt?

Im Burgtheater trat in einer Inszenierung von Ferdinand Raimunds „Bauer als Millionär" die Zufriedenheit im Dirndl auf. Sie sollte, wollte der Regisseur offenbar zeigen, eine Österreicherin sein. So betrachtet, kann man durchaus akzeptieren, daß auch in anderen Umfragen kaum Unmut geäußert wird, sondern daß die Befragten sich mit den Gegenwarts- und Zukunftsaussichten durchaus angefreundet haben.

Da ist zum Beispiel das Problem der finanziellen Angelegenheiten. Wieder wurden die Älteren und Alten gefragt, diesmal bezüglich der Feststellung, „man sollte seine finanziellen Angelegenheiten rechtzeitig regeln". Die überwiegende Mehrheit sagte ja: 42 Prozent meinten, es treffe „sehr zu", und für 46 Prozent trifft es „eher zu". Anders wurde die Frage beantwortet, ob man sich „finanziell gut abgesichert fühle". Da sagten nur 27 Prozent vorbehaltlos ja, während 50 Prozent zögerten und meinten, es treffe „eher zu".

Und was soll man den Kindern hinterlassen? Sollen sie sich als reiche Erben fühlen, wenn man selbst nicht mehr da ist? Die Oma, die ihr Sparbuch unter dem Kopfpolster hat, um es dereinst den Enkeln zu vererben, ob nun Erbschaftssteuer oder nicht – diese Oma gibt es zwar noch immer, aber sie scheint nicht mehr aus ganzem Herzen vererben zu wollen. Und wer meint, die Eltern würden ein Haus – so sie es besitzen – an ihre Kinder weitergeben wollen, irrt gleichfalls ein wenig. Man möchte seinen Kindern ein ordentliches Erbe hinterlassen? Die meisten antworteten „eher ja", bloß ein Viertel bejahte die Frage vorbehaltlos.

Die Konsequenz ist natürlich, daß man sich im Alter gönnt, worauf man Lust hat. Das Sparen, das früher aus dem Bewußtsein der Menschen nicht zu lösen war, ist bei den „jungen Alten" nicht mehr das A und O des späteren Lebens. Viele wollen laut Umfrage nur sparen, „wenn etwas übrig bleibt". Aber was heißt sparen? Konsumverzicht in der Gegenwart, um in der Zukunft etwas zu haben, worauf man zurückgreifen kann. „Um später einmal gut versorgt zu sein, verzichte ich heute lieber auf manches" stellten die Frager zur Diskussion. Weniger als ein Drittel der Befragten hielten dies für richtig.

Die Fessel-GfK-Umfrage spannt in der Tat den Bewußtseinsstand der alten Österreicher auf den Röntgenschirm. Viele der Resultate sind nicht überraschend, etliche schon. Aber sagen die Menschen, die man als „50plus" bezeichnet, alle die Wahrheit? Wenn ja, dann begreifen sie sehr wohl auch die Wünsche, Handlungen und Anliegen der jungen Generation. Ich kann gut verstehen, was diese junge Generation denkt und tut? 24 Prozent sagten, dies treffe „sehr zu", und fast doppelt so viele setzten ein „eher" davor. Das heißt immerhin, daß fast drei Viertel der älteren und alten Österreicher sich mit der jungen Generation sehr gut verstehen, daß sie deren Wünsche akzeptieren und nicht griesgrämig sich abkapseln wollen.

Dieser Meinung entspricht dann auch die Planung für das Leben im fortschreitenden Alter. „Ich habe das Gefühl, sehr leistungsfähig zu sein und noch viel zustande zu bringen" bejahten rund zwei Drittel der „50plus"-Menschen. Das heißt, könnte man annehmen, doch eigentlich nichts anderes, als daß Optimismus und Dynamik durchaus auch im Alter aktuell sein können. Spricht das nicht andererseits wieder eindeutig für die Bestrebungen, das Pensionsalter hinaufzusetzen? Sie haben das Gefühl, sehr leistungsfähig zu sein, sagen die erwähnten zwei Drittel der über Fünzigjährigen. Egal nun, ob sie „trifft sehr zu" oder „trifft eher zu" geantwortet haben – sie fühlen sich offenbar durchaus noch nicht pensionsreif. Und wenn man dann noch liest, daß weitere zwei Drittel zu Protokoll geben, sie hätten „noch viel vor im Leben", spricht auch dies zumindest in der Statistik gegen ein Überhandnehmen des Jugendkults.

Noch einmal: Optimismus scheint Trumpf zu sein bei den befragten Österreichern. „Ich habe das Gefühl, daß mir die Zukunft erfreuliche Dinge bringen wird" – kann man Positiveres über die Erwartungen sagen, die an die zweite Lebenshälfte geknüpft werden, egal nun, wann sie beginnt und wie lange sie dauert? Ein imponierender Prozentsatz ist jedenfalls dieser Auffassung. Aber da ist dann doch gelegentlich das Grübeln. Da ist das Denken an die Zeit, die in so vielen Liedern als die „goldene Jugend" bezeichnet wird. Bei Raimund sagt diese Jugend: „Brüderlein fein, Brüderlein fein, einmal muß geschieden sein." Ist man also als Angehöriger der 50plus-Generation alt? „Ich wünschte, ich wäre jünger", sagen viele – und es ist eigentlich sonderbar, daß es kaum weniger sind als jene, die das Gefühl haben, die Zukunft bringe erfreuliche Dinge.

Vorläufiges Resümee: Die „Silberhaarigen" fühlen sich offenbar wohl. Sie fühlen sich jedenfalls nicht alt – was noch bewiesen werden soll. Sie können es nicht leiden, wenn man sie alt nennt. „Wie alt ich bin, würde mir selber gar nicht so auffallen, aber man wird von anderen immer daran erinnert", sagt eine Minderheit. Die anderen lassen sich einfach nicht daran erinnern. Oder freut sich ein älterer Herr, wenn ihm ein junges Mädchen in der Straßenbahn Platz macht?

Noch weniger der Befragten bejahen die Feststellung: „Ich beschäftige mich oft mit dem Gedanken an den Tod." Bestenfalls – siehe oben – singt man davon. Das bekannteste Studentenlied, gespielt und oft auch gesungen nach jeder Promotion, beginnt, wie gesagt, mit der Aufforderung „gaudeamus igitur" und schließt mit der Feststellung „nos habebit humus". Nachher wird uns die Erde haben. Vorher aber freuen wir uns.

Und wer will scherzen, wenn ältere Damen vom Friseur kommen oder sich Herren Maßanzüge schneidern lassen? Wie bitte? „Im Alter ist es nicht mehr so wichtig, auf sein Äußeres zu achten"? Nur 28 Prozent stimmen dem ganz oder halb zu. Da ist es dann auch kein Wunder, daß die abschließende Feststellung: „Ich fühle mich alt", fast durchwegs verneint wird.

Im Gegenteil: man ist mobil, man freut sich des Lebens. Altersklischee? Pfui! Es habe ab einem bestimmten Alter nicht mehr viel Sinn, seine Lebensweise zu ändern? Weit gefehlt! 70 Prozent verneinen es. Sie würden, wenn sie die Gelegenheit dazu hätten, ohne weiteres anders leben. Würden sie, sofern sie dazu in der Lage sind und das Pensionsalter noch nicht erreicht haben, auch noch einen anderen Beruf ergreifen? Die Frage ist nicht gestellt worden, aber mir scheint, daß auch sie bejaht würde – sofern die gesundheitlichen Voraussetzungen dafür gegeben sind. Und die hält die Medizin ja in petto.

Kapitel 8
Wann beginnt das Leben?

Eine Zäsur und wie man sie verkraften kann

Das Wirtshaus war eines von jenen, die man gern als „Edelbeisl" bezeichnet. Das Essen war durchaus akzeptabel, der Wein detto. Die Herrenrunde war eine mit grauen Haaren – sofern diese noch vorhanden waren. Es war freilich keine Spur von Revolutionsgeist zu spüren, es gab kein Animo einer „grey revolution". Vielmehr waren es Herren, die ein Maturajubiläum zu feiern hatten. Das heißt: ein Jubiläum war es gar nicht. Die Runde traf (und trifft) sich ein paar Mal im Jahr, um Schulerlebnisse aufzufrischen, sich an Professoren zu erinnern, die längst nicht mehr lebten, und Kollegen zu betrauern, die nicht mehr da waren.

Allein, die Hauptgesprächsthemen begannen dann doch wieder um zwei Punkte zu kreisen. Den ersten bildete die Frage, wem was wo warum und wie lange Schmerzen bereite. Nicht um ein Leiden des Herzens ging es da, jedenfalls nicht um das bildlich Gesprochene. Die Unterhaltung drehte sich um den weisen Spruch, den jeder der grau- und weißhaarigen Herren an sich selbst festzustellen behauptete: „Wenn du fünfzig bist und du wachst in der Früh auf, und es tut dir nichts weh, bist du tot." Das erwähnte Alter hatte die Gesprächsrunde bereits überschritten, stand aber noch immer im Beruf, und zwar durchaus munter.

Und dann kam der zweite Punkt. Dann kam eine Frage der Arithmetik, des Zählens. Meist konnten zehn Finger oder jedenfalls fünf dazu benützt werden. Die Herren zählten einer nach dem anderen jeweils die Jahre bis zur ihrer Pension. Sie schienen ihrer zu harren, wie ein Verdurstender ein Glas Wasser ersehnt, sie konnten, den Ruhestand kaum noch erwarten, den sie wohlverdient wähnten.

Mag sein, daß der Eindruck täuschte. Nicht nur hohe Beamte waren da versammelt, sondern auch Manager, Richter, Freiberufliche. Sie hatten stets den Eindruck erweckt, als hätten sie Freude an ihrem Beruf. Sie schienen gern zu arbeiten. Trotzdem taten sie so, als würden sie sich auf die Pension freuen. Sie unterdrückten das, was ich dann doch herauszuhören glaubte, als die Gespräche lebhafter, die Meinungen ehrlicher wurden. Da klang dann doch so etwas wie Sorge durch. Man verhehlte nicht, daß sich unter all die vermeintliche Freude über den baldigen Ruhestand die Furcht mengte, wie er sich wohl gestalten werde und wie man in ihm und mit ihm werde leben können.

Er werde seiner Frau auf die Nerven fallen, wenn er den ganzen lieben langen Tag daheim sei, sagte einer. Kurz davor hatte mir eine Spitzenpolitikerin, die gerade ihres politischen Amtes verlustig geraten war, genau das gleiche gesagt, nur mit umgekehrten Vorzeichen. Auf die Frage, was sie nun tun werde, sagte sie, sie gedenke, vorerst ihren Mann nervös zu machen. Bemerkung am Rande: Die Dame, die sich in ihrer bisherigen Funktion durchaus bewährt hatte, erhielt indessen einen lukrativen Posten in der Privatwirtschaft, was ihr – ich zitiere es später – nicht nur Anerkennung eintrug.

Sie war freilich weitaus jünger als die bewußte Herrenrunde. Diese hat, meine ich, die Angst überspielt, die mit dem Übertritt in den Ruhestand oft, ja sogar meist verbunden ist, aus welchen Gründen auch immer. In Wirklichkeit war da sicher, wenn auch nicht merkbar, eine Spur von dieser Angst, die immer dann auftritt, wenn das Leben eine Zäsur mit sich bringt. Wenn dieses Leben anders wird, und zwar gezwungenermaßen und keineswegs freiwillig. Der freie Wille, dem Menschen beigegeben, endet dort, wo die Macht des Alters, der Firma oder des Staates eingreift.

Gewiß, man altert nicht von heute auf morgen. „Mitunter entsteht der subjektive Eindruck, daß Alterungsprozesse schlagartig einsetzen. Von einem Monat zum nächsten. Stichworte: Midlife-Crisis, Wechselbeschwerden, Alzheimer, etc.", schreibt Univ.-Prof. Dr. Johannes Huber, der bekannte Endokrinologe. „Dieses Gefühl ist subjektiv. Das Altern ist ein kontinuierlicher Prozeß, der nur lange Zeit nicht wahrgenommen werden will. Objektiv hat jedes Problem eine sehr lange Vorlaufzeit, ehe es überhaupt manifest wird. In dieser Zeit kann durch gesundheitsadäquate Maßnahmen zwar nicht in den Alterungsvorgang, wohl aber in dessen Folgen und Auswirkungen eingegriffen werden."

Alter, meint man eben, ist gleich Pension. Pension ist gleich Alter. Daß dies nicht immer stimmt, kann nicht oft genug erläutert werden. Es gibt alte Menschen, die am liebsten weiterarbeiten würden, bis sie umfallen, und junge, die am liebsten den Weg von der Kinderbeihilfe zur Frühpension über Abkürzungen zurücklegen würden. Sie sehnen den Pensionsschock herbei, weil er für sie ein positiv-therapeutischer ist. Er weckt sie auf. Die Zäsur ist für sie eine durchaus positive, gewollte.

Und dann gibt es andere, die sich vor der Pension scheuen, weil sie glauben, daß für sie der Ruhestand einer im wahrsten und buchstäblichen Sinn des Wortes sein könnte. Für sie ist die Pension, besser: die Pensionierung, eine Vorstufe zum Tod, die Zäsur ist eine endgültige, der Schock ist tödlich. Ich kenne eine ganze Reihe von Menschen, die den Ruhestand nicht überlebt haben, die kurz nach der Pensionierung gestorben sind. Warum? Haben sie den Zwang, nun anders zu leben, nicht ertragen können? Ist die Zäsur eine endgültige gewesen, und das neue Leben keines mehr auf Erden?

Ein alter, aber meiner Meinung nach durchaus guter Witz handelt von drei Theologen, einem katholischen, einem evangelischen und einem jüdischen, die sich über die Frage unterhalten, wann das Leben beginne: „Natürlich bei der Empfängnis", sagt der Priester. Er meine, daß es doch erst bei der Geburt anfange, sagt der Pastor. Der Rabbi lächelt: „Das Leben beginnt, wenn die Kinder aus dem Haus sind und der Hund tot." Beginnt das Leben mit der Pension? Sind es die „Pensis" (wie eine Großbank, mit der Genauigkeit der Leser rechnend, in einer Kolummne ihrer Pensionistenzeitschrift titelt), die künftig den Ton angeben? Die Zäsur muß nicht unbedingt schmerzvoll sein.

Sie ist es im buchstäblichen Sinn, wenn sie den Menschen unvorbereitet trifft. Wenn er aus jener Schaffenskraft, die normalerweise nur langsam abnimmt, ganz plötzlich, von einer Sekunde auf die andere, herausgerissen wird. Es ist mir selbst passiert. Ich habe den Schock – nicht den ureigentlichen Pensionsschock, wohl aber jenen, der (nicht den) die Pensionierung verursacht – am eigenen Leib verspürt. Weil es zum Thema gehört, darf ich zitieren, was ich vor zehn Jahren darüber schrieb: „Himmel. Oder etwas anderes? Aus. Aus? Du liegst also sprachlos, in jeder Beziehung sprachlos um halb fünf Uhr früh, nachdem du noch ohne irgendwelche Beschwerden aufgestanden warst, auf dem verfliesten Fußboden und weißt nicht, wie dir geschah. Du bist zusammengesackt, ganz langsam, und hast gespürt, daß du nichts mehr spürst, auf der rechten Körperseite jedenfalls. Du hast gefühlt, daß der Arm und das Bein schlaff sind, und du weißt nicht, wie dir geschah. Und was dir passiert ist. Du hast gerade noch deine Frau rufen können, bevor dir das Reden nicht mehr möglich war. Und dann bist du hilflos dagelegen.

Aus? Ist es jetzt aus? Ich war nicht einen Augenblick lang ohne Bewußtsein. Ich habe denken können, sogar überlegen, am Anfang jedenfalls. Aber es ist mir nicht einen Moment in den Sinn gekommen, daß es vorbei wäre, vorbei und geschehen. Mag sein, daß der liebe Gott oder die Natur einem so etwas wie einen Schutzmantel reicht, der das Wissen abhält, man sei jetzt auf dem Weg hinüber. Diesen Schutzmantel hat auch meine Frau getragen. Ahnend, was geschehen ist, hat auch sie dennoch nie an das ‚Aus' gedacht.

Woran ich damals, als ich auf dem Fußboden lag, gedacht habe, war etwas ganz anderes: Ich muß, sinnierte ich, jetzt etliche Termine absagen. Aus? Nein, nie. Höchstens Überraschung. Was ist das alles, was ist mit mir passiert? Und warum ausgerechnet mit mir? Wo ich doch für so etwas absolut keine

Zeit habe? Es wird schon vorübergehen, dachte ich. Es ist zwar kein böser Traum, gewiß nicht. Aber morgen früh, nicht wahr, werde ich schon wieder in Ordnung sein."

Ich war nicht in Ordnung, bin es auch heute noch nicht, habe aber mitbekommen, wie man die schwierigste Zäsur, die das Leben – solange es noch vorhanden ist – mit sich bringt, überwinden kann. Das „anders leben" gilt für jede Zäsur, die schockartige und jene, die sich langsam abzeichnet. Ich wußte damals, daß die Karriere, wie sie bisher verlaufen war, beendet sein dürfte. Ich wußte, daß die Pension vor der Tür stand, daß sie – man verzeihe die Metapher – anklopft wie das Schicksal, dem die ersten Takte von Beethovens „Fünfter" gleichen.

Jetzt werde es die „rat race" geben, sagte ich meiner Frau, als ich wieder sprechen konnte. Wie gesagt: So nennen die Angloamerikaner das Wettrennen um eine Position. Ich aber dachte noch in der Intensivstation darüber nach, wie ich mein weiteres Leben, das andere Leben, das neue, jenes nach der grausamen Zäsur, einrichten, wie ich es planen könne.

Man wollte mir Antidepressiva verabreichen. Ich lehnte selbstverständlich ab. Warum sollte ich sie nehmen? War ich depressiv? Hatte ich Depressionen? Ich dachte nicht im Traum – auch nicht in einem der Albträume, die mich anfangs selbstverständlich heimsuchten – daran, mich „fallen zu lassen". Ich wollte das neue Leben nach einem Muster führen, das ich mir selbst entwarf. Nicht über das trauern, was du nicht mehr tun kannst. Dich an dem freuen, was du noch immer zu unternehmen in der Lage bist, woran du dich freuen kannst, was du in Zukunft tun willst.

Es war dies eine Zeit der Planung und nicht des Trübsinns. Eine Zeit der Lebensplanung im wahrsten, im buchstäblichen Sinn. Ich erinnere mich genau, welchen „business lunch" ich in der nächsten Woche zu absolvieren gehabt hätte, und mit wem. Ich weiß noch alles, was im Kalender eingetragen war. Es kam nicht dazu. Ich war, wie es im Evangelium heißt, ein Tor. Was sind aber dann jene, die nicht über Jahre, sondern fast über Jahrzehnte hinaus Pläne machen und doch nicht wissen, ob ihnen nicht das Datum mit dickem Stift durchgestrichen wird? Ich wundere mich immer über Verträge, deren Gültigkeit erst nach Jahren beginnen soll und deren Verlängerung dann ein Dezennium währt. Ist das eine Herausforderung des Schicksals? Ist das Hybris? Kann nicht im geringsten Fall eine plötzliche Krankheit dazwischentreten?

Und da trifft sich diese mit dem Pensionsschock. Es ist, nimmt man alles in allem, das eine wie das andere ein Kreuzweg des Lebens, wobei das Wort Kreuz nicht unbedingt wörtlich zu nehmen ist. Man kann das Beste aus der zweiten Lebenshälfte machen, oder man kann sich verkriechen. Immer mehr Menschen machen das Beste aus diesem neuen Leben.

Mag sein, daß sie nicht rundum glücklich sind. Aber was ist Glück? Vollkommenes geistiges und körperliches Wohlbefinden, heißt es. Die Parallelität zwischen Krankheit einerseits und Alter wie Pension andererseits ist augenscheinlich. In der Pension glücklich sein – wie kann man das? Wie tut man das? Wie erlebt und überlebt man den Pensionsschock? Daß es einer ist, gibt offen oder insgeheim jeder Mensch zu.

Aber noch einmal: Was ist Glück? Für die einen ist es die Familie. Werden sie in der Pension glücklicher, weil sie sich mehr um die Familie kümmern können? Dagegen spricht die Tatsache, daß es immer mehr Singles gibt, alleinstehende Männer und Frauen, die dieses Alleinsein schätzen – bis auf weiteres jedenfalls. Sind sie glücklich?

Andere wieder finden ihr Glück in der Anerkennung, dem Glanz und Ruhm. Verlieren sie dieses Glück, wenn es zu Ende ist mit dem Glanz? Wenn die Pension, so lukrativ sie auch sein mag, jedenfalls diesbezüglich Schluß macht?

Was ist Glück? Auf die Berge zu gehen in der Pension oder in Büchern zu wühlen? Was auch immer – es gilt, den Schock zu überwinden, den das Herausgerissensein mit sich bringt. Man kann durch plötzliche Krankheit aus dem gewohnten Leben gerissen sein – oder durch die langerwartete Pensionierung. Beides ist eine Zäsur. Die wichtigste und schärfste, die das Leben zu bieten hat. Aber sie muß kein Schock sein.

Kapitel 9
Frohe Musse,
tödliche Langeweile

Wie man nach der Lebensarbeitszeit die lebenslange Freiheit bewältigt

Ist Muße gleichbedeutend mit Langeweile? Weit gefehlt. Muße ist positiv besetzt. Muße ist gleichsam konstruktives Nichtstun. Langeweile ist das Gegenteil davon. Man spricht von „tödlicher Langeweile", aber Muße ist nichts weniger als lebensbedrohend. Im Gegenteil: Sie ist lebensverlängernd. Langeweile ist passive, Muße ist aktive Freizeit. Langeweile ist ein Übel, Muße ist ein Gut.

Die alten Römer haben, wie gesagt, die Muße vor den Beruf und das Geschäft gestellt, verbal zumindest. Muße heißt *otium*, Geschäft heißt *negotium*. Und was heißt Ruhestand?

Muße wird immer wieder im Zusammenhang mit Freizeit genannt. Wer je in einem der zahlreichen Ferienclubs war, weiß, daß genau das Gegenteil der Fall ist. Nur die wenigsten Menschen wissen sich in Muße zu bewegen. Im Wellness-Hotel stehen die „Anwendungen" vor dem Lesen, die Übungen vor dem Ruhen. Allzu nahe ist nämlich Muße dem Müßiggang. Das eine ist zu raten, das andere abzulehnen. Dennoch ist es nicht müßig, den Unterschied zu beschreiben.

Noch einmal: Muße ist nicht Langeweile. Sie wird erst gefährlich, wenn sie nicht bewältigt wird. Dennis Gabor sah drei apokalyptische Reiter den Horizont der Zukunft mit ihrer Silhouette verdüstern: den Atomkrieg, die Übervölkerung und das Problem der nicht bewältigten (vielleicht auch nicht bewältigbaren) Freizeit. Die Gefahr des dritten Weltkriegs scheint vorerst gebannt, gegen jene der Übervölkerung beginnt sich die

Natur auf überaus brutale Weise zu wehren: Die Geburtenexplosion etwa in Afrika wird durch Aids in Schach gehalten – genauso, wie die Pest die wachsende Population Europas dezimiert hatte. Der deutsche Freizeitsoziologe Roman Bleistein schrieb, daß der „Wärmetod des Gefühls" das Leben in seinen Höhen und Tiefen einebne und dadurch „tödliche Langeweile" erzeuge. Vielleicht ist dies der Grund, daß schon vor Jahrzehnten (freilich unter völlig anderen politischen Voraussetzungen) rund ein Viertel der Österreicher die Folgen einer weiteren Arbeitszeitverkürzung als Nachteil empfanden, weil dies das bereits bestehende „Überangebot an Freizeit" noch vermehren würde. So zweifelhaft diese damalige Umfrage auch sein mag, würde sie sich doch mit einer Art von Pensionsschock erklären lassen. Freizeit, und zwar, wohlgemerkt, freiwillig errungene Freizeit, wohin? Vor allem: wohin mit ihr, was tun in ihr?

Immer wieder gibt es Menschen, die ihren Ruhestand nicht deshalb sehnlich erwarten, weil dann ihr Arbeitsleid zu Ende ist – sondern weil sie in ihrer zweiten Lebenshälfte jene Freizeit genießen können, die ihnen die erste, die Zeit ihrer Berufstätigkeit, nicht voll auszukosten gestattet. Es gibt natürlich auch – und davon ist in diesem Buch wiederholt die Rede – viele Beispiele des Gegenteils. Es ist zum Beispiel die Geschichte jenes pensionierten Eisenbahners amüsant, der auch in der Pension täglich um 5 Uhr früh aufgestanden sein soll, um auf seiner Spielzeugbahn den Pendlerzug abfahren zu lassen.

Aber auch er hat offenbar das nicht erfahren, was sehr oft als Pensionsschock empfunden wird. Er hat sich nicht gelangweilt. Was ist denn Langeweile wirklich? „Ein Zustand der Unausgefülltheit und Erlebnisarmut aufgrund reizarmer Umgebung, fehlender oder gleichförmig wiederkehrender monotoner Reize oder wegen innerer Gleichgültigkeit und Fantasieleere", sagt die Wissenschaft. Vor fast einem Vierteljahrhundert habe ich mich in einem Buch über die Folgen zunehmender Freizeit auch mit all diesen Problemen befaßt, habe den erwähnten Bleistein zitiert und seinen Begriff der „objektiven Langeweile", die dann entstehe, wenn wir meinen, daß uns Menschen und

Dinge, Geschehnisse und Aufgaben langweilen. Ihr gegenüber steht die „subjektive", die – nach Kierkegaard – „prinzipielle Langeweile", ausgedrückt durch die rückbezügliche Formulierung „ich langweile mich". „Bezeichnend ist in diesem Zusammenhang die Eigenheit der deutschen Sprache – oder ihr tieferer Sinn? –, zwar für den negativen Begriff sowohl Haupt- wie auch Zeitwort zur Verfügung zu haben: dem Substantiv ‚Langeweile' entspricht das Verb ‚langweilen'. Aber dem gegensätzlichen Hauptwort ‚Kurzweil', das auch im buchstäblichen Sinn das Gegenteil von Langeweile darzustellen scheint, steht kein Verbum ‚kurzweilen' gegenüber."

Noch einmal: Man beachte den Unterschied zwischen Muße und Langeweile. Erstere, sagte ich, kann lebensverlängernd sein. Univ.-Prof. Johannes Huber erklärt das so: „Es gibt Zellen in unserem Körper, die ungefähr das Alter von stolzen 300 000 Jahren haben; diese Zellen sind die Keimzellen, die nicht altern, sondern von einer Generation auf die andere weitergegeben werden. Wie machen die Keimzellen das? Wieso altern sie nicht? Sie arbeiten nichts. Sie werden nur punktuell abgerufen, wenn man sie braucht."

Das, sagt Johannes Huber, sei wahrscheinlich auch das Geheimnis des Alterns. „Alles, was mit Leistung und Energie verbunden ist, ist entsprechend der Thermodynamik auch mit Verschleiß und mit Irrtumsanfälligkeit verbunden. Das heißt: je höher die Leistung, umso schneller der Alterungsprozeß. Das Eindämmen des Alterns wird wahrscheinlich dadurch möglich sein, daß man die Leistungen des Menschen partiell, also teilweise, herunterfährt."

Der Mensch brauche heute nicht mehr das Immunsystem, das er vor 5 000 Jahren hatte. Der Mensch müsse sich auch nicht mehr so oft reproduzieren, wie das vor 300 Jahren war. Er braucht nicht 20 Kinder zeugen. „Der Mensch braucht auch nicht mehr diese Streßabwehr, die in der Steinzeit notwendig war. Man kann also in verschiedenen Systemen unseres Körpers Energie sparen."

Je mehr Muße, desto längeres Leben? Je weniger Streß und

Arbeit, desto höheres erreichbares Alter? Ist Langlebigkeit ein Produkt der Faulheit? Die Frage, inwieweit die demographischen Hochrechnungen des zunehmenden menschlichen Lebensalters mit der um sich greifenden Automation zu tun hat, scheint soziologische Fantasie zu sein. Daß sich die zukünftige Menschheit auf ihren Lorbeeren im buchstäblichen Sinn des Wortes ausruhen kann, ist Utopie. Aber manche Indizien geben doch zu denken.

Da ist etwa das Beispiel der Riesenschildkröten. Sowohl Johannes Huber als auch Siegfried Meryn, gleichfalls Internist und Endokrinologe, nennen sie als Exempel für langes Leben durch – nein, nennen wir es nicht Faulheit. Nennen wir es den Versuch, die Natur zu überlisten, durch Hibernation, zu deutsch Winterschlaf. Sie liegen die halbe Zeit ihres Lebens im Sand. Der Erfolg: Sie werden bis zu 200 Jahre alt. Auch alte Grizzlys, wenngleich nicht halb so lange lebend wie die erwähnten Schildkröten, wissen, was sie dem Winterschlaf zu verdanken haben.

Eine ganze Reihe von Arten der Fauna und Flora haben Lebensdauern, die im Verhältnis ein Vielfaches von jenen des Menschen betragen. Alle aber führen kein „stressiges" Leben, könnte man sagen. „Mit wie vielen Jahren auf dem Buckel Delphine noch durch die Meere schwimmen oder bis zu welchem Alter Adler sich noch in die Lüfte schwingen, ist nicht exakt bekannt. Genaue Daten über maximale Lebensspannen und Alterungsprozesse im Reich der freilebenden Pflanzen und Tiere sind rar", schreibt Siegfried Meryn. Fest stünde, daß Pflanzen – es gibt immer mehr Leute, die auch sie für Lebewesen halten und sogar mit ihnen sprechen – eindeutig die Rekorde halten. „In den kalifornischen White Mountains bezeugen Grannenkiefern seit 4900 Jahren, trotz all der Trockenperioden und Stürme, Steh- und Durchhaltevermögen." Manche Evolutionsbiologen und Botaniker halten Bäume sogar für „potentiell unsterbliche" Wesen, die dank ihrer teilungsfähigen Zellschicht selbst in hohem Alter noch wachsen.

Doch zurück zur lebensverlängernden Muße. Die Bienenkönigin lebt etwa sechs Jahre, zitiert Meryn. „Arbeitsbienen hingegen – obwohl mit demselben Erbanlagen ausgestattet – schaffen nur einige Monate. Dies hängt nach Ansicht der Wissenschaftler mit dem Gelée Royale zusammen, dem Futtersekret für die königlichen Larven. ... Kolibris weisen zwar eine sehr hohe Stoffwechselrate auf, dennoch schaffen sie es, bis zu zwölf Jahre alt zu werden. Grund dafür ist eine tägliche Erholungspause, in der ihr Organismus eigentlich nur ‚im Leerlauf' weiterarbeitet – ähnlich wie bei einem Winterschlaf." In neuester Zeit haben vor allem in Fernost manche Firmen die Möglichkeit entdeckt, ihre Arbeitnehmer dadurch bei Kräften und bei Laune zu halten, daß sie ihnen einen kurzen Mittagsschlaf vergönnen. Ist auch dies lebensverlängernd? Und läßt das in weiterer Folge den Schluß zu, daß die im Ruhestand gebotene Möglichkeit eines ausgiebigen Nickerchens tagsüber gleichfalls nicht nur der Gesundheit zuträglich ist, sondern auch der Vita, und somit dem Anti-Aging hilft?

Kapitel 10
Von der Flucht
aus dem Arbeitsleid

Die Frühpension: Provokante Thesen
und nüchterne Bestandsaufnahmen

Am Dienstag, dem 20. Juni 2003, hat der österreichische Nationalrat jene Pensionsreform beschlossen, die von den einen als historisch, von den anderen als Pfusch bezeichnet worden ist. Die einen sind die Abgeordneten der beiden Regierungsparteien, ÖVP und FPÖ. Ihr Entscheid hat – daran ist, glaube ich, nicht zu rütteln – das österreichische Pensionswesen auf viele Jahre hinaus neu geordnet, wobei vor allem die Frühpension betroffen ist. Die anderen sind die beiden Oppositionsparteien, SPÖ und Grüne, vor allem aber auch der österreichische Gewerkschaftsbund.

Dem Beschluß des Nationalrats waren lebhafte Diskussionen, Demonstrationen und sogar Streiks vorausgegangen. Der Pensionsschock hat eigentlich das ganze Land, die ganze Republik erfaßt – vor allem deswegen, weil es seit dem Ende des Zweiten Weltkriegs keine wirklichen Massenstreiks mehr gegeben hatte und es nun so aussah, als ob die jahrzehntelang so hoch gepriesene Konsensdemokratie plötzlich in eine Konfliktdemokratie verwandelt worden sei.

In der Tat greift die Pensionsreform in die Lebensplanung der meisten Österreicher ein, weil sie die Lebensarbeitszeit betrifft, wenngleich auch erst in Jahren. Trotzdem haben sich an den Demonstrationen auch viele Studenten beteiligt, von denen die meisten kaum älter waren als maximal 25 Jahre, nicht im Beruf und demnach vielfach noch nicht im Erwerbsalter standen und sich mit der Tatsache konfrontiert sahen, daß sie diesen ihren Beruf im Verlauf ihrer Lebensarbeitszeit mehrmals würden wechseln müssen.

In Österreich ist diese Lebensarbeitszeit, ist die Arbeit überhaupt ein Phänomen, zu dem die Menschen ein ganz eigenes Verhältnis haben – nicht nur deswegen, weil es in diesem Land mehr Feiertage gibt als in fast allen anderen Staaten der Erde. Bevor ich aber darauf eingehe, möchte ich das Wesen des Ruhestands behandeln, vor allem auch die sogenannte „Mehrschichtkultur" – von ihr wird auch in späteren Kapiteln die Rede sein. Sie mischt Beruf, Freizeit, Arbeit, Erholung, sie ist eine Mixtur und unterscheidet sich dadurch von der hergebrachten Lebenseinteilung – und wohl auch Lebensplanung.

Mag sein, daß in der Tat ein Wesen des Ruhestands, wie er bisher verstanden worden ist, eben die berufliche „Entpflichtung" ist. In der „Mehrschichtkultur" aber ist auch diese „Entpflichtung" nur fließend abgegrenzt. Man fühlt sich ja selbst im Ruhestand zu gewissen Aktivitäten „verpflichtet", und zwar nicht nur aus medizinischen Gründen. Man wird, in der Gruppe zumal, zur Freizeitgestaltung verpflichtet, wenn man seine Ferien in einem Club verbringt. Folgt man nicht, kommt der Animateur. Man fühlt sich im Schiurlaub verpflichtet, die Schier oder das Snowboard zu benützen, obwohl man lieber vor der Schihütte in der Sonne liegen würde. Auch das Pensionistenleben ist nicht frei von Freizeitpflichten.

Die „Mehrschichtkultur" bringt freilich auch die Möglichkeit mit sich, eine Art von Lebensmix zu kreieren. Anders ausgedrückt: auch in der Pension können sich viel Freizeit und ein Rest von Beruf vermischen. Und das käme dann einer Teilzeitpension nahe.

Abseits von der „Mehrschichtkultur" freilich ergibt sich eine andere, primäre Frage. Die Lebensspanne wird länger, die noch immer vorhandene Dreiteilung Erziehung–Beruf–Freizeit, wenngleich immer häufiger gemixt, verschiebt sich, und damit ergibt sich auch die Möglichkeit, länger zu arbeiten und dadurch auch finanziell saturierter zu werden. Die Frage lautet: Wollen die Menschen das?

Univ.-Prof. Erich Streissler, der bekannte emeritierte Professor für Volkswirtschaft an der Universität Wien und ausgewiesene Pensionsexperte, hat sich im Zusammenhang mit der Pensionsdebatte ausführlich dem Für, aber vor allem dem Wider der Rente, made in Austria, gewidmet. Er spricht von der „Pensionssucht" der Österreicher, von der „Flucht" in den Ruhestand. Die Bezeichnungen sind treffend und verdienen untersucht zu werden.

Sucht und süchtig haben denselben Wortstamm. Man denkt da unversehens an Drogen. Es gibt auch die Sucht nach Arbeit. Der Begriff ist erst in den letzten Jahrzehnten geläufig geworden: Workaholic. Ein Mensch, der ohne Arbeit nicht existieren kann. Für ihn ist Arbeit fast ein Suchtmittel, eben eine Droge, sie hält ihn aufrecht, sie bestimmt sein Leben und dessen Umstände.

Es gibt viele Workaholics, jeden Geschlechts und in jedem Beruf. Wohlgemerkt: Ein Workaholic ist keineswegs mit einem Hackler zu verwechseln. Dieser arbeitet, weil er muß, jener, weil er will. Der Hackler – ein zutiefst österreichisches Wort, ein Begriff, der erst zu Beginn des 21. Jahrhunderts in die Welt gesetzt worden ist und schon jenseits von Freilassing nicht mehr verstanden werden dürfte – werkte, weil er aus Pensionsgründen seine Jahre abarbeiten mußte. Der Workaholic würde am liebsten in den Sielen sterben. Der Durchschnittsösterreicher sehnt die Pension herbei. Für den Workaholic ist seine Arbeit das Wichtigste. Die meisten arbeiten, um zu leben. Wenige leben, um zu arbeiten.

Die Frage klingt unsinnig, muß aber dennoch immer wieder gestellt werden: Warum sehnt die Mehrzahl der arbeitenden Menschen wirklich die Pension herbei? Warum – nochmals gefragt – ist die Frühpension noch mehr ersehnt als die Erreichung des gesetzlichen Pensionsalters? Und letztlich, als Hauptfrage: Ist die Arbeit negativ (siehe „Negotium" der Lateiner) und nur die Freizeit, die vorzugsweise permanente Freizeit, positiv besetzt? Wobei dann natürlich eine Ergänzungsfrage zu stellen ist: Ist auch zu Beginn des 21. Jahrhunderts das erwähnte Arbeitsleid vorherrschend und das, was man „Arbeitsfreud" nennen könnte, im Hintergrund?

Die Erhöhung des gesetzlichen Pensionsalters war und ist, wie wir wissen, eine nicht nur in der Politik umstrittene Maßnahme. Wir wissen aber gleichfalls, daß sie ökonomisch wie sozialpolitisch notwendig und daher unaufschiebbar ist, schrittweise freilich. Und trotzdem müßte eigentlich noch einmal der Frage auf den Grund gegangen werden, was die Ursache dafür ist, daß Arbeit eben als negativ, als Leid, empfunden wird.

Der ehemalige Personalchef eines österreichischen Großbetriebes sagt: „Die Österreicher sind von Natur aus faul." Das Wort klingt ebenso brutal, wie es falsch ist. Die Österreicher sind fleißig, wenngleich nur bis zu einem gewissen Zeitpunkt, nämlich dem Pensionsantritt. Möglicherweise wird – und vielleicht hat das der erwähnte Ex-Personalchef gemeint – zuwenig oft (oder überhaupt nicht) auf das Erste Buch des Alten Testaments, die Genesis, zurückgegriffen: „Im Schweiße deines Angesichts", sagte Gott, nachdem er Adam und Eva aus dem Paradies vertrieben hatte, „sollst du dein Brot verdienen". Das Paradies war arbeitsloses Einkommen. Es ähnelte gleichsam dem Schlaraffenland, das man freilich nur erreichen kann, wenn man sich durch einen Riesenberg von Grießbrei durchißt. Ist dies gelungen, fliegen einem die gebratenen Tauben in den Mund.

Die Trivialphilosophie würde nun meinen, daß das Schlaraffenland die positiv verstandene Pension sei, die man erst nach den Jahren der Arbeit (und, wohlgemerkt, des Arbeitsleids) erreiche. Den Grießbrei-Berg hatte der unbekannte Schöpfer des Märchens vom Schlaraffenland diesem vorangesetzt, weil damals offenbar die Kinder alles andere lieber in den Mund gestopft bekamen als einen Brei von Grieß.

Die Freude an der Pensionszeit hat demnach fast etwas Atavistisches an sich. Sie ist uralt – ebenso alt wie der Begriff des hier vorhergehenden Arbeitsleids. „Es ist", schreibt Burkhard Strümpel in einem als „Aktuelle Kontroverse" gestalteten Briefwechsel mit Elisabeth Noelle-Neumann, „es ist ein alter aristotelischer Gedanke, daß es zwei streng getrennte Bereiche im Leben und in der menschlichen Gesellschaft gibt: den Bereich der Arbeit, der Notdurft, der Plackerei und den Bereich des Vergnügens, der Freizeit, des Konsums. Die eine Sphäre ist gekennzeichnet durch Zwang, Disziplin, Ordnung; die andere durch Freiheit und Individualität."

Mit anderen Worten: Auch Aristoteles habe die Arbeit als negativ betrachtet und das, was nach ihr kommt (mit modernem Ausdruck eben die Pension), als positiv. Die sogenannte „Mehrschichtkultur" – eben jene, in der diese Phasen gleichsam vermischt sind – straft freilich diese aristotelische Einteilung Lügen. Aber noch immer gilt es als Wunschtraum der meisten arbeitenden Menschen, endlich dem Arbeitsleid ade sagen zu können: „Wenn ich einmal in Pension bin ..."

Aber ist Freizeit – und daher auch später die Pensionszeit – denn wirklich „verhaltensbeliebige" Zeit? Wer dies behauptet, weiß nicht, wovon er redet. Selbst in der totalen Freizeit, also auch selbst in der Pension, gibt es Zwänge, die nicht abzuschütteln sind. Manche Experten sagen, es gäbe produktive Zeit, reproduktive Zeit und verhaltensbeliebige Zeit.

Produktive Zeit, das ist (oder im Fall der Pension: das war) die Arbeitszeit. Reproduktive Zeit ist die Halbfreizeit, dominiert von Zwängen, die freilich als solche nicht empfunden werden. Man kann diese reproduktive Zeit als jene betrachten, die Arbeitskraft reproduziert. Aber auch in der vermeintlich verhaltensbeliebigen Zeit der Pension ist sie eine von unbewußten Zwängen dominierte. Man reproduziert, ohne es zu wissen, Arbeitskraft, die eigentlich keine „Arbeits"-kraft ist, weil die Arbeit nicht als solche empfunden wird.

Wer in der Pension seinen Rasen mäht, benötigt Arbeitskraft und meint doch, daß er dieses Mähen in der verhaltensbeliebigen Zeit praktiziert. Mir gefällt eine andere Definition besser: Freizeit ist „die Zeit, die, dank technischen Fortschritts und sozialer Maßnahmen, zugunsten nicht produktiver Beschäftigungen des Menschen während oder nach der Periode seiner Berufstätigkeit von produktiver Arbeit befreit wurde". Wir sehen also: Die Pension ist, primitiv gesprochen, eine Zeit nichtproduktiver Arbeit – solange es sich nicht um die erwähnte „Mehrschichtkultur" handelt.

Und zweitens: Wie ist es denn mit den vermeintlichen Pflichten (nicht Zwängen) bestellt? Also eine neue, zusätzliche Definition: „Freizeit umfaßt eine Anzahl von Beschäftigungen, denen der Einzelne nach eigenem Ermessen nachgeht – entweder, um sich zu entspannen, sich zu amüsieren und sein Wissen zu vertiefen, oder um seine Fähigkeiten zweckfrei zu entwickeln oder um reger (und freiwillig) am Leben des Gemeinwesens teilzunehmen, nachdem er seine beruflichen, familiären und sozialen Pflichten erfüllt hat." Wohlgemerkt: Nachdem er also auch seine beruflichen Pflichten erfüllt hat. Soll heißen – und kann auch so interpretiert werden: Nachdem er sein Arbeitsleben erfüllt hat. Und wieder: Solange sich die „Mehrschichtkultur" nicht allgemein durchsetzt.

Immer wieder wundere ich mich über die Prioritäten, die neuerdings gesetzt werden und von denen die Personalchefs ein Lied singen können: lieber Freizeit als Gehalt. Lieber Familienleben als Vorrückung im Betrieb. Die Pensionisten wundern sich: Kann das sein? Man mußte nicht unter die Rubrik der Workaholics fallen, um diese Art von Reihenfolge abzulehnen.

Warum aber sind die Verfechter des Arbeitsleids, denen die Zeit bis zur Pension zu lange währt, gegenüber den Workaholics die erdrückende Mehrheit? Hier soll nun selbstverständlich nicht von Schwerarbeitern gesprochen werden: Wer am Hochofen steht (und dies gesundheitlich überdauert), ist möglicherweise ein „Hackler", doch kein Mensch wird ihm übelnehmen, daß er zum frühesten Zeitpunkt in Pension geht. Peter Turrini hat über dieses (freilich nicht freiwillige) Pensionsproblem eines seiner aufregendsten Theaterstücke, „Die Minderleister", geschrieben.

Wohl aber ist immer und immer wieder zu fragen, warum (und da sind die Bahnbediensteten nur ein wenngleich besonders ins Auge fallender Bevölkerungsteil) die Österreicher ein Volk von Frühpensionisten sind. Der Statistik zufolge arbeiten nur noch 16,4 Prozent der Männer nach Erreichung des 60. Lebensjahres. Bei den Frauen ist der Prozentsatz ein wenig höher. Zwischen 55 und 60 Jahren stehen 26 Prozent im aktiven Arbeitsprozeß. Nur ein überaus geringer Prozentsatz erreicht überhaupt die gesetzliche Altersgrenze, die derzeit bei Männern 65, bei Frauen 60 Jahre beträgt. Kann die Sehnsucht nach der Pension damit zusammenhängen, daß die Arbeit deshalb mit Leid verbunden ist, weil sie in der Tat nichts ist als Plackerei? Dann wäre – und vielfach geschieht dies auch schon – ein Ausweg die Verminderung oder gänzliche Vermeidung des Arbeitsleids durch Erleichterung.

Arbeitsleid, Arbeitsfreud, Plackerei, Schweiß, Mühe, Paradies etc. etc. etc. – ich erlaube mir, wieder einmal einen ganz kleinen Ausflug in die Philosophie zu machen, diesfalls in die Lokalphilosophie (sofern es so etwas überhaupt gibt). Die Wiener, behaupten viele, die sich mit Arbeitspsychologie (auch hier: Gibt es sie?) befassen, unterscheiden sich nicht unbeträchtlich von den übrigen Österreichern. Nicht nur, weil hier der Liebe Augustin daheim war. Die Wiener haben angeblich ein ganz eigenes Verhältnis zur Arbeit. Sie wollen so früh wie möglich ihre Pension antreten, weil sie – ja, weswegen eigentlich?

Sie möchten, sobald es geht, ihr Arbeitsleben hinter sich haben und ihr Pensionistenleben beginnen. Nicht alle, versteht sich. Nur jene, deren Arbeit monoton ist, fad, geistig nicht anstrengend. Das aber ist die Mehrheit. Ein Generaldirektor sagte, daß im Schichtbetrieb die Frühschicht die beliebteste sei – und beginne sie auch um sechs oder sieben. Nach Hause, nur nach Hause!

Ein amerikanischer Freund erzählte mir, daß er um vier Uhr nachmittags – four p.m., wie er sagte – an einem Amtsgebäude vorübergegangen sei und überrascht festgestellt habe, daß es sich gerade entleerte, daß sich Menschenmengen aus den Toren ins Freie wälzten. Er habe, gab er unumwunden zu, an einen Bombenalarm gedacht, bis er aufmerksam gemacht wurde, daß Dienstschluß sei. Ähnliches trifft, scheint es, nicht nur auf den Dienst- oder Arbeitsschluß, sondern auch auf den Schluß des Arbeitslebens zu.

Aber auch hier wäre es völlig falsch zu generalisieren. Es gibt, wie wir wissen, leider Betriebe, deren Arbeitsschluß vom Schicksal (sprich: von den Finanzen) erzwungen wird, und deren Belegschaft sich freuen würde, könnte sie länger „hackeln" – wie der neuerdings wieder modern gewordene Wiener Dialektausdruck heißt. Aber auch hier darf differenziert werden. Oft wird behauptet, es gäbe zahlreiche „Trittbrettfahrer des Sozialstaates", die es vorzogen, von der „Stützn", der Arbeitslosenunterstützung zu leben und die Möglichkeit eines neuen Arbeitsverhältnisses nicht zu ergreifen.

Allein, ganz allgemein seien die Wiener frohe frühe Pensionisten, heißt es. „Sie wollen genießen, und dies so früh wie möglich", sagt Anton Fürst, der Obmann des Wiener Seniorenbundes. „Wenn die Menschen endlich Gelegenheit haben, nichts mehr zu arbeiten, begrüßen sie es." Aber dann verbessert sich Fürst blitzschnell: „Nicht alle Menschen – aber die Mehrzahl!" Und dies träfe auch auf Akademiker in gehobeneren, ja in Management-Funktionen zu. Er habe die Erfahrung gemacht, daß solche Leute, sobald sie einmal in Pension sind, keine Lust mehr haben, als Berater tätig zu sein. Wobei – siehe Wegwerfgeneration – die Erfahrungen des Seniorenbund-Obmannes möglicherweise nur Einzelfälle betreffen.

Freilich kommt dazu auch noch das Schlagwort „Entpflichtung". Es ist eine Wortschöpfung, auf die man immer wieder zurückkommen muß, wenn vom Pensionsschock die Rede ist. Keine Pflicht mehr! Keine fixen Bürozeiten, kein Kantinenessen, nur mehr tun, was einem beliebt. Aber genauso, wie man auch im Urlaub, mehr noch in der Pension viele Jahre lang zu jener Zeit aufwacht, zu der früher der Wecker den Schlaf radikal und brutal beendete – genauso braucht es eine lange Zeit, um Geist und Hirn umzustellen.

Entpflichtung vom Arbeitsleid. Die Arbeit wird leidvoll empfunden. Wie lange noch? Die moderne Elektronik, heißt es, sei auf dem besten Weg, das Leid zu beenden oder jedenfalls zu vermindern. Wird in absehbarer Zukunft selbst die Arbeit am Computer überflüssig sein? Werden Sprachempfangsgeräte Bildschirm und Tastatur aus dem Weg räumen? Der Siegeszug der Chips hat bereits begonnen. In Japan sah ich eine Autofabrik, in deren Montagehalle nur ein halbes Dutzend Arbeiter beschäftigt war, und die hatten nichts anderes zu tun, als darauf zu achten, daß der Fluß der von Robotern zu montierenden Teile gewahrt blieb.

Gewiß, es wird in diesem Zusammenhang immer wieder von dem angeblich verständlichen Wunsch nach der Frühpension jener Menschen gesprochen, die etwa am Fließband stehen und eine demnach überaus geisttötende Arbeit verrichten. Die der Monotonie des Arbeitslebens zu erliegen drohen, die tagaus, tagein die gleichen Handgriffe zu bewerkstelligen haben. Aber die Zahl jener, die unter diese Qualifikation fallen, beträgt etwa in Deutschland nicht mehr als zwei Prozent. Von Monotonie kann, so betrachtet, auch die vielzitierte Billa-Kassierin nicht sprechen – auch wenn der Einwurf, sie habe mit Menschen zu tun und schon allein deswegen sei ihre Arbeit abwechslungsreich, von vielen abgetan wird.

Wie lange wird es im Supermarkt denn überhaupt noch Kassierinnen geben? Wie lange werden Straßenbahnen noch von Menschen gefahren, Autobusse noch von Lenkern in Betrieb gehalten? Andererseits ist die zunehmende Automation zwar eine radikale Verminderung des Arbeitsleids, hat aber ein Leid ganz anderer Art zur Folge: Die Beantwortung der Frage, wie diese Automation vor sich gehen soll, ohne daß sie Menschen „freisetzt", sprich: überflüssig macht.

Ist andererseits die Erleichterung der Arbeit durch Automation wirklich der Weisheit letzter Schluß? Wären die Österreicher etwa auch pensionssüchtig, wenn sie sich, in welchem Beruf auch immer sie „hackeln", weniger oder gar nicht anstrengen müßten? Lassen wir einmal die Frage beiseite, ob Automation nicht bis zu einem gewissen Grad auch Motivation in sich bergen könnte, ob Teamwork besser sei als Einzelarbeit. Viele Experten – nicht zuletzt Psychologen – verneinen dies.

Und auch Volkswirtschaftler wie Erich Streissler meinen, daß offenbar die Höhe der Pensionen Anlaß zur Sucht, zur Flucht in die Pension sei. Er verweist auf die Tatsache, daß Österreich die „weltweit höchsten öffentlichen Pensionen" bezahle, „die allen ‚gutmenschlichen' Österreichern freilich immer noch viel zu gering erscheinen". Und er zitiert den Internationalen Währungsfonds: „Austria has an expensive public pension system."

Ich möchte die provokanten und gewiß auch umstrittenen Thesen des Wirtschaftswissenschaftlers Streissler (die er auch teilweise in einem Interview in der „Presse" vertreten hat) auszugsweise wiedergeben: „Unseren Alten ein sonniger Lebensabend', war einst ein sozialistischer Werbespruch. Heute völlig veraltet! ‚Unseren Mitbürgern im besten Alter ein sonniger, arbeitsfreier Frühnachmittag des Lebens', müßte es aktuell heißen." Der Versuch, die vorzeitige Pensionierungsmöglichkeit vor dem vollendeten 65. Lebensjahr für die in naher Zukunft „in die Pension fliehenden zu konservieren", könne nicht als „Sozialpolitik", sondern nur noch als „Asozialpolitik" bezeichnet werden. „Sozialpolitik hieß immer, etwas für die große Mehrheit hilfsbedürftiger Bürger zu tun. Diese Mehrheit der Bürger aber müßte ganz im Gegenteil im Wege erhöhter Steuern zahlen, damit einige das teure und völlig unzeitgemäße Privileg genießen können, sich vorzeitig zu Lasten der Allgemeinheit in die wohlbezahlte Nichtarbeit zurückzuziehen."

Streissler nennt einen Ausstand „zur Erhaltung bisheriger Pensionsprivilegien", wie er vor der entscheidenden Nationalratssitzung zweimal vorkam, einen „Streik zum Ausbau bezahlter Nichtarbeit", und er verweist auf eine der jüngsten Papst-Enzykliken, die den Namen „Laborem Exercens" trug. „Durch Arbeit wird der Mensch mehr Mensch", heißt es darin. Nach Streisslers Meinung sollte die Enzyklika „Pensionem Appetens" heißen. Die Pension begehrend.

Und dann kommt jene Behauptung, die der „Presse" sogar einen Aufmachertitel wert war, weil sie alle bisherigen Berechnungen und Aussichten auf den Kopf stellte: Da die Lebenserwartung um mindestens zehn Jahre gestiegen sei, wäre „ein gesetzliches Pensionsalter von heute 80 Jahren anzustreben. Das, und nur das, wäre voll zeitgemäß. Ein durchschnittliches Pensionsantrittsalter von 65 Jahren reicht nicht mehr aus, um den Steuerzuschuß zur Pensionsfinanzierung auf Null zurückzuführen. 70 Jahre als anzustrebendes Durchschnittsalter als Pensionsantritt – wie bei jedem Durchschnitt für viele also später – könnte gerade noch ausreichend sein. Immerhin würden bei 70 Jahren als Durchschnittspensionsalter noch fast 20 Pensionsjahre zu erwarten sein."

„Daß man in Österreich spätestens in der zweiten Hälfte der 50 in Pension gehen müsse (soll heißen: geschickt werde), weil man um diese Zeit seinen Arbeitsplatz verliere", sei eine der „beliebtesten Lebenslügen der Österreicher. In einem wirtschaftlichen Führungsland, das wir dank unserer Unternehmer und Facharbeiterleistungen heute noch sind, muß man wegen des raschen wirtschaftlichen Wandels entweder alle 15 Jahre den Beruf wechseln oder alle 15 Jahre im gleichen Beruf völlig umgelernt haben. Nur solche Dynamik sichert den Wirtschaftsstandort."

In der Tat: Der Wirtschaftswissenschaftler Erich Streissler hat viele provokante Thesen aufgestellt. Daß er sie gerade in einer Zeit veröffentlichte, da die politische Kontroverse über die Pensionsreform ihren Höhepunkt erreicht hatte, machte sie sogar einem Justamentstandpunkt gleich. Nicht zuletzt die Behauptung, daß Österreichs Pensionen die höchsten der Welt seien, stößt auf vehementen Widerspruch, und die Forderung, das gesetzliche Pensionsalter auf 80 Jahre hinaufzusetzen, wurde als Ärgernis empfunden, sofern sie überhaupt ernst gemeint war.

Denn die Österreicher – das hat eine der vielen Untersuchungen über dieses Thema ergeben – würden am liebsten das gegenwärtige starre Pensionssystem aufrechterhalten. Nur 20 Prozent wären dafür, das Pensionsantrittsalter zu erhöhen. Noch geringer ist die Zahl jener Personen, die der Meinung sind, die Finanzierung der Pensionen sei nur durch eine Erhöhung dieser Pensionen zu erreichen: bloß sieben Prozent sprechen sich dafür aus.

Das freilich betrifft nur die Finanzierung. Die Österreicher wissen aber doch, daß diese Finanzierung auf die Dauer nicht aufrechterhalten werden kann. Sie sind zudem informiert über die zukünftige demographische Entwicklung. Sie wissen, daß es in Hinkunft immer mehr Pensionisten geben wird und immer weniger Personen im direkten Erwerbsalter. Und daher sprechen sich 53 Prozent dafür aus, im Ruhestand dennoch einer Erwerbstätigkeit nachgehen zu können. Gut ein Drittel präferiert, wie die Untersuchung des Staatssekretariats für Soziale Sicherheit, Generationen und Konsumentenschutz ergab, einen flexiblen Übergang in den Ruhestand. „Dieser Befund signalisiert, daß Modelle des gleitenden Übergangs durchaus auf Akzeptanz in der Bevölkerung stoßen", wird erklärt.

Blättern wir aber weiter in diesem Untersuchungsbericht, so stellt man Überraschendes fest. Erstens einmal betrug wie schon gesagt das durchschnittliche Pensionsantrittsalter bei Männern 58,7 Jahre und bei Frauen 57,3 Jahre. „Damit lag es um rund drei Jahre über dem tatsächlichen Pensionsantrittsalter der befragten Pensionisten und etwas über dem gewünschten. Das gewünschte Pensionsantrittsalter der befragten Nichtpensionisten liegt ein Jahr unter dem durchschnittlichen. Allerdings liegt das erwartete Pensionsantrittsalter der befragten Nichtpensionisten rund vier Jahre über dem faktischen."

Das klingt kompliziert und bedarf, scheint mir, einer Erklärung. Drücken wir es einfacher aus. Männer, die noch nicht in Pension sind, erwarten, daß sie mit 63 Jahren diese ihre Pension antreten werden. Frauen glauben, daß sie mit 60,1 Jahren in den Ruhestand treten. Demnach erwarten diese beiden Gruppen sehr präzise eine bevorstehende Erhöhung des Pensionsantrittsalters. Im direkten Widerspruch dazu, und zwar in einem sehr beträchtlichen, steht das „erwünschte Pensionsalter". Mit anderen Worten: Wann *wollen* die Befragten in Pension gehen? Die Männer wünschen sich dieses Antrittsalter mit 58,1 Jahren, die Frauen mit 55,4 Jahren. Der Drang, die

Flucht in die Frühpension ist also ungebrochen, scheint sich vielmehr in Anbetracht der Debatten um eine Pensionsreform noch verstärkt zu haben.

Die Frage bleibt, ob die Österreicher wirklich pensionssüchtig sind. Warum sonst wäre die Anhebung des Alters, in dem die Frühpension möglich ist, so umstritten? Warum nehmen die Österreicher die Möglichkeit, eine Frühpension anzutreten, schon heute in so hohem Maße in Anspruch, obwohl – ebenfalls schon heute – ihnen dies eine Einkommensverminderung bringt? Oder, einfacher gesagt: Warum ist so vielen von ihnen – egal, ob mit oder ohne „Deckelung" der Pension – die Arbeit offenbar zuwider?

Das ist gewiß leicht gesagt und leicht geschrieben. Das Problem, an das es rührt, ist aber eines der wichtigsten des 21. Jahrhunderts.

Kapitel 11
Keine Pension für Alpha-Tiere

Die Macht als lebensverlängerndes Elixier

Triumphzüge waren im alten Rom stets ein Ereignis, das man unter das Motto „Brot und Spiele" einreihen konnte. Die Volksmenge, die „misera plebs", drängte sich am Straßenrand, als der Triumphator, meist ein siegreicher Feldherr oder gar der Imperator, mit einem Kranz auf dem Haupt auf seinem Wagen am Spalier entlangfuhr. Das Volk jubelte, und es mag sein, daß nicht alle den Sklaven bemerkten, der hinter dem Sieger stand und einen glimmenden Docht in der Hand hielt: „Memento mori …!"

Er war eine Symbolfigur, dieser Sklave, und auch seine Geste und Haltung waren Symbole. Sie sollten zeigen, daß alle menschliche Macht irgendwann einmal ein Ende habe, daß auch der Triumphator nichts anderes sei als ein Mensch.

Ähnliches ist vor dem Tor der Kapuzinergruft in Wien immer dann geschehen, wenn ein gekröntes Haupt, wenn ein Kaiser oder die Gemahlin eines Herrschers zu Grabe getragen wurden. Zuletzt geschah dies 1989, als Kaiserin Zita, die Frau des letzten österreichischen Kaisers, Karl I., nach einem imposanten Leichenzug, der im Stephansdom seinen Anfang genommen hatte, zur Kapuzinerkirche gebracht wurde. Drei Mal ist da vom Pater Guardian gefragt worden, wer Einlaß begehre – so wie es vor Hunderten von Jahren Brauch gewesen war.

Drei Mal mußte, gleichsam im Namen der oder des zu Bestattenden, eine Antwort gegeben werden, und zwei Mal wurde geantwortet: Den kenne ich nicht! Das erste Mal waren es sämtliche Titel des gekrönten Hauptes – bis zur letzten Grafschaft. Das zweite Mal war die Beschreibung der Macht bereits kürzer, das Register der Titel geschrumpft. Aber immer noch lautete die Antwort des Kapuziners: Den kenne ich nicht. Erst als gesagt wurde, daß „ein armer Sünder" Einlaß begehre, öffnete sich das Tor. Der Sünder hatte keine Macht mehr.

Was ist Macht? Gestalten zu können, wird immer wieder gesagt. Menschen beeinflussen zu können, in der Lage zu sein, seinen Willen durchzusetzen – im Interesse des Volkes, vielleicht auch namens des Volkes. Im alten Rom hatte der Hausvater Macht, sogar eine über Leben und Tod: „Potestas vitae necisque."

Macht hat vielerlei Gestalt. Mächtig sind Generaldirektoren. Macht hat der amerikanische Präsident George W. Bush ausgeübt, als er den Irak besiegte und sich als Triumphator benahm; daß auf dem Siegeswagen kein Sklave mit dem glimmenden Docht mitfuhr, ist ein bedauerlicher Mangel der Inszenierung gewesen, die ja später auch am „Sieg" zweifeln ließ.

Macht ist aber auch lebensverlängernd. Als Beispiel wird gelegentlich Alan Greenspan angeführt, 76 Jahre alt und Chef der amerikanischen Federal Reserve Bank, der Hüter des Dollars. Wenn Greenspan sich räuspere, lauschen die Banken auf dem ganzen Erdkreis, heißt es. Er ist einer der Mächtigsten in der globalen Finanzwelt.

Und er ist ein Alpha-Tier. Er behauptete zwar, sich zurückziehen zu wollen, doch er wußte, daß seine Funktion ihn mit jenem Maß an Adrenalin versorgte, das er brauchte, um die Weltwirtschaft zu kommandieren. Man wußte über seine Macht, und er wußte, daß die anderen es wissen. Greenspan ist ein hervorragendes Exempel jener Gattung Mensch, die allgemeine Anerkennung braucht, um zu überleben. Und dies fast im buchstäblichen Sinn – siehe auch das Kapitel über das Schwarze Loch.

Was ist ein Alpha-Tier? Ein Mensch, der sich als Platzhirsch geriert. Er ist der Erste und Mächtigste im Revier. Er herrscht über die weiblichen Tiere, und wenn ihn ein anderer Geweihträger stört, gibt es Kampf.

Der Ausdruck „Alpha-Tier" ist nicht von ungefähr der Zoologie entnommen – es gibt sie bei Elefanten und Wölfen, bei Affen und Hunden. Alpha-Tiere sind Gegenstand von Anerkennung und Beifall. Man kann es auch anders sagen und umgekehrt sehen. Diese Anerkennung, dieser Beifall machen Tiere – und in weiterer Folge auch Menschen – zu Alpha-Tieren. Es sind jene, die der Last und Bürde des Alters nicht achten, weil ihre Rolle als Alpha-Tier eben lebensverlängernd wirkt, als Elixier gewissermaßen.

Die menschlichen Alpha-Tiere haben es oft nicht leicht. Ich erinnere mich an einen berühmten Chirurgen und Universitätsprofessor, der bis in sein hohes Alter noch operierte. Er dachte nicht daran, in Pension zu gehen und seine Rolle als Alpha-Tier (die man in Kliniken und Spitälern besonders häufig antrifft) aufzugeben.

Und weil Kollegen das Privileg hatten, vom Chef persönlich unter das Messer genommen zu werden, versuchte jeder, der operiert werden sollte, nach Möglichkeit das besagte Alpha-Tier zu vermeiden. Noch auf dem Weg in den Operationssaal soll, wie in Journalistenkreisen boshaft erzählt wurde, ein junger Arzt vom Bett aus den ihn begleitenden Freund am weißen Mantel gezupft haben: „Aber, gell, nicht vom Chef!"

Der berühmte Chirurg ist dennoch bis zu seinem Ableben ein Alpha-Tier geblieben, genauso wie ein nicht minder berühmter Internist bis ins höchste Alter ordiniert hatte. Alpha-Tiere gehen nicht in Pension. Vielleicht erreichen sie eben ihr hohes Alter gerade deswegen, weil sie Alpha-Tiere sind.

Johannes Huber erklärt dies so: „Durch das wichtige lebensverlängernde Elixier der Anerkennung, durch die Umwelt wandelt sich der Mann zum Alpha-Tier, und wir wissen, daß Alpha-Tiere länger leben als Omega-Tiere. Bei Frauen ist das nicht so, da ist der Unterschied zwischen Alpha- und Omegaweibchen mehr oder weniger aufgehoben."

Omega-Tiere sind nicht letztklassig, aber doch nicht so im Rampenlicht wie Alpha-Tiere. Sie sind gleichsam das Volk, das jemanden braucht, zu dem es aufschaut. Beides, Alpha- und Omega-Tiere, gibt es unter Männern genauso wie unter

Frauen. Aber Johannes Huber meint eben entgegen allen Argumenten von Feministinnen, daß es im weiblichen Fall keinen Unterschied gebe. Außerdem verwendet er die Sprache des Wissenschaftlers und nennt sie „Weibchen". Darf er denn das?

Doch weiter Huber, der berühmte Experte für die Hormonabhängigkeit von Alterungsprozessen: „Alpha-Tiere sind Männer, die sich in den Vordergrund spielen bzw. dort verharren, und zwar sehr lange. In ihrem Körper werden verschiedene Reaktionen freigesetzt, die ein besseres Überleben und ein gesünderes Umgehen mit dem Streß ermöglichen." Das Alpha-Tier, sagt Huber, „zeichnet sich eben dadurch aus, daß es mehr oder weniger unbegrenzt Zugang hat zu Nahrungsressourcen, zum weiblichen Geschlecht und zum Territorium".

Wer im Glanze öffentlicher Anerkennung existiert, lebt in der Tat länger. Wer mächtig ist oder auch nur an der Macht teilnimmt, freut sich länger des Lebens als andere, sagen die Experten. Gerade deswegen ist es offenbar für viele Menschen so schwierig, auf Macht zu verzichten, vom Fenster wegzutreten. Die Alpha-Tiere sind zwar, meint man, weniger zahlreich als die Omega-Tiere, aber dafür sind sie vifer, cleverer, robuster, gesünder.

In der Liste hochbetagter Künstler, Schauspieler, Wissenschaftler etc. gibt es in der Tat mehr Männer als Frauen. Ein gutes Beispiel ist Johannes Heesters, der noch als fast Hundertjähriger auf der Bühne stand. Pablo Picasso starb mit 92 Jahren, der Pianist Arthur Rubinstein spielte bis 95, Marc Chagall, der Maler, ließ erst mit 96 den Pinsel fallen. Konrad Adenauer ist im Alter von 91 Jahren gestorben, der weltberühmte Regisseur Billy Wilder wurde gar 96.

Vielleicht hängt das alles mit dem unbewußten Ahnen der mit künstlerischem oder politischem Ruhm bedeckten Menschen zusammen, sie würden physisch oder psychisch zusammenbrechen, würden sie aus dem Rampenlicht treten, ob dieses Licht nun buchstäblich oder übertragen gemeint ist. Vielleicht aber können und wollen sie einfach nicht aufhören, weil sie den

Streß permanenten Auftretens in der Öffentlichkeit brauchen. Demgemäß also dürfte Streß auch, in Dosen verabreicht, nicht nur anstrengend, sondern bei manchen Menschen auch lebensverlängernd sein.

Diesen Menschen, die den Pensionsschock partout vermeiden wollen, fällt es dann gar nicht auf, daß der Beifall, der sie umrauscht, gelegentlich, wenn auch nicht immer, einer ist, der auch aus Mitleid gespendet wird. Ich erinnere mich an einen Aufenthalt in Paris, den ich als Austausch-Mittelschüler erleben durfte, und in dessen Verlauf ich auch in ein Theater geführt wurde, in dem eine berühmte Tänzerin und Sängerin namens Mistinguette auftrat. Riesengroß prangte ihr Name auf den Plakaten, und allenthalben wurde, wie ich hören konnte, die Frage gestellt: „Wie, die gibt's noch?" Es handelte sich um einen Star der Zwischenkriegszeit, dem man sein Alter millimetergenau ansah.

Mistinguette mußte damals an die Siebzig gewesen sein. Trotzdem tanzte sie solo in einem kurzen Röckchen, warf die Beine hoch, war sichtlich stolz, daß diese noch immer schlank waren – und ich, der Mittelschüler (ich ging damals in die sechste oder siebente Klasse), wunderte mich: Das ist doch eine alte Frau! Viel später sah ich in Wien ein Bühnenstück, das „Mich hätten Sie sehen sollen!" hieß und das von den Bewohnern eines Heims für alte Künstler handelte. Das reale Gegenstück dazu ist jenes Heim für alte Künstler in Baden bei Wien, das viele Träger und Trägerinnen einst berühmter Namen beherbergt. Ob sie je einen Pensionsschock hatten, weiß ich nicht. Viele von ihnen, Frauen wie Männer, sind langsam von ihren Jugendrollen in die Darstellung mittelalterlicher und dann alter Menschen hinübergeglitten. Die älteste von ihnen war seinerzeit Rosa Albach-Retty, die Mutter des Filmstars Wolf Albach-Retty und Großmutter von Romy Schneider. Sie starb 1980 im Alter von 105 Jahren. Nicht so alt wurde der deutsche Schauspieler Minetti. Aber dafür stand er bis zu seinem Tod im Alter von 93 Jahren auf der Bühne, viel bewundert, viel geliebt, viel geehrt. Es gab und gibt Sänger, die selbst an der Schwelle des Greisenalters noch aufgetreten sind, sogar Heldentenöre waren darunter.

Aber nicht nur die darstellende Kunst hat Vertreter, die den lebenden Beweis dafür boten, daß es für sie einen Pensionsschock nicht gab. Mehr noch sind es die Schriftsteller und Dichter, die bis ins hohe und höchste Alter arbeiteten, weil für sie die Arbeit nicht Leid, sondern lebenserhaltende und lebensverlängernde Freude bedeutete und der Ruhm gleichsam ein willkommenes Accessoire war. Goethe wurde 82, Ernst Jünger starb mit 102.

Winston Churchill ist 91 Jahre alt geworden, seine berühmte Antwort „No sports" auf die Frage, wie er es angestellt habe, in hohem Alter noch aktiv zu sein, müsse aber richtig verstanden werden, sagt Professor Huber. Churchill habe nicht das gemeint, was wir heute unter Sport verstehen, sondern im Sinne des Angelsächsischen. Er hat Wettkampf gemeint. „Und Wettkampf ist sicher nicht gut. Alles, was mit Kampf zu tun hat, ist eine übermäßige Anstrengung des Körpers, aber auch der Psyche. Insofern ist Wettkampf-Sport sicher schlecht. Man braucht sich nur die alten Spitzensportler in Österreich anschauen!"

Kapitel 12
Weder Sekretärin
noch Dienstwagen

Nicht alle trauern verlorener Macht nach

Es war vor ein paar Jahren in einem Ausländerrestaurant in Moskau. Alle Tische waren besetzt, wir tranken Wodka, aßen als Vorspeise Blinis samt Kaviar, der uns nicht besonders teuer schien – es war, wie gesagt, schon ein paar Jahre her –, und stellten fest, daß die Kellner uns mit ausgesuchter Höflichkeit bedienten, so wie es in einem nur von Fremden, vor allem deutschen Touristen, besuchten Lokal üblich ist (oder war). Der Herr, der den Speisesaal betrat, trug eine Schiffermütze auf dem grauen, knapp gescheitelten Haar und steuerte einen Tisch an, der noch frei war – offenbar war der Eintretende der erste Gast einer Gesellschaft, die noch kommen sollte.

Er blickte nach links und nach rechts, möglicherweise grußheischend, aber vielleicht auch um festzustellen, ob er irgendeinen der Besucher kenne. Oder ob – was ihm vielleicht wichtiger schien – er gekannt werde. Er wurde nicht gekannt und noch weniger erkannt, was ihn aber nicht störte. Er war ja schon jahrelang nicht mehr im Amt und daher nicht mehr in den Gazetten. Es mißfiel ihm daher nicht, daß ihn niemand begrüßte und auch die deutschen Gäste ihrem Wodka weitaus mehr Aufmerksamkeit zuwandten als dem Herrn mit der Hamburger Schiffermütze.

Ich kannte ihn. „Guten Abend, Herr Bundeskanzler!" sagte ich, dem Rat eines einst hohen Politikers folgend, der mir eingebläut hatte, die Höflichkeit gebiete es, jemanden stets mit dem höchsten Titel anzureden, den er in seinem Leben oder seiner Laufbahn erreicht habe. „Guten Abend, Herr Bundeskanzler!" – wie gesagt: Ich kannte ihn. Und ich erkannte ihn. Es war Helmut Schmidt, der langjährige Regierungschef der Bundesrepublik Deutschland, der offenbar – aus dem Auge, aus dem Sinn – damals keine politische Funktion mehr innehatte.

Und dann kam etwas, das mir zu Bewußtsein brachte, wie leicht es manchen Menschen fällt, das Fehlen der Macht zu verschmerzen, wenn sie diese nur lange genug besessen hatten. Ex-Bundeskanzler Schmidt legte lächelnd die Finger an die schwarze Kappe und marschierte weiter. Daß ihn kein anderer der anwesenden deutschen Touristen grüßte, störte ihn nicht im mindesten. Er hatte in reichstem Maße gehabt, was ihm politisch zugestanden war: die Macht eben. Er war zufrieden, auch nach deren Verlust.

Nachher zerbrach ich mir den Kopf, ob sich Schmidt darüber im klaren war, zum „Has-beener" geworden zu sein. Zu einem Politiker, der von den höchsten Höhen – nein, nicht abgestürzt war. Der aber, wie es so schön, oder besser: nicht so schön heißt, „weg vom Fenster" ist. Ein „Has-beener", wie die Amerikaner sagen. Einer, der „gewesen ist", has been eben. Nicht gerade ein Nobody, aber doch ein Berühmter im Ruhestand. Ein politischer Rentner. Einer, der seine Macht verloren hat, ohne ihr – wie im Fall des im Moskauer Restaurant entdeckten Helmut Schmidt – nachzutrauern. Oder doch?

Es gibt freilich kaum einen Mächtigen, der zugibt, mächtig zu sein. Weshalb er oder sie auch die Trauer über den Verlust dieser Macht nicht zeigt. Bestenfalls wird konzediert, daß man die allenfalls doch vorhandene Macht dazu verwende, um zu „gestalten". Ist das Demut? Keineswegs. Demut ist eine christliche Tugend. Wann immer sie aber von Politikern im Mund geführt wird, ist sie als Einschränkung gedacht: Ich will, heißt es dann immer, mein Amt in Demut ausüben.

Die Floskel ist ebenso gebräuchlich wie hanebüchen. Sie wird meist von Politikern verwendet, die das genaue Gegenteil im Sinn haben. Sie wollen ihre Macht gebrauchen, und man kann ihnen daraus nicht einmal einen Vorwurf machen.

Bisweilen wird die Demut auch erzwungen. Helmut Schmidt

machte auf mich den Eindruck eines Demütigen – es hat ihn nicht gestört, ein Has-beener geworden zu sein. Hat er sich dadurch, daß ihn niemand kannte, gedemütigt gefühlt? Demut wird von fast allen Neupensionisten gefordert. Demut nimmt man auf sich, wenn keine Sekretärin mehr da ist, die einem Telefonate abnimmt. Demut braucht der Ex-Minister, dem kein Chauffeur mehr die Wagentür öffnet. Demut benötigt ein Altstar, den auf der Straße niemand mehr erkennt.

Szenenwechsel. Im Lift eines Wiener Luxushotels stößt man auf eine gesetzte ältere Dame, die einem bekannt vorkommt. Sie ist doch – oder doch nicht? Man grüßt auf alle Fälle, sie grüßt freundlich zurück, unbeachtet von den anderen Hotelgästen. Ja, sie war es: Madeleine Albright, ehemals Außenministerin der Vereinigten Staaten von Amerika. Gedemütigt durch die Nichtbeachtung? Durch das Wissen der anderen, daß sie, früher Nummer Zwei der einzigen verbliebenen Supermacht, deren Macht nicht mehr mitbestimmt?

Auch Madeleine Albright ist im Ruhestand. Auch sie, einst mächtig, ist zwar nicht (noch nicht) ein Mensch wie du und ich geworden, aber sie hat sich diesem Status genähert. Und sie hat es ertragen, weil man sie es nicht hat fühlen lassen. Läßt man denn Menschen, die am Fenster standen, es spüren, wenn sie weg sind von diesem? Wenn sie in Pension gegangen sind?

In meine Erinnerung drängt sich in diesem Zusammenhang Dr. Kurt Schuschnigg, österreichischer Bundeskanzler von 1934 bis 1938. Er hat seinen Lebensabend in Tirol verbracht, und während eines seiner Kurzaufenthalte in Wien wurde ich ausgeschickt, ihn zu interviewen. Daß es mir nicht gelang, weil er jedes Gespräch mit Journalisten ablehnte, war eines. Interessanter freilich als das nicht stattgefundene Interview war die Tatsache, daß auf der Straße vor dem Hotel, in dem er abgestiegen war, niemand erkannte, daß es sich um den österreichischen Regierungschef handelte, der die historischen Abschiedsworte „Gott schütze Österreich!" im Radio gesprochen hat, als die deutschen Truppen bereits die Grenze überschritten hatten. Schuschnigg war, nehmt alles nur in allem, eine historische

Figur. Aber auch seine Zeitgenossen wußten offenbar nicht, wer da vor dem Hotel stand und sich, den Hut lüftend, vom Reporter verabschiedete.

Für ihn traf nicht zu, was für viele andere die ärgste Demütigung sein dürfte, nämlich nicht mehr gekannt zu werden. Noch ärger freilich ist für sie die Demütigung, nicht mehr beachtet zu werden. Früher waren sie auf Seite eins der Zeitungen, waren in jeder TV-Nachrichtensendung zu sehen. Heute scheinen sie vergessen. Bei der letzten alpinen Skiweltmeisterschaft sah man Olympiasieger beiderlei Geschlechts von anno dazumal. „Wer ist das?" fragten die Jungen. Spitzensportler in Pension sind fast ein Widerspruch in sich selbst. Es geht ihnen so wie im amerikanischen Volksmund den Veteranen: „Old soldiers never die, they just fade away."

Es gibt auch politische Soldaten. Besser: Soldaten der Politik, Parteisoldaten, die um Gottes willen nicht mit Apparatschiks verwechselt werden dürfen, obwohl sie ihre Karriere in der Partei und durch die Partei gemacht haben. They just fade away. Sie dämmern noch in der Erinnerung der Öffentlichkeit, aber langsam umfängt sie das Dunkel des Vergessens. Sie sind Teil der jüngsten Geschichte und wissen es auch oder glauben, es zu wissen. Aber die anderen wissen es nicht.

Eine solche Gruppe alter Herren – sie als „Has-beeners" zu bezeichnen, wäre fast unverfroren – trifft sich gelegentlich in gastlichem Rahmen. Es schmerzt sie, wenn einer nicht mehr kommt, weil er nicht mehr da ist. Sie werden immer weniger und weniger. Zwar werden – wir wissen es – auch junge Politiker alt, aber sie werden es nicht gern. Die Würde der Alten fehlt ihnen. Sie leben nach dem Motto „Solang i gehn kann, geh i net".

Pensionierung ist für solche Menschen ein fataler Gedanke. Sie pflegen eine Eigenschaft, die allen mehr oder weniger innewohnt, die alle mehr oder weniger auf gleiche Weise in Besitz genommen hat – aber etliche sind eben gleicher als gleich. Diese Eigenschaft ist die Eitelkeit. Sie verlangen unausgesetzt nach Bestätigung von außen. Sie kehren ihre Vorzüge hervor –

egal, ob diese tatsächlich existieren oder ob sie nur angenommen sind. Ihr Selbstgefühl ist stets auf das eigene Ich gerichtet, die Grenze zum Narzißmus ist eine fließende.

Auch das Geltungsbedürfnis ist jedem Menschen eigen – ob er es weiß oder nicht, ob es groß oder klein ist. Streben nach Anerkennung, Ansehen und Beachtung in der Gesellschaft, besser: in sozialen Gemeinschaften, ist die Grundlage von Selbstbehauptung und Durchsetzung. Seit es, zumindest in der nördlichen Hemisphäre, kein Sklaventum mehr gibt, jedenfalls im buchstäblichen Sinn, ist dieser Drang nach Selbstbehauptung zur Durchsetzung des eigenen Willens allgemein; er manifestiert sich keineswegs nur in der Politik, sondern auch in der Wirtschaft, in der Kunst, im Privatleben. Streben nach Beifall, Ehre und Ruhm ist durchaus nichts Verwerfliches – im Gegenteil: Der Gegensatz ist die Lethargie.

Zunehmend trifft dies im Berufsleben zu Recht auch auf das weibliche Geschlecht zu. Daß sich in einer Gesellschaft – und sei es im Beisl – Männer und Frauen getrennt unterhalten, gehört zumeist der Vergangenheit an. Die Ansicht, für die Frauen seien ausschließlich die drei K's wichtig (Kinder, Küche, Kirche), ist längst ausgestorben. Die Meinung, Politik etwa sei zu „hoch" für weibliche Gesprächspartner, stammt von vorgestern.

Spätestens seit der Zeit, da an den Universitäten die ersten weiblichen Doktoren promoviert wurden, mehr noch: seit 1919 in Österreich das Wahlrecht auch den Frauen zugestanden wurde, sind diese auch in dieser Hinsicht als gleichberechtigte Partner akzeptiert worden – soweit sie selbst damit einverstanden waren. Daß sich etwa nach gemeinsamem Abendessen die Männer auf der einen, die Frauen auf der anderen Seite zum Geplauder sammeln, mag aus jener Zeit stammen, da es in der Kirche getrennte Bankreihen für Männer und Frauen gab. Die Zeit ist längst vorüber und hat sich nur in Landgemeinden teilweise erhalten.

Auch der freiwillige Verzicht auf Geltung, Beifall und Ehre ist in diesem Licht zu sehen. Häufig ist die Geltungssucht übersteigert, gelegentlich sogar krankhaft. „Bin i drin?" fragen täglich viele Honoratioren ihre Sekretäre, sobald die druckfrischen Zeitungen auf den Tisch kommen. Die Intensität und Zahl des Aufscheinens von Politikern im Fernsehen, von Magazinen ausgewertet, läßt die Annahme gelten, daß die „Sieger" ein Gefühl der Befriedigung, die „Verlierer" eines der Beschämung davontragen. In diesem Zusammenhang wird gern von Überkompensation gesprochen, die sich sogar zur Psychopathie ausweiten kann.

Die Lust am eigenen Konterfei in der Zeitung – je öfter dieses aufscheint, desto besser – hat den Charakter einer neurotischen Fehlhaltung, ohne daß der oder die Betreffende dies weiß oder auch nur ahnt. Mit solch übersteigertem Geltungsbedürfnis hat sich die Neopsychoanalyse, vor allem aber die Individualpsychologie befaßt. Es betrifft keinesfalls nur Menschen, die in der Politik beheimatet sind; auch Spitzenleute in Wirtschaft, Kultur und Journalismus sind davon nicht frei. Umso schwieriger ist es dann für sie, jene Macht aufzugeben, die sie besitzen oder zu besitzen glauben.

Gibt denn überhaupt ein Mächtiger das auf, worauf er sich berufen zu können glaubt? Gibt er freiwillig Macht auf, zieht er sich in die zweite Reihe zurück, geht er gar auf dem direkten Weg von der Macht in die Pension? Es gibt Beispiele, nicht viele, dafür aber berühmte. Lucius Quinctius Cincinnatus ist eines davon, nicht nur den Lateinschülern, sondern auch aus dem Geschichtsunterricht bekannt.

Ein altrömischer Landedelmann, ist er vom Pflug weg zum Diktator gemacht worden, um das Vaterland aus Gefahren zu retten. Er besiegte die Äquer, wie die Geschichtsbücher sagen, und kehrte wieder auf sein Landgut und zum Pflug zurück. Er wurde neuerlich zum Diktator gemacht und schließlich abermals Bauer – freiwillig auf die Ehren verzichtend, die Rom auf ihn gehäuft hatte.

Viele Jahrhunderte später war der römische Kaiser Diokletian ein Herrscher, der nach mehr als zwanzigjähriger Herrschaft seinem Thron entsagte und sich 305 n. Chr. in seinen großartigen, riesigen Palast im heutigen Split zurückzog; die Mauern umfassen heute die komplette Altstadt.

Freiwillig auf die Macht hat auch Karl V. verzichtet, und zwar im Jahr 1556. In seinem Reich ging zwar die Sonne nicht unter, wie es damals hieß, aber seine politischen Ideen hat er nicht verwirklichen können. Enttäuscht überließ er die Krone seinem Sohn Philipp II. und ging in ein spanisches Kloster, San Jeronimo de Yuste, wo er noch zwei Jahre lebte. Als Eremit, wie die Legende behauptet – aber wie alle Legenden hat sie zwar einen wahren Kern, enthält jedoch nicht die volle Wahrheit. Carlos Primero, wie er – in Spanien der erste seines Namens – dort noch immer heißt, war nach seiner freiwilligen „Pensionierung" durchaus kein Einsiedler.

„Wenn er sich auch in die Einsamkeit zurückgezogen hatte, so war doch sein Gefolge, das mit ihm nach Spanien gekommen war, beachtlich", schreibt Karls Biographin Sigrid-Maria Größing. „Immerhin standen über 50 Personen zu seiner persönlichen Betreuung zur Verfügung. Trotz aller Bescheidenheit, in der er leben wollte, fand er es notwendig, seine engsten Berater mitzunehmen ... Nach wie vor wurde er über die Vorgänge im Reich von seinem Bruder Kaiser Ferdinand unterrichtet, so wie über die Entwicklung in Spanien von seinem Sohn, der hier regierte. Daneben kannte keiner so wie sein langjähriger Garderobenmeister seine Wünsche, die Kleider betreffend, und seine Leibköche sorgten dafür, daß nur jene Speisen auf der schmal gewordenen Tafel aufgetragen wurden, die seinen von Kindheit an verwöhnten Gaumen kitzelten, denn auf jeglichen Luxus der Welt hatte er aus freien Stücken verzichtet, nur nicht auf die Delikatessen. Erst wenn er in seinem Spezialstuhl, auf dem er die dick geschwollenen Beine hochlagern konnte, von einem Gichtanfall überrascht wurde, wenn er nicht mehr aus noch ein vor Schmerzen wußte, dann ging er mit sich selbst ins Gericht und beschloß, auf Speisen zu verzichten, die ihm gesundheitlich schaden konnten. Aber kaum waren die Qualen vorüber, warf er, der sonst sein Leben lang so konsequent war, die guten Vorsätze über Bord und rief nach seinen geliebten Austern und Krebsen, seinen Muscheln und Langusten."

Karl V. gilt trotzdem als eines der bekanntesten Beispiele eines Herrschers, der seinem Thron, seiner Krone und somit seiner Macht entsagte, die allumfassend war. Nur einer steht punkto Macht über dem Kaiser, wenngleich diese nach heutigen Begriffen auch nur eine geistliche ist: der Papst. Ob ein Pontifex Maximus auf diese Macht verzichten, ob er also zurücktreten, gleichsam in Pension gehen kann, auch wenn er imstande ist, sein Amt auszuüben – diese Frage wird immer wieder erörtert.

Im Kirchenrecht gibt es kein Hindernis für eine „Pensionierung" des Oberhaupts der katholischen Kirche, keine erkennbaren und unüberwindlichen Gründe gegen den freiwilligen Rücktritt eines Papstes. Der Fall ist immerhin denkbar, wenngleich – davon soll später erzählt werden – in der Geschichte nur einmal vorgekommen, und zwar im dreizehnten Jahrhundert. Im Abschnitt „Über den Papst" heißt es im Gesetzbuch der römischen Kirche, dem Canon Iuris Canonici, und zwar im Paragraph 2: „Falls der Papst auf sein Amt verzichten sollte, ist zur Gültigkeit verlangt, daß der Verzicht frei geschieht und hinreichend kundgemacht, nicht jedoch, daß er von irgendwem angenommen wird."

Das ist logisch, ein Papst wird vom Kardinalskollegium auf Lebenszeit gewählt – in wessen Hände soll er sein Amt zurücklegen? Nicht in jene des Wahlkollegiums, versteht sich. Der Mann, der in der Kirche den Primat besitzt, die Ausübung des dreifachen Dienstes der Heiligung, des Lehrens und der Leitung, kann also auch selbständig einen Amtsverzicht erklären, und die Kardinäle müssen, obwohl sie ihn gewählt haben, der Beendigung seines Pontifikats zustimmen. Voraussetzung ist, wie gesagt, die Freiwilligkeit.

In einem Fall freilich hat das Kirchenrecht auf die Freiwilligkeit eines Papstrücktritts – der allerdings einer „Pensionierung" nicht gleichkommt – verzichtet. Im Artikel 335 des Canons heißt es: „Bei Vakanz oder völliger Behinderung des römischen

Bischofsstuhles darf in der Leitung der Gesamtkirche nichts geändert werden, es sind die besonderen Gesetze zu beachten, die für diese Fälle erlassen sind." Einen offiziellen Stellvertreter des Papstes gibt es nach kirchlichem Recht nicht. Bei einem vorübergehenden kürzeren oder längeren Krankenhausaufenthalt des Pontifex gehen die täglichen Amtsgeschäfte im Vatikan weiter. Der Kardinal-Staatssekretär regelt dann die notwendigen Dienstgeschäfte. „Aber alles, was einer speziellen Zustimmung des Papstes bedarf, muß zurückgestellt werden. Für die Diözese Rom allerdings, deren Bischof der Papst ist, wurde von Anfang an ein Kardinalvikar als ständiger Stellvertreter des Papstes bestimmt."

Alles dies schrieb vor nicht allzu langer Zeit Erich Läufer in der katholischen Presseagentur „Kathpress". Der Anlaß war der Gesundheitszustand Johannes Pauls II. Dieser hatte freilich immer wieder gesagt, er denke nicht daran, in „Pension" zu gehen und hatte damals bei einer allgemeinen Audienz, auf diese Spekulationen anspielend, humorvoll gesagt: „Euch grüßt der behinderte, aber noch nicht heruntergekommene Papst." Schon früher hatte er Gerüchte über einen möglichen Rücktritt vehement von sich gewiesen: Es gäbe „keinen Platz für pensionierte Päpste".

Dem hatte aber die italienische Zeitschrift „Trenta Giorni" (30 Tage) bereits in ihrer Ausgabe vom Jänner 1994 widersprochen. Das Magazin berief sich auf vatikanische Quellen und schrieb, daß angeblich schon Pius XII. mehrfach geäußert habe, er werde das Papstamt niederlegen und sich in die Abtei Monte Cassino zurückziehen, sollte „ihn eine längere Krankheit heimsuchen". Auch Paul VI., der in seinem Motu Proprio „ingravescem aetatem" 1970 bestimmt hatte, das Höchstalter der an einer Papstwahl teilnehmenden Kardinäle müsse 80 Jahre sein – auch Paul VI. also soll ernsthaft über einen Rücktritt nachgedacht haben, weil – so Läufer – er befürchtete, daß die Medienöffentlichkeit die allfälligen physischen und psychischen Gebrechen eines Papstes „gnadenlos bloßlegen und ohne Hemmungen verwerten würde". Der damalige Pontifex meinte, die Kirche habe ein Recht darauf, daß ihre Leitung „intakt und arbeitsfähig bleibe".

Jedenfalls gab es in der Kirchengeschichte einen Fall des freiwilligen Rücktritts eines Papstes. Am 13. Dezember 1294 legte Coelestin V. im Alter von ungefähr 85 Jahren sein Amt nieder – er hatte es nur einige Monate lang innegehabt. Pietro del Murrone war er vor seiner Wahl genannt worden, ein Eremit, der auf Wunsch seiner Mutter Priester geworden war und sich nach seiner Weihe in die Bergeinsamkeit vom Monte Murrone in den Abruzzen zurückzog. Er gründete eine Eremitenkongregation, legte deren Leitung aber schließlich zurück und wollte seinen Lebensabend allein in der Bergeinsamkeit verbringen.

27 Monate lang hatten die Kardinäle, zwölf an der Zahl, damals versucht, einen neuen Papst zu wählen. Sie waren in zwei Parteien gespalten, die Orsinis und die Colonnas. Unter dem Einfluß Karls II. von Anjou einigte man sich schließlich auf einen Kompromißkandidaten, den man für einen „Übergangspapst" hielt und doch auch für einen Garant der spirituellen Erneuerung der Kirche: eben den damals schon greisen Pietro, der am 5. Juli 1294 gekrönt wurde und den Namen Coelestin V. annahm, nachdem er sich „in Furcht und Zittern vor Gott als Unwürdiger unter das Joch der apostolischen Knechtschaft gebeugt hatte".

Er war zweifellos fromm, aber völlig unpolitisch – eine Marionette in der Hand Karls von Anjou. Dessen Wünschen entsprechend, ernannte er zwölf neue Kardinäle und verlegte auch den Sitz der Kurie von Rom nach Neapel. Coelestin war indes nicht unpolitisch genug, um nicht zu merken, daß er ein Spielball rücksichtsloser Machtpolitik war. Er sah schließlich keinen anderen Ausweg, als den Rückzug aus dem Papstamt, den er ermöglichte, indem er für sich selbst eine eigene Konstitution erließ.

Am 13. Dezember 1294 erschien Coelestin V. in päpstlichem Ornat vor den Kardinälen und verlas seine Abdankungsurkunde, in der es unter anderem hieß: „In Erkenntnis meiner Unfähigkeit und Schwäche, in Ansehung der Bosheit der Menschen und meiner Gebrechlichkeit entsage ich freiwillig dem höchsten Pontifikat und lege Würde und Amt nieder." Daraufhin stieg er vom Thron, legte Ring, Tiara und Mantel ab, verließ den Raum, legte die graue Kutte seiner Kongregation an und setzte sich, in den Saal zurückgekehrt, auf die letzte Stufe des päpstlichen Throns.

Schon am Heiligen Abend 1294 wurde sein Nachfolger gewählt, Kardinal Benedikt Caitani, der sich Bonifaz VIII. nannte. Er war herrschsüchtig und eigensinnig, und weil er sich vor einer Kirchenspaltung fürchtete, stellte er Coelestin unter Hausarrest, um ihn schließlich in der Festung Fumone gefangenzuhalten. Knapp zwei Jahre später starb Pietro, wie sich der ehemalige Papst nun wieder nannte; 1313 wurde er von Clemens V. heiliggesprochen. In der Begründung hieß es unter anderem, daß er „unter großen Reichtümern in höchstem Maß ein Armer geblieben" sei.

Sein Bild in der Geschichte wankt aber. Ein Zeitgenosse sagte, Coelestin V. habe seine Entscheidungen „nicht aus der Fülle der Macht, sondern aus der Fülle der Einfalt" getroffen und während Petrarca Pietro del Murrones Demut pries, verwies ihn Dante im dritten Gesang des „Inferno" in die Hölle – wegen „Feigheit". Sogar Reinhold Schneider hat sich mit Coelestin befaßt: in seinem Drama „Der große Verzicht".

Im Grunde kann auch das Konzil von Konstanz, bei dem sich als Folge des abendländischen Schismas nicht weniger als drei Päpste gleichzeitig versammelt hatten, als Beispiel für einen Thronverzicht bezeichnet werden. Die drei, die alle den Titel des Pontifex Maximus beanspruchten, waren die Gegenpäpste Johannes XXIII. und Benedikt XIII. sowie der einzige legitime Träger des Titels, Gregor XII. Johannes floh, Benedikt wurde als Häretiker abgesetzt, und Gregor verzichtete großmütig. Oberhaupt der Christenheit war somit das Konzil, das schließlich am 11. November 1417 den Kardinaldiakon Otto Colonna zum Papst wählte. Nach dem Heiligen des Tages nannte er sich Martin V. – nach 39 Jahren der Spaltung wieder das einzige, allgemein anerkannte Oberhaupt der Kirche. Gilt also der Verzicht Gregors als Beispiel für einen legitimen Rücktritt eines legitimen Papstes? Die Frage scheint in der Kirchengeschichte und im Kirchenrecht noch ungeklärt.

Machtverzicht ohne Zwang: Auch in der österreichischen Geschichte findet man Beispiele für solche freiwillige Pensionierungen von Mächtigen, Exempel von Rücktritten vom Amt, die niemand gewünscht und keiner gefordert hatte. Daß Ferdinand I., Kaiser von Österreich, anno 1848 zugunsten seines Neffen Franz, der sich dann Franz Joseph nannte, auf den Thron verzichtete, könnte als durch die Revolution erzwungen bezeichnet werden. Allerdings hat der neue junge Kaiser dem alten aus Dank die Hand geküßt – worauf dieser milde sagte: „'s ist gern gschehn, bleib Du nur brav". Letzteres hat Franz Joseph nicht immer befolgt. Als seine Armeen Schlachten verloren, meinte sein kaiserlicher Vorgänger: „Des hätt i a zammbracht".

Unterrichtsminister Dr. Theodor Piffl-Perčević war der einzige österreichische Minister nach 1945, der sein Amt niederlegte, weil er nicht damit einverstanden war, daß eine Volksbefragung die Schulzeit reduzieren ließ. Finanzminister Dr. Josef Klaus trat zurück, weil er mit einem Budgetvorschlag nicht einverstanden war. Daß er kurze Zeit später Bundeskanzler wurde, änderte nichts an einem schweren politischen Fehler, der ihm angelastet worden ist: Weil er vor den Wahlen 1970 erklärte, auf keinen Fall mit der FPÖ unter Friedrich Peter eine Koalition eingehen zu wollen, ebnete er dem späteren Wahlsieger Dr. Bruno Kreisky erst den Weg zu einer Minderheitsregierung, und dann zur absoluten Mehrheit, die ein rundes Jahrzehnt dauerte. Josef Klaus schied freiwillig aus der Politik aus. Machtverzicht, made in Austria.

Kapitel 13
Junge Hitzköpfe, alte Feuerlöscher

Ist der Rat der „Wegwerfgeneration" zu teuer?

Vor Jahren hat ein Buch in Amerika Furore gemacht, das den Titel „The Waste Makers" trug und sich mit dem geplanten Verschleiß, genauer: der „Planned Obsolescence" befaßte. Es ging um die Tatsache, daß die Menschheit der nördlichen Hemisphäre sich in eine Wegwerfgesellschaft verwandelt habe. Es wird nicht mehr repariert, sondern auf den Mist geworfen – besser: auf die Deponie. Die Lebensdauer etwa von Haushaltsgeräten werde immer kürzer, das Austauschbedürfnis für elektronische Apparaturen immer heftiger, der Erneuerungswunsch, von der Industrie gesteuert, jeweils dringender. In der Tat ist die Verschwendungsgesellschaft eine, in der das Wegwerfen eine ganz große Rolle spielt, weshalb die Mistablagerungsstätten den Müll nicht mehr fassen können.

Die Verschwendungsgesellschaft ist indes auch eine, die Menschen verschwendet. Sie vergeudet Routine, Wissen, Knowhow, Erfahrung und nimmt nicht zur Kenntnis, daß der Jugendwahn in allen seinen Ausprägungen mindestens so kostspielig ist wie die Bestätigung des alten Sprichworts, guter Rat sei teuer.

Gewiß, manches, ja vieles hat sich geändert. In der Wissensgesellschaft waren die Kenntnisse der älteren Menschen besonders gefragt, und zwar in Gesellschaften, die laut Manfred Prising „keine längerfristig wirksamen Transmissionsmechanismen für Informationen und Erfahrungen aufgewiesen haben;

die Älteren waren die einzigen, die über selten eintretende Ereignisse Auskunft geben konnten, über Dürren, Erdbeben, Sonnenfinsternisse". Diese Kenntnisse, meint Prisching, seien heute weniger erforderlich und die Informatik-Ausbildung der meisten Älteren ist in der Tat nicht sonderlich beeindruckend. In der „materialistischen Massenpsychose der Qualifizierten mittleren Alters, in der wir uns befinden, jener Psychose, die alles unter dem Aspekt der Verwertbarkeit und der Standortkonkurrenz sieht, sind die Kenntnisse der Älteren weniger gefragt".

Es lohnt sich andererseits, Trost bei Ovid zu suchen: „Seria venit usus ab annis". Die kurze Übersetzung: Alter gibt Erfahrung. Sie wird allzuoft nicht gebraucht, scheint es. Sonst würden Experten beiderlei Geschlechts, die anderswo mit Gold aufgewogen würden, nicht – sei es mit dem nun schon so oft zitierten „golden Handshake" – in Pension geschickt. Ein menschliches Kapital wird verschleudert, das nicht leicht ersetzt werden kann.

Es ist freilich nicht immer so. Auch in Zeiten eingeschränkten Budgetierens und in Perioden des Sparens sind Firmen, Betriebe und sogar Institutionen durchaus bereit, jene Funktionen zu besetzen, die mit dem Ausdruck „Konsulenten" nur vage beschrieben werden.

Konsulenten sind im buchstäblichen Sinn des Wortes Berater. Das stimmt auch in vielen Fällen. Wie schnell aber solche Konsulenten vom Berater zum Lenker werden, hat in den letzten Jahren nicht zuletzt die Politik gezeigt. Im eigentlichen Verständnis etwa sind Wahlkampfmanager Konsulenten. Sie beraten die Wahlkämpfer. Wie schnell sie dann dazu übergehen, den Wahlkampf zu managen und, etwa als sogenannte Spin Doctors, den Hauptteil eines etwaigen Erfolges für sich in Anspruch nehmen, weiß jeder, der in den letzten Jahren mit Aufmerksamkeit die politische Entwicklung verfolgt hat.

Spin Doctors freilich sind keine aus der Pension zurückgeholte Politiker, und politische Konsulenten treten andererseits selten als Spin Doctors, als Berater, auf. Gemeint sind vielmehr jene Konsulenten, die ihr Arbeitsleben, sprich: ihre beruflichen

Aktivitäten abgeschlossen haben und ihr Wissen nachher an anderer Stelle und in anderer Funktion verwerten – und zumeist lukrativer. Daß es sich dabei sehr oft um ehemalige hohe Ministerialbeamte, allenfalls auch um Botschafter handelt, die ihr Pensionistenleben auf mehr oder minder ertragreiche Art ihrer Meinung nach sinnvoller machen, ist da nicht zu verwerfen, wenn man dies nicht nur als persönliche Bereicherung sieht. Vielmehr ist auch in diesen Fällen augenscheinlich, wie unsinnig es ist, das Pensionsalter wie ein Fallbeil den zweiten vom dritten Lebensabschnitt trennen zu lassen.

Hochqualifizierten Experten eine geeignete Beschäftigung nach der offiziellen Pensionierung zu ermöglichen, ist der Wirtschaft, deren Institutionen und vor allem auch staatlichen Stellen zuträglich. Beispiele sind in anderen Ländern zahlreicher als in Österreich und Deutschland. Amerikanische Generäle, die freilich in relativ frühen Jahren in Pension gehen müssen, sind immer wieder gesuchte und daher gut bezahlte Konsulenten von US-Konzernen. Selbst für politische Aufgaben werden sie gelegentlich reaktiviert. So war etwa der Drei-Stern-General Jay Garner aus der Pension geholt worden, um im Irak nach dem Sieg der Amerikaner über das Saddam-Hussein-Regime das politische Kommando in dem zu dieser Zeit noch chaotischen Staat zu übernehmen. Der hohe Offizier ist freilich nach relativ kurzer Zeit wieder in seinen verdienten Ruhestand zurückgeschickt worden: Er hatte sich als seiner neuen Aufgabe absolut nicht gewachsen gezeigt.

Von den Konsulenten, wie sie hier gemeint sind, sind freilich jene „Umsteiger" streng zu trennen, die etwa nach Beendigung ihrer politischen Funktion eine neue in der Arena des Lebens suchen und zumeist auch finden, wobei das Wort „suchen" nicht nur aktiv zu verstehen ist. Oft werden auch sie selbst gesucht. Es ist durchaus verständlich, daß auch hierzulande die Wirtschaft nach Personen forscht, die ihr in der Politik erworbenes Wissen, vor allem auch ihre Kontakte, dann Großfirmen zur Verfügung stellen; Menschen sind darunter, die bereits ihr Pensionsalter erreicht haben, aber auch solche, die sich noch nicht im dritten Lebensabschnitt befinden. Die ehemalige Wiener Finanzstadträtin Brigitte Ederer, die für die finanziellen Angelegenheiten der Bundeshauptstadt zuständig war, ist dann in den Vorstand der Firma Siemens gewechselt. Daß man sich von ihrem Wissen und wahrscheinlich auch von ihren Verbindungen einiges erhoffte, liegt auf der Hand. Diskussionen hat ein anderer Berufswechsel einer Politikerin hervorgerufen. Die Bausparkasse Wüstenrot hat Susanne Riess-Passer nach ihrem (mehr oder weniger erzwungenen) Ausscheiden aus der Tagespolitik als Generaldirektorin engagiert. Der frühere (glücklose) Bundeskanzler Viktor Klima wurde Chef des Volkswagenwerks in Argentinien. Helmut Zilk, erst Unterrichtsminister und dann Wiener Bürgermeister, tritt im Fernsehen in einem Werbespot auf.

Die Liste kann nach Belieben verlängert werden. Da ist der ehemalige Polizeigeneral Franz Schnabl, aus politischen Gründen (als engagierter SPÖ-Mann ist ihm vorgeworfen worden, sich an einer regierungsfeindlichen Demonstration beteiligt zu haben) vom Innenminister pensioniert. Sein neuer Job ist der Chef des Sicherheitswesens beim Magna-Magnaten Frank Stronach, der auch den ehemaligen FPÖ-Verkehrsminister Mathias Reichhold und den gleichfalls freiheitlichen Nationalrats-Klubobmann Peter Westenthaler an sich gezogen hatte.

Das Echo in der Öffentlichkeit, vor allem in der veröffentlichten Meinung, über solches „Umsteigen" von Polit-Pensionären ist jeweils ein gemischtes gewesen. Boshaft dichtete Manfred Koch in den „Salzburger Nachrichten":

„Früher: Wollte man nach oben,
Wurde kräftig angeschoben,
War man brav bei der Partei,
Die grad dran war, mit dabei.

Die Parteibuchwirtschaftszeit,
Ist heut' längst Vergangenheit!
Endlich hat man es begriffen:
Aufs Parteibuch wird gepfiffen!

Heut': Willst du auf einem Spitzen-
Posten in der Wirtschaft sitzen,
Geht das nicht mehr von allein,
Qualifikation muß sein!

Als Befähigungsnachweis
Für den Eintritt in den Kreis
Der erlauchten Wirtschaftsbosse,
Gilt nur Leistung! Und zwar große:

Mindestens Ministerposten
Mußt du auf des Volkes Kosten
Innehaben und im weitern
In der Politik dann scheitern!

Spitzenpolitikversager
Gelten als Reservelager
Heut' fürs Spitzenmanagement
Na, wer das nicht Fortschritt nennt ..."

Gewiß, das ist boshaft. Gewiß, das verkennt bis zu einem gewissen Grad die Tatsache, daß Wissen, das in der Politik erworben wurde, natürlich auch in anderen Positionen verwertet werden kann und gelegentlich auch soll. In einer Zeit, da CEO's (Chief Executive Officers, wie man heute in der Fachsprache sagt) durchaus von einer Branche in die andere wechseln und den Weg vom Konzern in die Spitzenpolitik und retour absolvieren können (in den USA keine Seltenheit), in einer solchen Zeit darf man über Politiker, denen Top-Positionen in der Wirtschaft angeboten werden, nicht kurzerhand den Stab brechen.

Einige sind Frühpensionisten, einige wählen die zweite Berufslaufbahn nach altersgerechter Beendigung ihrer ersten, wobei natürlich immer wieder gefragt werden muß, was denn altersgerecht bedeutet. Andere wieder sonnen sich auch in der Pension im Glanz öffentlichen Auftretens – freilich nur „Pensionisten", die gleichsam „Alpha-Männer" sind, die bekannt sind und etwas zu sagen haben, das die Öffentlichkeit interessiert. Es sind jene Menschen, die nicht gerade Konsulenten sind, deren Meinung aber auch tief ins Pensionsalter hinein – egal, wie hoch es nun sein mag – gefragt ist. Es sind jene, die durch begehrte Vorträge ihren dritten Lebensabschnitt finanziell versüßen.

Der Beispiele gibt es viele. Warum es fast nur Männer sind, auf die eine solche Vortragstätigkeit zutrifft, wäre Anlaß zur Überlegung. Meist sind es solche, die an prominenter Stelle standen und jetzt ihre Prominenz „bis zu einem gewissen Grad" verkaufen. Mir fällt da etwa Michail Gorbatschow ein, der es versteht, seine Pension durch weltweit gehaltene Vorträge aufzubessern, für die er enorme Honorare verlangt und auch bekommt. Mir fällt Henry Kissinger ein, der gleichfalls nur dann als Vortragender zu gewinnen ist, wenn man seine Weisheit mit klingender Münze abgilt. Bill Clinton ist ein anderer – auch in Wien war er schon wiederholt zu Gast und hat sich das weidlich bezahlen lassen.

Bruno Kreisky war ebenfalls hie und da zu Vorträgen geladen. Er hat mir einmal gestanden, daß er, damals noch aktiv, seinen bereits in „Pension" befindlichen Genossen Helmut Schmidt beneide. Der nämlich erhalte das gleiche Honorar in D-Mark, das Kreisky in Schilling bezog. Und das wurmte diesen, wie er zugab.

Von einer vergeudeten Generation zu sprechen, trifft demgemäß nicht allgemein zu. Und doch wird an Wissen und Weisheit verschwendet, was als Kapital vorhanden ist. Das erwähnte Fallbeil ist in Wahrheit und angesichts der steigenden Lebenserwartung Humbug.

Warum eigentlich gibt es in Österreich (und, nota bene, auch anderswo) nicht so etwas wie einen Ältestenrat, einen Club von Menschen, die der Politik und der Wirtschaft zur Hand gehen, beraten, ihre im Verlauf des Ausübens ihrer Funktionen angesammelte Routine und Weisheit weitergeben? Nicht einmal in Amerika gibt es eine solche, wie man heutzutage immer wieder sagt, „hochkarätige" Vereinigung, obgleich gerade in diesem Land auf der Hand liegen würde zu praktizieren, was schon die Ureinwohner, die Indianer nämlich, gebildet hatten. Die ehemaligen Präsidenten der Vereinigten Staaten (und noch nie hat es so viele gegeben, die gleichzeitig am Leben waren) haben zwar Anspruch sogar auf permanente Bewachung, aber nicht darauf, ihr Wissen und Können auch nach der „Pensionierung" zur Verfügung zu stellen.

Was für die erwähnten „Alpha-Tiere" gilt, ist aber auch für alle anderen anzuwenden, die in der Lage wären, ihre Altersweisheit zur Verfügung zu stellen. Wenn wir in diesem Fall auch nicht zur Kenntnis nehmen, daß ein großer Teil der arbeitenden Menschen gar kein Interesse daran hat, sich auch in der Pension gleichsam in die Pflicht nehmen zu lassen – das Schlagwort „Entpflichtung" ist da aktuell -, so haben wir hier doch ein deutliches Beispiel für die Vergeudung, die ich meine, für die Verschwendung von Wissenspotential, Routine und Können.

Schon in fünfzehn Jahren, sagt Leopold Rosenmayr, werde man die älteren und alten Arbeitnehmer und Arbeitnehmerinnen am europäischen Arbeitsmarkt suchen. Das bedeutet natürlich auch, daß man in diesen anderthalb Jahrzehnten entdeckt haben dürfte, welche Verschwendung man bisher praktiziert hatte. Die Feststellung, man möge doch nicht vergeuden, was man mühevoll „angespart" habe, ist natürlich nicht von der – auch in diesem Buch immer wieder erhobenen – Forderung zu trennen, das Pensionsalter hinaufzusetzen. Dazu Rosenmayr: „Die gesellschaftspolitische Forderung nach längerem Arbeiten muß auch im Zusammenhang mit einer sich bereits abzeichnenden Veränderung der Altersstruktur der Beschäftigten gesehen werden." Der Druck, Ältere „freizusetzen" (sprich: in Pension zu schicken) werde schon im Laufe der nächsten zehn Jahre nachlassen. Die immer wieder erwähnten demographischen Daten und Hochrechnungen lassen dies erahnen. Weil die Einwanderungspolitik gegenüber jungen Arbeitskräften aus Afrika und Asien restriktiv bleiben wird, werde in spätestens zehn Jahren der Bedarf an älteren Arbeitskräften deutlich steigen.

Lassen wir einmal die Problematik des Generationenkonflikts, der Generationengerechtigkeit und des Generationenvertrages – dieser besagt sinngemäß, daß die Jungen von den Alten unterstützt werden und, wenn diese aus dem Erwerbsleben treten, sich die Verhältnisse umkehren – außer acht. Befassen wir uns vielmehr mit der Tatsache, daß es längst so etwas wie eine „Mehrschichtkultur" gibt.

Was heißt das? Es existiert keine Trennung mehr zwischen Arbeit und Nichtarbeit, keine Trennung mehr zwischen der Vorstellung, in der Jugend werde gelernt, die Zeit des Erwachsenseins sei eine der Berufsarbeit, und das Alter bedeute Freizeit und Ruhestand. Diese Vorstellung ist überholt, genauso wie das Kinderrätsel, das sich eigentlich als Stigmatisierung des Alters präsentiert. Die Rätselfrage, an die ich mich aus meiner Kindheit noch erinnern kann, lautete: Welches Lebewesen geht am Morgen auf allen Vieren, am Mittag auf zwei Beinen und am Abend auf drei? Natürlich der Mensch, lautete die Antwort. Er krieche als Kleinkind auf Händen und Füßen, benütze als Erwachsener zwei Beine (von denen angenommen wird, daß sie gesund sind) und brauche im Alter den Stock.

Eine Stigmatisierung in der Tat. Eine Kondensierung aller Vorurteile, die den Älteren und Alten entgegengebracht werden. Alles das stammt aus einer Zeit, wo einerseits Arbeit und Nichtarbeit ein Gegensatzpaar bildeten, ebenso wie Leistungsfähigkeit und Hinfälligkeit.

Es gibt, sagen Soziologen und Gerontologen, keinen Grund, in Zusammenhang mit „Freisetzung", Pensionierung oder der Mißachtung des Wunsches, länger zu arbeiten, von Zwang zu sprechen, den das fortschreitende Alter ausübe. „Wir wissen, daß ein Fußballer mit 35 Jahren uralt ist, während ein Bankdirektor dieses Alters extrem jung ist. Arbeitssuchende im Alter von 55 Jahren sind chancenlos, weil man ihnen mangelnde Leistungsfähigkeit unterstellt, und diese Beurteilung stammt meistens von jenen Generaldirektoren, die sich irgendwo in den Sechzigern befinden und im Vollbesitz ihrer Kräfte wähnen", schreibt Manfred Prisching und resümiert: „Alter ist das, was man dafür hält." Das gleiche gilt, meine ich, natürlich auch für die Pensionsreife. Es bedarf freilich eines langandauernden politischen Prozesses, um dies ins Bewußtsein dringen zu lassen.

Immer wieder kommt da die Wissensgesellschaft ins Spiel. Immer wieder werden (siehe Prisching) sogenannte Schlüsselqualifikationen gefragt. „In der Tat ist dem Engagement eines Dreißigjährigen weit mehr zu trauen als seiner Lebensweisheit, wogegen Ältere über Tacit Knowledge verfügen: über eine Beurteilungsfähigkeit, die sich auf erlebte, nicht das imaginierte oder gar wochenendkursgebundene ‚Durchspielen‘ von Situationen gründet. Ältere verfügen über psychische Ressourcen. Die Lebensweisheit ist ein Kriterium."

Kant, hat der slowakische Geriater Dr. Ladislav J. Hegyi vor Jahren einmal in einer einschlägigen Enquete zitiert, habe für drei Lebensstufen folgende Kennzeichen genannt: „Zwanzig Jahre Geschicklichkeit, vierzig Jahre Klugheit und sechzig Jahre Weisheit". Der Wissenschaftler hat dann auch noch die seiner Meinung nach entscheidenden intellektuell betonten Merkmale der Altersweisheit beschrieben: Einsicht, Kritikvermögen und Urteilskraft als Ausdruck langjähriger und erprobter Erfahrung. „Dem weisen Menschen wird die Fähigkeit zugesprochen, den Unterschied zu erkennen zwischen Dingen, die er ändern, und solchen, die er nicht ändern kann. Er kann reden und raten, das rechte Wort zur rechten Zeit finden, er kann aber auch zuhören und schweigen." Nicht zuletzt gehöre zu den Merkmalen der reifen Altersweisheit, daß der Mensch mit Selbstbewußtsein und Selbstbescheidung den Platz ausfülle, den er im Leben erworben hat. Schließlich lasse ja auch Goethe den sterbenden Faust sagen: „Das ist der Weisheit letzter Schluß, nur der verdient sich Freiheit wie das Leben, der täglich sie erobern muß."

Weisheit, immer Weisheit. Wissen, immer Wissen. Vergeudung und Verschwendung desselben, immer wieder. Befaßt man sich mit der einschlägigen Literatur, so sticht immer wieder die Argumentation hervor, es sei eigentlich ein Unding, Menschen nicht länger arbeiten zu lassen, wenn sie es wollen und sich dazu imstande fühlen. Und was die Vorurteile betrifft, so geht etwa Leopold Rosenmayr, eine Reihe von Experten zitierend, mit ihnen hart ins Gericht: Ältere Arbeitnehmer etwa seien „nicht weniger genau, ausdauernd oder verläßlich" als jüngere. Auch die Intelligenz dieser Gruppe sei keineswegs geringer als die der jungen.

Warum also wirklich vergeuden, verschwenden, wegwerfen, in die Pension schicken? Warum das „nicht mehr gebraucht werden" zum Herzeleid werden lassen, wo es doch, wie gesagt, nicht lange dauern wird, bis jene Altersgruppe, die man nicht mehr zu benötigen glaubt, wieder gesucht werden wird wie ein Bissen Brot?

„Erobern die Oldies die Chef-Etagen?" lautete im Vorjahr der Titel einer Seite in der Beilage „Jobs & Karrieren" der Zeitung „Kurier". Und im Untertitel hieß es: „Vorstände jenseits der Sechzig machen derzeit Karriere und Schlagzeilen: Der ‚Jugendwahn' ist vorbei." Als Beweis schilderte die Wiener Tageszeitung den 72 Jahre alten Helmut Siehler, der als Interimschef in die Deutsche Telekom berufen worden war, um das Unternehmen wieder hinaufzubringen. Auch der, wie es der „Kurier" nannte, „deutsche Elektronikriese ABB" hatte damals seinen Chefposten mit dem 62jährigen Jürgen Dormann besetzt. Und weiter las man in der „Kurier"-Beilage: „Die Liste der neuen Oldies in den Vorstandsbüros läßt sich weiter fortsetzen: Gunther Thielen (59) löste Thomas Middelhoff (49) bei Bertelsmann ab, Jean-Marie Messier (45) mußte seinen Posten bei Vivendi Universal an Jean-René Fourtou (63) abgeben. Eine Trendwende?" Die Aufsichtsratsvorsitzenden seien in diesen Fällen als Notlösung eingesprungen. „Aber nach dem Platzen der New-Economy-Blase setzen die Firmen wieder auf ältere Manager: Gewisse Erfahrungswerte kann man auch durch jugendliche Dynamik nicht wettmachen."

Alte Feuerlöscher anstelle junger Hitzköpfe? Daß der Jugendwahn vorbei sei, ist möglicherweise ein Wunsch als Vater des Gedankens, den manch einer der weisen Alten hegt. Aber der „Kurier" listete damals auch eine Reihe von solchen Jungen auf, die ins negative Gerede gekommen waren – er nannte sie die jungen „Pleitegeier", zitiert freilich auch einen Personalberater, der bei den gescheiterten Jungmanagern nach amerikanischem Vorbild auch Vorteile sieht: „Sie sind auf die Kurzlebigkeit besser eingestellt als lebenslang beschäftigte Manager." Noch immer haben Job-Hopper Konjunktur.

Es mag daher durchaus stimmen, daß der Pensionsschock auch jene heimsucht, die da glauben, auf menschliches Kapital verzichten zu können ohne zu wissen, daß es später wieder erworben werden muß. Und daß die Zinsen, die man bezahlen muß, beträchtlich sind.

Kapitel 14
Das „schwarze Loch"
als Todesfalle

Wenn der Pensionsschock
zum Verhängnis wird

Einer der bekanntesten österreichischen Journalisten des ausgehenden zwanzigsten Jahrhunderts war Kurt Vorhofer, zuletzt stellvertretender Chefredakteur der „Kleinen Zeitung"; sein Fachgebiet war die Innenpolitik, und seine Fähigkeit bestand nicht zuletzt in glasklarer Analyse und präziser Formulierung, aber auch darin, die kompliziertesten politischen Vorgänge so einfach darzustellen, daß sie auch von Menschen verstanden wurden, deren Schulbildung nicht gerade mit Universitätsabschluß oder Matura endete. Mit anderen Worten: Vorhofer hat zeit seines Lebens das getan, was die Aufgabe eines guten Journalisten sein sollte: den Menschen, allen Menschen, die Politik zu erklären und zu erläutern.

Er ist, wie es das Gesetz befahl und wie es von den meisten Medien auch gehandhabt wird, mit 65 Jahren in Pension gegangen. Ich kann mich noch genau an den festlichen Abend erinnern, den ihm seine Zeitung in einem Wiener Palais bereitete, um ihn würdevoll zu verabschieden. Viele Gäste, vor allem viele Kolleginnen und Kollegen aus der Branche waren gekommen, es gab vorher und nachher allgemeines Händeschütteln, und während des Festakts saß der angehende Pensionist ganz vorne, wo eben gemeinhin der Platz eines Ehrengastes ist, und ließ die Reden der Honoratioren seiner Zeitung über sich ergehen.

Dann hielt er selbst eine Abschiedsrede. Ich glaube mich erinnern zu können, daß Vorhofer, der ansonsten ein durchaus humorvoller Mensch gewesen war, diesmal kaum etwas von seinem Humor hat durchblitzen lassen. Vielmehr merkte ich in Zwischentönen und nicht nur in diesen, daß er liebend gerne noch länger in seiner und für seine Zeitung gearbeitet hätte. Daß er sich keineswegs alt fühlte, um in Pension gehen zu müssen. In den Ruhestand treten zu müssen. Müssen?

Es wäre ungerecht und unfair, es so auszudrücken. Das Pensionsalter hatte er erreicht. Dem Gesetz war Genüge getan worden. Gerade in Zeiten wie diesen nehmen auch die Medien, vor allem die gedruckten, zwangsweise die Gelegenheit wahr, auf jene Weise, die man die „natürliche" nennt, den Personalstand zu verringern. Das heißt: Das Erreichen des Pensionsalters ist gleichsam jenes Fallbeil, das die Zeit beruflicher Aktivität von der des – nun, eben des Ruhestands trennt, auch wenn man in diesem Stand nicht unbedingt ruhig bleibt, sondern auf dem gleichen oder auf anderen Gebieten emsig ist.

Das Fallbeil wird, wie ich in diesem Buch immer wieder betone, keineswegs von allen angehenden Pensionisten als solches betrachtet. Der Ruhestand wird ja von den meisten – ob fälschlich oder nicht – als Schlaraffenland betrachtet. In das man wohl erst gelangt, wenn man sich abgemüht hat, es zu erreichen. Für Kurt Vorhofer war freilich die Pension, der er nun entgegensah, kein gelobtes Land. Sie war, glaube ich, ein schwarzes Loch, unbekannt, bis zu einem gewissen Grad auch gefahrvoll. Menschen, die ihren Beruf lieben, können sich ja, wie wir wissen, kaum vorstellen, ob sie ohne ihn werden leben können.

Um es vorwegzunehmen: Vorhofer konnte nicht ohne ihn leben. Er war im Journalismus verwurzelt. Er hat ihn nicht nur geliebt, er war ihm wie alle, die diesen Beruf aus Überzeugung ergreifen, verfallen. Er hat sich nicht vorstellen können, ohne ihn zu sein, ohne zu schreiben, zu erklären, zu informieren, Meinung kundzutun. Auf seine Kommentare haben die Politiker ungeduldig gewartet. Jetzt mußte er die der anderen lesen.

Das letzte Mal hörte ich von Kurt Vorhofer, als er zu einer kleinen politischen Veranstaltung kam, wozu er nicht geladen war. Er war nicht mehr im Amt, daher hatte man ihn von der Liste gestrichen. Er ist trotzdem eingetreten, als „gate crasher" gewissermaßen. Und natürlich hat er niemanden um Erlaubnis gebeten; das wäre auch nicht notwendig gewesen, jeder hat ihn gekannt, jeder wußte freilich auch, daß er diesmal keinen Kommentar darüber werde schreiben können, weil er eben Pensionist war.

Kurze Zeit später war Kurt Vorhofer tot. Er soll, hieß es, schon längere Zeit an einem Herzleiden laboriert haben. Ich meine, daß es kein Herzleiden, sondern Herzeleid gewesen war. Er ist buchstäblich an gebrochenem Herzen gestorben. Das kommt vor. Es widerfährt nicht nur Personen, die im öffentlichen Leben standen und dann nicht mehr „in" sind. Es passiert meist solchen, die ihren Beruf als Berufung nehmen, egal, welcher Beruf es ist. Heute gibt es einen Kurt Vorhofer-Preis für engagierte, unabhängige, sachbezogene und selbstverständlich exzellente Journalistik. Er wird jedes Jahr von einem Gremium vergeben, in dem Vorhofers einstige Zeitung die wichtigste Rolle spielt. Sein Andenken wird auf diese Weise in Ehren gehalten – auf die schönste Weise, die ich mir vorstellen kann.

Vorhofer war indes nicht der einzige mir bekannte Fall eines Menschen, der es nicht ertrug, aus dem Berufs- in den Ruhestand treten zu müssen. Er war nicht der einzige, den der Pensionsschock das Leben gekostet hat. Zugegeben: die meisten erholen sich von diesem Schock. Er mag länger oder kürzer dauern, er mag manchmal sogar heilsam sein, aber er ist in den wenigsten Fällen tödlich.

Bei manchen freilich ist er es, ohne daß man es erkennt. Ich erinnere mich da an einen der profiliertesten konservativen Politiker des letzten Vierteljahrhunderts, den Burgenländer Robert Graf, Präsident der Wirtschaftskammer seines Bundeslandes, hochrangigen Funktionär der Bundeskammer und schließlich Wirtschaftsminister. Als ein Kabinettsrevirement kam, wurde er, aus welchen Gründen immer, ausgetauscht. Einige Wochen später saß ich mit ihm in seinem Wiener Lieblingslokal, der „Grotta Azzurra".

Es war einige Tage vor dem amerikanischen Nationalfeiertag. Minister Graf, wie er selbstverständlich noch immer genannt wurde (Näheres, weil eine liebenswerte österreichische Eigenschaft, werde ich nachher erläutern), erkundigte sich, ob die amerikanische Botschaft erst so spät die Einladungen zum Empfang in der Residenz des Botschafters ausschicke. Ich verneinte – ich habe, sagte ich, sie schon vor geraumer Zeit erhalten. „Dann bin ich nicht mehr dabei", erwiderte Robert Graf. Ich aber grübelte über die Tatsache nach, daß in diesem Fall die Amerikaner – nicht nur Zeit ist Geld für sie, sondern auch die Zahl der „Invitations" – sich die Einladung eines der bekanntesten österreichischen Politiker erspart hatten, weil er in die zweite Reihe zurückgetreten war.

Ich glaube, daß auch Robert Graf diese einer politischen Pensionierung gleichkommende „Degradierung", die natürlich keine war, nicht sehr lange überlebt hat, daß sie eine der Ursachen seines recht frühen Todes gewesen ist. Graf ist ein „Homo politicus" gewesen, ein Mensch, der es offenbar nicht hat verwinden können, nicht mehr in der Politik mitzumischen. Er starb an einem Gehirnschlag, nachdem er lange Zeit im Koma gelegen war.

Die Reihe läßt sich fortsetzen – wobei es sicher keinen tieferen Grund dafür gibt, daß jene Politiker, die mir einfallen, alle aus der ÖVP kommen. Da war beispielsweise Dr. Kurt Fiedler, viele Jahre lang Nationalratsabgeordneter und außenpolitischer Sprecher der Volkspartei. Man hat ihn ausgewechselt – und er stürzte sich aus dem Fenster.

Und da war – wenn man von „Homines politici" spricht, muß man ihn an allererster Stelle nennen – Rudolf Sallinger, einer der mächtigsten Männer der Republik, viele Jahre lang Bundeskammerpräsident und Weichensteller der heimischen Innenpolitik. „Vor diesem zitterte einst ganz Rom", sagt Tosca über Scarpia, nachdem sie diesen erdolcht hatte. Sallinger ist nicht erdolcht worden, er fühlte aber, daß er mit dem Schwinden seiner Macht auch sein Herzblut vergoß. Auch er ist im „schwarzen Loch" versunken, wobei bei Sallinger hinzukam, daß er außer der Politik keinerlei Interessen hatte – nicht Bücher, nicht Musik, nicht Theater, keine Hobbies. Zudem war auch noch erschwerend, daß er noch lange amtierte, als schon sein Nachfolger nominiert war; er kommandierte eben nur mehr eine „lame duck administration".

Auch Präsident Rudolf Sallinger überlebte seine Pensionierung, sprich Entmachtung, nicht lange. Auch er erlag jenem Pensionsschock, der mehr Leute dahinrafft, als man weiß – und glauben sollte. Immerhin heißt der Festsaal im Haus der Bundeskammer heute Rudolf-Sallinger-Saal.

Und in Hietzing gibt es heute einen Pia Maria Plechl-Weg. Auch sie hat den Pensionsschock nicht überlebt. Der Journalismus war für sie eins und alles, sie konnte sich nicht vorstellen, ohne ihn zu existieren. Sie hatte keine Familie, ihre Heimat und ihr Zuhause war die Zeitung. Sie fürchtete sich vor dem Fallbeil der Altersgrenze, und als es fiel, wurde sie zerschmettert. Sie entschied sich, nicht nur aus dem Beruf zu scheiden, sondern auch aus der Welt, die ihrer Meinung nach keinen Platz für sie hatte.

Es heißt, daß Journalisten eine besonders kurze Lebenserwartung haben. Hängt dies damit zusammen, daß sie nicht wie Kerzen an einer, sondern an beiden Seiten brennen? Daß viele von ihnen Workaholics sind – oder zumindest waren? Ich weiß: Das klingt düster. Diesen Beruf zu ergreifen, ist nicht Anwartschaft auf frühen Tod, auch wenn es bisweilen knapp scheint. Es gibt viele Medienleute, die ihre Pension genießen. Aber es gibt etliche, die den im übertragenen Sinn tödlichen Schock, einen, der jedenfalls, wie es aussah, mit zum Tode geführt hat – es gibt etliche, die diesen Schock nicht ertragen.

Ist auch Horst Friedrich Mayer, der bekannte und beliebte Fernsehmoderator, einer von ihnen gewesen? War seine Krankheit zum Teil auch eine psychogene? Hat er die Pensionierung, den langsamen und dann immer schneller werdenden Abschied vom Bildschirm nicht ertragen? In der Tat: Es gibt Menschen, die sich ein Leben im Ruhestand nicht vorstellen können. Es sind Menschen, die Beifall und Anerkennung brauchen, weil sie andernfalls nicht existieren können. Sie wissen es nicht, es ist tief in ihrem Bewußtsein, vielleicht im Unterbewußtsein vergraben, sie würden es auch nie zugeben, weil sie es nicht erkennen.

War es bei Rudolf Sallinger anders? War es die Macht, die er vermissen mußte? Dabei hätte man ihn auch im Ruhestand (der für ihn, den man stets den „Kugelblitz" genannt hatte, unvorstellbar gewesen wäre) zeit seines verbliebenen Lebens selbstverständlich als „Herr Präsident" angeredet, ebenso wie man Robert Graf immer als „Herr Minister" apostrophiert hätte, auch wenn er es längst nicht mehr gewesen war. Ohne es als Heilmittel gegen den Pensionsschock zu bezeichnen, hat mir vor vielen Jahren einer der politischen Pensionäre, der ehemalige Vizekanzler Dr. Fritz Bock anvertraut, was in Österreich Brauch sei: Jemanden immer, auch wenn er längst politischer Rentner war, mit dem Titel der höchsten Funktion anzusprechen, die er je im Leben erreicht hat.

Man beachte aber den feinen Unterschied: Amtierende Minister oder Ministerinnen werden hierzulande als Herr oder Frau Bundesminister (oder Bundesministerin, wenn man will) angesprochen, während jemand, der irgendwann einmal, und sei es auch nur ein paar Tage lang, Minister gewesen war (in der Zwischenkriegszeit ist das vorgekommen) als Herr oder Frau Minister apostrophiert wird. Ich kannte einen Rechtsanwalt, der vor 1938 ganz kurze Zeit Justizminister war. Er wäre beleidigt gewesen, hätte man ihn nicht bis zu seinem Tode als „Herr Minister" angesprochen. Bock ließ sich selbstverständlich stets „Vizekanzler" nennen. Ex-Minister und Ex-Vizekanzler Hannes Androsch müsste demgemäß gleichfalls, wenn auch nachher CA-Generaldirektor, als Vizekanzler angesprochen werden, und der ehemalige Minister, Bürgermeister und Nationalratspräsident Leopold Gratz als „Herr Präsident". Beide freilich legen, wie ich weiß, auf solche österreichische Titelfinessen keinen Wert …

Zurück zum bisweilen tödlichen Schock, der mit der Pension einhergeht oder durch sie verursacht wird. Was ist die Ursache? Wie kann es passieren, daß ein Mensch es nicht erträgt, das zu erleben, was für viele, ja die meisten anderen, das Gefühl der grenzenlosen Freiheit ist, das Aufatmen nach einer Lebensperiode der vermeintlichen oder tatsächlichen Repression? Es ist, scheint es, nicht zuletzt der Eindruck der Nutzlosigkeit, der in das erwähnte schwarze Loch führt. Es ist für jene, die geglaubt haben, unaufhörlich gebraucht zu werden, das Gefühl, nicht mehr vonnöten zu sein, das zum Tod führen kann. Das Wort vom gebrochenen Herzen, das Wort vom Herzeleid, das die Lebenskraft raubt, kommt nicht von ungefähr. Gerade Menschen, die von ihrem Beruf hundertprozentig ausgefüllt sind, die eben Workaholics sind, können dann, wenn ihre Arbeitssucht gleichsam trockengelegt wird, oft nicht mehr weiterleben.

Es sind Menschen, die eben keine Interessen haben außer ihrem Beruf. Wenn sie den nicht mehr haben, fühlen sie sich leer. Nicht jeder erträgt diese Leere. Sie haben meist auch nicht das Netz der Familie, das sie auffängt, auch wenn diese Familie ihnen fürsorglich entgegenkommen sollte. Sie waren süchtig und können nicht mehr entwöhnt werden.

Daß es aber ein Leben nach der Pension gibt, würde auch ihnen klar werden, wenn sie sich darauf vorbereiten könnten. Workaholics sind in Wahrheit kranke Menschen, so wie eben Süchtige krank sind. Es gibt keinen Beruf, und sei es der wichtigste, der nicht Zeit läßt für wenigstens eine Spur von anderen Interessen. Dies zu verneinen, heißt sich selbst belügen – bis zum bitteren Ende. Die so häufige Aussage „Dafür habe ich keine Zeit" zeigt nur von Mangel an Einteilung derselben. Zehn Minuten lang Zeit für sich selbst zu finden, und mag sie auch im Nichtstun bestehen, ist mehr wert als der „Erfolg" eines mit Streß vollbesetzten Arbeitstages.

Das soll nicht ein Lob der Faulheit sein, und man muß sich nicht unbedingt die erwähnten Riesenschildkröten als Beispiel nehmen. Zwischen Trägheit des Denkens und Tuns und permanentem, unausgesetztem, gelegentlich krankmachendem Arbeitseifer liegt eine große Mittelsphäre, liegt die Frage nach dem Sinn des Lebens. Er ist gewiß ein anderer, wenn man jene Altersgrenze erreicht hat, die zum Schritt in die Pension führt. Man ist dann gezwungen, dem Leben einen anderen Sinn zu geben – aber ohne Furcht, ohne Schock und ohne Panik.

Die Pension ist ja in den allermeisten Fällen kein unbekanntes, sondern ein vorausberechenbares Wesen. Oder, um mit den alten römischen Juristen zu sprechen: „Certus an, incertus quando". Das Ereignis wird kommen – der genaue Zeitpunkt ist freilich nicht bekannt, hängt vielmehr vom Willen des Betreffenden oder den Umständen ab. Aber man kann sich vorbereiten, vor allem geistig, und man kann sich rechtzeitig mit der Frage befassen, welchen neuen Sinn man dem Leben in der Pension geben will. Nur jene, die alles andere als die Berufsausübung für sinnlos betrachten, können dem Pensionsschock erliegen. Für sie aber ist der Sinn ihres Lebens offenbar ein allzu enger gewesen.

Und sie haben anscheinend auch Angst gehabt. Angst vor der Pension, echte, veritable Angst. Sie haben sich nicht vorstellen können, wie sie ihr weiteres Leben gestalten könnten, und daher haben sie sich vor der immer wieder genannten Zäsur gefürchtet. Die Leere, die ihnen bevorstand, war – und ist – eine Leere der Seele, vielleicht auch des Herzens.

Die Angst kann Menschen, die sich vor dieser Leere fürchten, bis zum Selbstmord treiben. Es gibt Leute, die sich – wie Kurt Fiedler – umbringen, weil sie enttäuscht sind oder nichts mehr mit sich anzufangen wissen. Die Furcht vor der Einsamkeit überdeckt dann alle Möglichkeiten, diese Einsamkeit zu überwinden. Selbst die noch vorhandenen Sozialkontakte, selbst die Familie sind in solchen Fällen oft keine Hilfe. Der vollen Berufstätigkeit folgt die volle Depression.

Man kann sich auch vor einem Schock fürchten, wenn man weiß, daß er kommen wird und daß man ihn als Schock empfindet. Das eben ist die Gefahr des Pensionsschocks: daß er, wirkt man ihm nicht entgegen, die Seele auslaugt und schließlich das Herz bricht. Beispiele habe ich genannt.

Kapitel 15
Tschüssi, Welt von gestern!

Können die Jungen
Verständnis für die Älteren haben?

Er ist weit gespannt, der Pensionsschock. Er hat, wie wir gesehen haben und noch sehen werden, vielerlei Facetten, viele Arten, auf jene einzuwirken, die ihn schließlich ertragen müssen. Sie wollen ihm entgehen und mit den Jüngeren, die an ihre Stelle treten, Schritt halten. Sie wollen (und sollen) in Würde altern und doch jung bleiben. In Würde altern: Man soll es, man kann es, die Rezepte sind mannigfach. Die junge Freundin, der junge Freund gehören nicht unbedingt dazu.

Aber das zu akzeptieren, was die neue Zeit mit sich bringt, sehr wohl. Das freilich ist einer der größten Vorwürfe, der den Senioren gemacht wird: Daß sie das Neue, Ungewohnte ablehnen. Sie versuchen, ihre Gegenwart zu bewältigen und sind daher vielfach nicht in der Lage, mit der Zukunft – mit ihrer eigenen Zukunft, und die wird immer länger – ins reine zu kommen. Das immer wieder und auch hier oft zitierte Wort von der Zeit, die sich ändert, wird oft nicht verstanden. Noch einmal: Tempora mutantur et nos mutamur in illis. Würde es doch wörtlich übersetzt und verstanden! Wir ändern uns mit und in den geänderten Zeiten. Wer ist „wir"? Man darf dies vom Negativen her interpretieren: „Wir", das sind jene, die sich, und zwar meist zu unrecht, mit dem Neuen nicht abfinden können.

Nicht mit dem neuen Stil zum Beispiel – wobei unter Stil auch der gesellschaftliche Wandel zu verstehen ist. Wenn einander zwei Teenies an der Straßenbahnhaltestelle herzen und küssen, gehört dies zum neuen Stil und erinnert die Alten, sofern sie davon gehört haben, an den verwunderten Ausspruch der alten Fürstin Metternich, die, als sie die ersten Walzertänzer beobachtete, angeblich gesagt hat: „Zu meiner Zeit hat man so etwas im Bett gemacht."

Es ist eine Art von Pensionsschock, in die neuen Zeiten hineingestoßen zu werden und nichts mit ihnen anzufangen zu wissen. Es ist eine Art von Pensionsschock, jene, die heute im Arbeitsleben stehen, nicht einmal verstehen zu können. Es ist ein Pensionsschock, mit einer anderen Sprache konfrontiert zu werden, wobei nicht die neuen Wortschöpfungen der Kids gemeint sind, sondern schon einmal das Verständnis für deren Bezeichnung. Hat man früher nicht Kinder oder Halbwüchsige gesagt oder hat man – pfui, wie altmodisch – nicht junge Mädchen als „Backfische" bezeichnet? Tempora mutantur.

Schon vor Jahren ist ein Wörterbuch der Jugendsprache erschienen. Es ist längst überholt, die Sprache ändert sich fast von Jahr zu Jahr, und sich im Ruhestand mit den diesbezüglichen Innovationen zu befassen, ist beinahe ein Fulltime-Job, um ein Wort der neuen „Lingua franca" zu verwenden, die länderübergreifende Allgemeinsprache. Werden auch bei uns jene, die in den nächsten Jahren in Pension gehen, nicht mehr als Pensionisten bezeichnet werden, sondern als „retired people"?

Dem Pensionsschock unterliegen alle, die nicht Englisch können. Sie blättern dann verzweifelt in Gebrauchsanweisungen und sind oft nicht einmal mehr in der Lage, Zeitungen oder Magazine mit Verständnis zu lesen.

Muß man Englisch zumindest verstehen, um diese Art von Pensionsschock zu vermeiden? Oder muß man jene Kinder beneiden, die bereits in der ersten Volksschulklasse Englischunterricht haben, gelegentlich das Englische sogar als Unterrichtssprache benützen?

Man ist nie zu alt, eine neue Sprache zu lernen, sagt der Neurologe Univ.-Prof. Lüder Deecke. Im Gegenteil: Dies bedeute eine Übung, ein Training für das Gehirn. Man tut sich aber mit fortschreitendem Alter immer schwerer. Mit audiovisuellen Mitteln sei daher das Erlernen leichter. Man muß da nicht unbedingt dem alten Archäologen Heinrich Schliemann nacheifern, der noch im hohen Alter eine ganze Reihe von Fremdsprachen lernte.

Ist es ein mit dem Ruhestand verbundener Schock, wenn man merkt, daß man mit seinen Kindern, ja sogar mit den Enkelkindern punkto technischem Veständnis nicht Schritt halten kann, es sei denn, man besucht einen Computerkurs? Ich habe mich – und dabei war ich noch lange nicht in Pension – in Grund und Boden geschämt, als ich meinen Kindern bei den Rechenaufgaben der Volksschule nicht helfen konnte, weil ich die Mengenlehre nicht verstand. Daß sie heute angeblich nicht mehr auf den Lehrplänen steht, hat mich mit tiefer Befriedigung erfüllt. Ich bin auch überfordert, wenn ich jene Computerspiele begreifen soll, mit denen heute jeder Erstklassler seinen Spaß hat. Wo sind die Zeiten des „Mensch ärgere dich nicht" hin?

Gewiß, Handys sind nicht nur für Junge da. Die Pensionisten in Schönbrunn und in der Hauptallee, über die Josef Weinheber sein zu Herzen gehendes Gedicht schrieb, haben sich vielleicht noch erinnert, daß der alte Kaiser sich bis zu seinem Ableben gescheut hatte, ein Automobil zu benützen, und auch dem Telefon skeptisch gegenüberstand. Und sie, diese Pensionisten von Schönbrunn und der Hauptallee, haben wahrscheinlich mit Peter Rosegger voll Sympathie verstanden, daß der Dampfwagen – sprich: die Eisenbahn – für einen, der sie noch nie benützt hatte, eine unerhörte Neuerung war. Kaum ein Dichter hat den Eindruck, den das neue Verkehrsmittel auf einen schon im Austragstüberl wohnenden alten Bauern machte, so drastisch geschildert wie eben dieser Peter Rossegger:

„Der Pate zahlte; ich mußte zwei ‚gute' Kreuzer beisteuern. Mittlerweile kroch aus dem nächsten, unteren Tunnel der Zug hervor, schnaufte heran, und ich glaubte schon, das gewaltige Ding wolle nicht anhalten. Es zischte und spie und ächzte – da stand es still.

Wie ein Huhn, dem man das Hirn aus dem Kopfe geschnitten, so stand der Pate da, und so stand ich da. Wir wären nicht zum Einsteigen gekommen; da schupfte der Schaffner den Paten in einen Waggon und mich nach. In demselben Augenblick wurde der Zug abgeläutet, und ich hörte noch, wie der ins Coupé stolpernde Jochem murmelte: ‚Das ist meine Totenglocke'. Jetzt sahen wir's aber: im Waggon waren Bänke, schier wie in einer Kirche; und als wir zum Fenster hinausschauten – ‚Jessas und Maria!' schrie mein Pate, ‚da draußen fliegt ja eine Mauer vorbei!' – Jetzt wurde es finster, und wir sahen, daß an der Wand unseres knarrenden Stübchens eine Öllampe brannte. Draußen in der Nacht rauschte und toste es, als wären wir von gewaltigen Wasserfällen umgeben, und ein ums andere Mal hallten schauerliche Pfiffe. Wir reisten unter der Erde.

Der Pate hielt die Hände auf dem Schoß gefaltet und hauchte: ‚In Gottes Namen. Jetzt geb' ich mich in alles drein. Warum bin ich der dreidoppelte Narr gewesen.'

Zehn Vaterunser lang mochten wir so begraben gewesen sein, da lichtete es sich wieder, draußen flog die Mauer, flogen die Telegraphenstangen und die Bäume, und wir fuhren im grünen Tale.

Mein Pate stieß mich an der Seite: ‚Du, Bub! Das ist gar aus der Weis' gewesen, aber jetzt – jetzt hebt's mir an zu gefallen. Richtig wahr, der Dampfwagen ist was Schönes! Jegerl und jerum, da ist ja schon das Spitalerdorf! Und wir sind erst eine Viertelstunde gefahren! Du, da haben wir unser Geld noch nicht abgesessen. Ich denk', Bub, wir bleiben noch sitzen.'"

Es gibt Leute, die Menschen von der Art des Paten Jochem deutlich spüren lassen, daß diese eigentlich nicht mehr in die heutige Zeit passen. Die ihnen, kurz gesagt, den Pensionsschock nicht erleichtern, sondern noch drastischer machen. Es gibt Menschen, die es – nun, sagen wir – am entsprechenden Fingerspitzengefühl fehlen lassen. Sie wissen nicht, daß sie verletzen können, sehr sogar. Und sie ahnen nicht, wie sehr eine Kränkung schmerzt. Sie haben im Gegenteil ein eigenes Vokabular erfunden, eine Reihe von Bezeichnungen für die „Senioren", die so zu nennen sie sich natürlich weigern. Sie apostrophieren sie auf andere Weise, und die ist nicht schmeichelhaft. „Grufties" ist noch der positivste. „Zombies" ist eine Stufe tiefer angesiedelt, und wenn man gar von „Komposties" hört, ist die Frage, wann die Erfinder solcher Bezeichnungen selbst dieser Kategorie angehören werden, nur noch eine der Zeit. „Du Penner" rief mir ein junger Autofahrer zu, als ich nicht schnell genug auswich. „Du Wichser", antwortete ich ihm, meine Erziehung vergessend. Es passierte, was in solchen Fällen zu geschehen pflegt: Er war konsterniert.

Es war dies ein Einzelfall, gewiß. Nie noch ist es mir, als Behinderter mit einem Stock versehen, passiert, daß im Winter meine Bitte, mir über einen Schneehaufen zu helfen, von jungen Passanten nicht befolgt worden wäre. Nie noch habe ich einen Pensionsschock erlitten, weil mir im Kaffeehaus von Jüngeren nicht in den Mantel geholfen worden wäre: Im Gegenteil, man bemühte sich so sehr, daß ich eine Antwort verschluckte, die mir in solchen Fällen immer auf den Lippen liegt: „Danke – es geht allein schon schwer genug!" Noch nie auch ist es mir geschehen, daß ich mich über Stufen hätte mühen müssen, ohne daß jemand mich unterstützt hätte. Ein Fall ist mir in besonders netter Erinnerung. Ich stand vor der uralten Treppe des Churhauses von Sankt Stephan, als ein Priester zufällig aus dem Tor trat. „Veni, amice, volo te adjuvar", sagte er in der Meinung, ich würde vor Ehrfurcht (und Nichtverständnis) erstarren. Komm, Freund, ich will dir helfen! Ich sammelte meine Lateinkenntnisse und bedankte mich: „Gratias tibi ago!" Es wurde, um „Casablanca" zu variieren, der Beginn einer wunderbaren lateinischen Konversation.

Und daß ich nicht vergesse: Es kommt auch nie vor, daß alten Leuten in der Straßenbahn nicht von den jüngeren ein Sitzplatz angeboten wird – ohne Aufforderung, einfach so. Nur einmal stand ich in der U-Bahn vor einer Schulklasse, die sämtliche Plätze besetzt hielt. Als ich eines der Kinder bat, aufzustehen und mich setzen zu lassen, rief die Lehrerin: „Die sind auch müde!" Es überzeugte mich damals dieses Benehmen, daß offenbar die Alten singen und das Zwitschern den Jungen beibringen. Anders ausgedrückt: daß gelegentlich die Erziehungsberechtigten selbst der Erziehung bedürfen. Es war das damals auch so etwas wie ein Pensionsschock.

Es gab und gibt deren viele. Immer wieder besteht die Gefahr einer Ausgrenzung der Pensionisten, verbunden mit der Infantilisierung. Ausgrenzung: Das heißt auch, in Lokalen, die vor allem von jungen Menschen besucht sind, langsam oder nur spöttisch belächelt bedient zu werden. Gewiß sind dies Ausnahmen, aber doch Kränkungen. Und vielleicht auch Teil des Generationenkonflikts.

Andererseits sind 93 Prozent der Bevölkerung (zumindest hat dies eine der vielen Umfragen ergeben) der Meinung, die Gesellschaft sollte die Probleme von Älteren berücksichtigen. Fast genauso groß ist die Zustimmungsrate auf die Frage, ob die Gesellschaft die Rechte von Älteren berücksichtigen solle.

Wenn es nach diesen Umfragen geht, ist Österreich (beziehungsweise die österreichische Gesellschaft) den Pensionisten gegenüber ausgesprochen positiv eingestellt. Denn es vertreten auch wieder 91 Prozent die Meinung, aufgrund ihrer großen Lebenserfahrung seien Ältere „für die Gesellschaft wichtig".

Daß die jüngeren Generationen von dem Wissen und der Erfahrung Älterer profitieren können – auch dies bejahen 90 Prozent, und 95 Prozent tun dies hinsichtlich des „Fortbestands von traditionellen Werten in der Gesellschaft". Daß die Älteren „für die jüngere Generation in emotionaler Hinsicht wichtig" seien, beantworten 72 Prozent mit „Ja" – allerdings 6 Prozent mit „Nein".

Ein Generationenkonflikt? In dieser Hinsicht nicht. In anderer schon. Wir wissen es.

Kapitel 16
Die ungewohnte Freiheit

Wie sich Familienkontakte verändern können

Ist alles anders in der Pension? Ändert der Pensionsschock auch die sozialen Lebensumstände? Eines ist klar: „Des Dienstes ewig gleich gestellte Uhr", wie es Max Piccolomini in Schillers „Wallenstein" nennt, wird umgestellt, meist auch angehalten. Das in gleichen, aber zumeist engen Bahnen laufende Berufsleben macht der Freizeit Platz. Die „verhaltensbeliebige Zeit" ersetzt den beruflichen Stundenplan. Selbst wenn dieser frei zu wählen war, ist er ja doch ein Plan gewesen. Verhaltensbeliebig – das heißt meist auch ungeplant, ob dies nun richtig ist oder nicht.

Ein Beispiel aus einem völlig anderen Gebiet mag dies illustrieren. Jeder Mensch, der die Schule verlassen hat, findet sich in der ersten Zeit im „Ernst des Lebens", in den er laut Aussage jener, die es zu wissen glauben, entlassen wird, kaum zurecht. Er oder sie muß sich an die neu gewonnene Freiheit erst gewöhnen – ob es nun jene der Berufswahl oder die einer fortgesetzten, aber nicht streng eingeteilten Studienzeit ist.

Ich selbst habe mich nach zwei Semestern Universitätsstudium als Stipendiat an einem amerikanischen College, das dort gleichfalls mit dem Titel „Universität" ausgezeichnet war, in die Gymnasialzeit zurückgesetzt gefunden, mit striktem Stundenplan und einer nicht weniger strikten Pflicht, gewisse „Kurse" zu belegen. Meine amerikanischen Kommilitonen waren freilich nichts anderes gewohnt und wunderten sich, als ich ihnen von der studentischen Freiheit in Europa erzählte. Für sie war diese Freiheit eine, die sie erst nach den vier Collegejahren erwarten durften – und sie waren es zufrieden.

Die Freiheit des Pensionisten fordert für viele eine ähnliche geistige Umstellung wie die Freiheit des Schülers im „Leben draußen". Diese Freiheit hat viele Facetten und viele Nuancen. Es gilt, neue soziale Kontakte zu knüpfen. Jene Menschen, mit denen man tagaus, tagein im Büro beisammen war, gehören nicht mehr zur gewohnten Umgebung. Man hat die Kollegenschaft tagaus, tagein gesehen. Man ist mit jenen, mit denen man gemeinsam (gewiß auch meist zusammen) gearbeitet hat, oft auch essen gegangen. Man ist gelegentlich (oder sehr oft) mit ihnen nach Büroschluß oder nach der Arbeit auf ein Bier eingekehrt. In Japan gehört dies, wie ich feststellen konnte, sogar zum normalen Arbeitsrhythmus.

Viele Menschen wollen den Pensionsschock, den sie zwangsläufig erleiden, unter anderem dadurch mildern, daß sie diese Sozialkontakte aufrechterhalten, und sei es durch gelegentliche Besuche an der alten Arbeitsstätte. Ich warne davor. Man läuft Gefahr, die gekappten Bindungen nicht völlig lösen zu wollen, und übersieht dann zumeist, daß Pensionierung eine zweiseitige Angelegenheit ist. Was den Neupensionisten möglicherweise traurig macht, kann für die anderen ein Akt der Befreiung sein, und die Abschiedsfeier wird dann oft zu einer Flut von Krokodilstränen. Mit anderen Worten: Allzu häufige Besuche an der alten Arbeitsstätte können dazu führen, daß sie nicht freudig begrüßt, sondern seufzend ertragen werden.

Eindrucksvoll, ja fast rührend ist dies im amerikanischen Film „About Schmidt" gezeigt worden. Er handelt vom Vizepräsidenten einer Versicherungsgesellschaft, der in Pension gehen muß, obgleich er liebend gerne noch weiter arbeiten würde und auch gesundheitlich in der Lage wäre, es zu tun. Er hat seinen Nachfolger eingeschult und besucht ihn, den, wie er offenbar meint, jungen Schnösel im Büro, das jahrelang seines gewesen war. Wie sich mühsam ein kurzes Gespräch entspinnt, wie der Nachfolger versucht, den Vorgänger so schnell wie möglich wieder loszuwerden, wie dieser enttäuscht reagiert – „Ich wollte wissen, ob Sie noch Fragen haben!" –, scheint mehr als aus dem Leben gegriffen. Und dies alles passiert, nachdem dem Scheidenden eine feierliche und natürlich auch alkoholträchtige Verabschiedung bereitet worden war.

Aber alte Sozialkontakte können sehr leicht durch neue ersetzt werden; der neue Lebensabschnitt führt naturgemäß auch zu anderen Lebensumständen, und diese wieder bringen neue Freundschaften und Bekannte. Wer freilich seinen Freundeskreis ausschließlich auf die beruflichen Kontakte beschränkt hatte, wer nur Bürokollegen und Geschäftspartner in diesen Kreis aufnahm, sieht sich beim Pensionsantritt geschockt: Er ist allein.

Für die anderen heißt das neue Stichwort „Geselligkeit". Es ist von Freundschaft zu unterscheiden – Geselligkeit kann man auch in einem, wie es heißt, „geselligen Kreis" erleben, ohne daß dieser ein Freundeskreis sein muß. Für Geselligkeit ergeben sich mannigfache Gelegenheiten. Vereine gehören dazu, Reisen, Hobbys, Urlaube. Wir müssen uns immer wieder in Erinnerung rufen, daß die allermeisten Pensionisten von heute wesentlich wohlhabender sind als jene von gestern und vorgestern.

Indessen werden sich bei Pensionsantritt auch die sozialen Kontakte in der Familie umgestalten. Die deutsche Unternehmensberaterin und Chefredakteurin einer internationalen Seniorenzeitschrift, Christine Krieb, hat diese neue Situation anschaulich geschildert: „Plötzlich sind beide Partner zu Hause. Es kommt zu einer großen Verunsicherung, sowohl was die eigene Rolle als auch was die partnerschaftliche Beziehung anlangt.

Bei der jetzigen Rentnergeneration bestand überwiegend noch die klassische Rollenaufteilung: sie zu Hause, er geht arbeiten. Die Frau – nachdem die Kinder flügge sind – war es gewohnt, alleine zu Hause zu sein und hatte sich ihren Tag so gestaltet, wie es für sie am besten war. Gemeinsame Aktivitäten fanden in der freien Zeit, am Abend und am Wochenende statt. Jetzt ist auch der Partner, in der Regel der Mann, zu Hause. Gemeinsame Aktivitäten markieren jetzt nicht mehr Phasen der Freizeit, sondern werden Alltag. Beide verbringen nun den gesamten Tag miteinander, wodurch es zu Reibereien kommen kann." Der Mann, bisher gewohnt, im Beruf alles zu organisieren, fängt vielleicht plötzlich an, auch den Haushalt nach seinen Vorstellungen zu gestalten. Oft könne das dazu führen, daß Ehepaare getrennte Wege zu gehen beginnen. Jeder sucht sich seine eigenen Aktivitäten.

Das nun gemeinsame Erleben von Freizeitaktivitäten, etwa das gemeinsame Einkaufen, der gemeinsame Bummel durch die Geschäftsstraßen, kann unter Umständen sogar Gegenstand von Erwägungen über die Öffnungszeiten der Geschäfte betreffen. Die Zahl der Pensionisten beiderlei Geschlechts wird sich, wie wir gesehen haben, infolge der verlängerten Lebenserwartung dauernd vergrößern. Anders ausgedrückt: Es wird immer mehr Menschen geben, die sich im Ruhestand befinden, die neue Freizeit genießen und diese auch in den Einkaufszentren verbringen. Eine abermalige, diesmal wieder verkürzende Änderung der Öffnungszeiten könnte aus diesen Gründen überlegenswert sein: Es wäre dann nicht mehr notwendig, die Geschäfte am Abend lange offen zu halten, wenn der gemeinsame Einkauf auch untertags erledigt werden kann. Man muß dabei allerdings bedenken, daß die Menschen, die im Erwerbsalter stehen, nach wie vor von Büro-, Dienst- und Arbeitszeiten betroffen sind.

Aber sind solche und ähnliche Gemeinsamkeiten wirklich die Folge einer Pensionierung? Die erwähnten Reibereien können im schlimmsten Fall auch negative Konsequenzen haben, die bis zur endgültigen Trennung führen. Dann etwa, wenn ein Teil den Selbstverwirklichungs-Trip einschlägt.

„Die Kinder sind aus dem Haus. Die Verpflichtungen fallen weg. Es kommt zu einem Bruch im bisherigen Leben, der zu zahlreichen Veränderungen führt. Er kann als negativ oder positiv empfunden werden. Vor allem bei Männern, die sich bisher ausschließlich über den Beruf definiert haben", schreibt Christine Krieb. Die Pension kann zu einer späten Selbstverwirklichungsphase führen. Auch diese Periode kann freilich vorhergesehen, berechnet und geplant werden – im Interesse beider Partner. Die Pension kann, aber sie muß nicht den Haussegen schief hängen lassen.

Allein, der Haussegen hängt oft auch schief, wenn es sich in der Tat um den Segen des Hauses und im Haus handelt. Da gibt es auf der einen Seite die zu Herzen gehende Geschichte von Philemon und Baucis, die den „Göttervater Zeus", ohne ihn zu kennen, freundlich aufgenommen haben und sich, als er sich zu erkennen gab und ihnen einen Wunsch freistellte, nichts anderes erbaten, als gemeinsam alt zu werden und gemeinsam zu sterben. Dies geschah auch nach einem langen Leben. Dann wurden er zur Eiche und sie zur Linde. „Und noch im Tode stehen sie traulich zusammen, wie sie im Leben unzertrennlich waren. Fromme sind den Göttern wert; Ehre wird denen zuteil, die Ehre erweisen." Also schrieb Gustav Schwab, der im vorletzten Jahrhundert die „Schönsten Sagen des klassischen Altertums" herausgegeben hat.

Da gibt es aber auf der anderen Seite die Floskel „bis daß der Tod euch scheide", die heutzutage längst obsolet geworden ist – offenbar aus der Zeit stammend, da die Lebenserwartung nicht die heutige und schon gar nicht die künftige Dimension erreichte.

In Österreich wird jede dritte Ehe geschieden, in Wien sogar jede zweite. Der Wunsch, eine Familie zu gründen – und zwar eine im althergebrachten Sinn – wird immer seltener. Manchen Statistiken zufolge gäbe es in Wien rund 50 Prozent Single-Haushalte, sagt der Chef der Wiener Psychiatrischen Universitätsklinik Univ.-Prof. Siegfried Kasper, wobei die Dinks nicht mitgezählt sind – die „Double Income No Kids", die zwar eine Minifamilie darstellen, aber in der Bevölkerungsstatistik eher negativ zu Buche schlagen.

Es gibt so gut wie keine Großfamilien mehr. In den Entwicklungsländern ist sie heute noch aktuell, in der Industriegesellschaft, und vor allem in der postindustriellen, ist sie fast nicht mehr existent. Zwar herrschte in früheren Zeiten auch unter der Landbevölkerung meist die Meinung vor, viele Kinder seien gleichsam eine Sozialversicherung für die Eltern. Um diese würde sich der Nachwuchs kümmern, wenn der Vater nicht mehr im Arbeitsprozeß stünde und die Mutter nicht mehr in der Lage sei, ihren Pflichten zu obliegen – wobei unter dem Begriff „Arbeitsprozeß" natürlich jede Art von Arbeit zu verstehen war.

In den Entwicklungsländern ist dies heute noch so: je mehr Kinder, desto sicherer der Lebensabend – auch wenn die alten Leute vielfach von den Kindern örtlich separiert, etwa in eigenen Häusern oder Hütten, leben. In der modernen Industrie- und Agrargesellschaft hat sich diese Separierung jedenfalls noch dem Namen nach erhalten: als „Austragstübchen", wo die Großeltern ihren Lebensabend verbrachten, separiert und doch im Familienverband.

In Wien hat es in diesem Zusammenhang ein interessantes Experiment gegeben, das im Lauf der Zeit mangels Erfolg wieder aufgegeben werden mußte. Man hat in Wohnhausanlagen dort, wo es kinderreiche Familien gab (sofern sie noch vorhanden waren) sogenannte „künstliche Großeltern" angesiedelt, alte Ehepaare, die nicht mehr im Berufsleben standen und sich – so hatte man gedacht – um die Kinder der Nachbarn kümmern könnten.

Das Experiment ist gescheitert, weil es keine Familienbande gab (wobei das alte Scherzwort, das Wort „Bande" sehr doppeldeutig zu verstehen, möglicherweise sogar auf die Kinderschar zutraf). Jedenfalls ist die Hoffnung, die „künstlichen Großeltern" seien eine soziale Errungenschaft, nicht zuletzt deswegen geplatzt, weil ein Grundprinzip der Großelternschaft (das man immer wieder zitiert und fast immer auch ernst meint) in diesen Fällen nicht in Frage kommt: daß die Kinder der Verwandtschaft angehörten. Die Folge war, daß sie den „Großeltern" schließlich auf die Nerven gingen und ihnen das dauernde Babysitten mißfiel.

Das Dreieck Großeltern, Eltern, Kinder hat immer schon zu einer Art von Generationenkonflikt geführt, ist allerdings in früheren Zeiten selten zur Kenntnis genommen worden. Im Gegenteil: die Anciennität ist dort, wo der Familienverband noch existiert und vor allem die Großfamilie noch ihren Platz hat, ein wichtiger Punkt in den Beziehungen. Die Würde, das Wissen, die Erfahrung des Alters wird dort geehrt: heute etwa in den ostasiatischen Staaten, vor allem Japan und China, aber auch und primär in den Eingeborenenstämmen Afrikas und Südamerikas.

Freilich hat sich dies vor allem in den nun hoch industrialisierten Staaten Asiens geändert. Aber ich erinnere mich an den Besuch eines vietnamesischen Diplomaten vor vielen Jahren in unserer elterlichen Wohnung. Meine Großmutter, die damals bei uns wohnte, wurde mit ihm bekannt gemacht, und der Vietnamese war gerührt, ja voll der Ehrfurcht: „C'est vénérable!" sagte er immer wieder. Es sei „verehrungswürdig". Großmama freute sich – ihre Enkel hatten sie halt doch manchmal nervös gemacht.

Auch sie hätte gelegentlich das ausgesprochen, was heute von vielen alten Leuten gesagt wird, denen es beschieden ist, doch noch im Familienverband leben zu können: „Ich will euch um Gottes willen nicht zur Last fallen!" Die Frage wird fast immer verneint, weil die Senioren dann im Falle der Bejahung einen weiteren Pensionsschock erlitten hätten.

Aber es gibt große Teile der Gesellschaft, die einen solchen Pensionsschock offenbar zu ertragen bereit sind, wenn sie ihn den Alten ersparen können. Die Zahl jener, die der Meinung sind, es sei die Aufgabe der Kinder, sich um ihre alten Eltern zu kümmern, ist weitaus höher als die der Jungen, die solches ablehnen. „Wenn ein Elternteil Hilfe bräuchte, würde ich meine Eltern fragen, ob sie bei mir leben möchten", lautete eine Frage, die vor Jahren in einer Erhebung gestellt wurde. 68 Prozent stimmten zu. Anders war das Bild, als gefragt wurde, ob die alten Eltern mit den Befragten zusammenleben sollten. 39 Prozent lehnten dies ab, 41 Prozent sagten ja.

In diesem Zusammenhang tritt die Rolle der Mutter besonders hervor. Alle Statistiken und Umfragen zeigen, daß in finanziellen und körperlichen Notfällen die Mutter immer wieder als erste Hilfe, als erster Ansprechpartner noch weit vor dem

Vater oder den Geschwistern und Freunden genannt wird. Es ist dies verständlich, und zwar aus vielen Gründen. Auch in der Pension steht die Mutter am nächsten. Und was ihre Rolle betrifft, so kann diese in allen Kriegen bis herauf zu jenen im 21. Jahrhundert bestätigt werden. Nach der Mutter zu rufen, ist das erste, was Verwundete über die Lippen bringen.

Kapitel 17
Gretchenfragen
an die Pensionisten

Werden alte Werte
von den Alten noch hochgehalten?

Ich habe es schon oft geschrieben: Der Pensionsschock hat vielerlei Arten und viele Facetten. Er muß nicht unbedingt, ja er ist nicht allzu häufig ein Schrecken. Er muß den „Silberhaarigen" keineswegs Angst einjagen. Er läßt die „Senior Citizens" ins Pensionsalter hinübergleiten – zumeist jedenfalls. Er schockt oft: zugegeben. Aber es ist ein Schock ganz eigener Art, einer, der eher zusammenzucken läßt, als daß er zum schweren psychologischen Problem wird. An den Pensionsschock kann man sich gewöhnen. Dann ist er auch gar kein Schock mehr, sondern nur eine Periode der Umstellung.

Diese Umstellung betrifft vor allem auch die Werte, die das Leben bisher erfüllt hatten, an denen sich dieses Leben bis zu einem gewissen Grad orientieren konnte. Sie sind andere geworden, seit man das Pensionsalter, nach wie vielen Lebensjahren auch immer, erreicht hat. Es gibt Experten (meist sind es selbsternannte), die festgestellt zu haben glauben, daß die alten Werte – auch als die Alten-Werte zu interpretieren – nicht mehr aktuell seien. Vielmehr habe die Generation der Pensionisten beiderlei Geschlechts, die gegenwärtige und wahrscheinlich auch die zukünftige, so etwas wie ein Hedonismus erfaßt.

Stimmt das wirklich? Versuchen wir, das Wort zu analysieren, um den Begriff verstehen zu können. „Hedoné" heißt im Griechischen „Lust". Hedonismus ist demnach das Prinzip, alles menschliche Handeln und Verhalten der Lust unterzuordnen, jedenfalls aber von der Lust bestimmen zu lassen. Da die deutsche Sprache mehr als alle anderen etymologische Wurzeln entdecken läßt, darf dies auch auf das Wort „lustig" zutreffen. Ich meine, daß dieses Eigenschaftswort selbstverständlich mit „Lust" zu tun hat. Lustig zu sein, ist das Gegenteil von griesgrämig. Im Alter „die lustigen Seiten des Lebens" zu genießen, muß zwar nicht unbedingt mit dem Begriff „Lust" zu tun haben, läßt aber doch annehmen, daß selbst in der Pension die Lust jedweder Art (und da darf man, muß aber nicht unbedingt an das Sexuelle denken) nicht von vornhinein ausgeschieden zu werden braucht. Lustvolle Pension ist gleich lustvolles Altern – und umgekehrt. Das haben wahrscheinlich jene gemeint, die davon sprachen, daß das hedonistische Zeitalter auch bis in die Pension *(und gerade in die Pension)* hineinreiche. Warum darf nicht auch die Generation der Senioren, die „silberhaarige", nicht eine gleichsam verlängerte Fun-Generation sein? Warum darf der Pensionschock sich nicht langsam auflösen und in die Spaßgesellschaft hinüberleiten?

Die Werte allerdings seien dann, behaupten viele, gleichfalls vom Hedonismus überlagert. Das stimmt nicht. In der letzten Generationenstudie der Hanns Seidl-Stiftung ist der Bedeutung von Werten (alten und neuen) sowohl für die jüngere, als auch für die alte Generation (gemeint ist jene von 60plus) großer Raum eingeräumt worden. Die Befragung hat sich zwar an Deutsche gewendet, es ist aber anzunehmen, daß sie in Österreich ganz ähnliche Resultate ergeben hätte.

Da ist einmal die Frage gestellt worden, wie wichtig es für die Befragten sei, ihr Leben „an festen Grundsätzen und Überzeugungen auszurichten". Mit graduellen Unterschieden ergab sich bei allen Bevölkerungsgruppen und somit auch bei der jungen wie auch der alten Generation „eine ausgesprochen hohe Relevanz für eine Orientierung an festen Grundsätzen und Überzeugungen". Fast 90 Prozent sehen dies als sehr wichtig oder wichtig an. Nur ein Prozent der Alten glauben, daß solche Grundsätze unwichtig seien, wohingegen 35 Prozent sie als sehr wichtig und 55 Prozent als wichtig bezeichnen. Generationenübergreifend findet die Wichtigkeit der Ausrichtung des eigenen Lebens an festen Grundsätzen und Überzeugungen hohe Akzeptanz – ein Ergebnis, das zumindest in dieser Hinsicht die Meinung nicht begründet, es ergäbe sich da ein grundlegender Unterschied des Wertegefühls der über 60jährigen, die man wohl als Pensionisten bezeichnen kann, und den Jüngeren.

Noch interessanter ist die Tatsache, daß (ebenfalls laut Generationenstudie 2002) die persönliche Wichtigkeit von einzelnen Lebensgrundsätzen und Erwartungen sich nicht wesentlich unterscheiden, wenn man die einzelnen Altersgruppen unter die Lupe nimmt. Jung und Alt ist es gleichermaßen am allerwichtigsten, Menschen zu haben, die zu einem stehen und denen man vertrauen kann. Danach folgen die Werte Sicherheit, Harmonie/Ästhetik sowie Verantwortung und Pflichterfüllung auf den Rängen zwei bis fünf. Das bedeutet, daß die Generationen gleichermaßen besonders daran interessiert sind, ihr Leben so einzurichten, daß man sich sicher fühlen kann und keine Angst zu haben braucht. Des weiteren möchte man sich eine Umgebung schaffen, die nicht nur zweckmäßig, sondern auch ansprechend, schön und harmonisch ist.

Die Frager wollten auch wissen, welchen Stellenwert „Spaß und Genuß, Selbstverwirklichung, Geltung/Anerkennung, Wissenserweiterung, Unabhängigkeit und Leistung" haben. Da stellt sich dann doch heraus, daß den Jungen der Daseinsgenuß und die Selbstverwirklichung beträchtlich wichtiger sind als der alten Generation. Also doch eine Diskrepanz, ein Unterschied zwischen den Prinzipien der jungen und der alten Fun-Generation? Die Befragung ergab, daß es für die Pensionistengeneration weniger darauf ankommt, ein unbeschwertes Leben mit viel Spaß und Freude zu führen, als soviel wie möglich von eigenen Gedanken, Ideen und Vorstellungen verwirklichen zu können.

Was heißt das? Ein Psychogramm der Pensionistengeneration wäre wieder einmal fällig. Wieso können die einen „Experten" behaupten, Hedonismus sei auch für die Menschen im Ruhestand angesagt, wenn die anderen, jene von der Hanns Seidl-Stiftung, bis zu einem gewissen Grad das Gegenteil sagen? Ein unbeschwertes Leben mit viel Spaß und Freude zu führen – was ist denn da der Unterschied zum „Alten-Hedonismus"? Mit anderen Worten: Zeigt sich hier wieder einmal die Tatsache, daß die Selbsteinschätzung nicht akkurat ist?

„Der fitte Alte, der mit nie erlöschender Vitalität teilhat an Konsum und Innovation, ist ein Produkt des großen Popbebens der Nachkriegszeit", heißt es in der „Zeit". Stimmt das? „Nicht nur Daseinsgenuß und Selbstverwirklichung sind für die Jungen wichtiger, sondern auch das Gefühl, vom anderen Menschen anerkannt, akzeptiert und geschätzt zu werden, sowie das Bedürfnis nach ständiger Erweiterung des Wissens (Erkenntnis, die Möglichkeit unabhängig vom anderen das eigene Leben planen, entscheiden und durchsetzen zu können), und die Bereitschaft, im Leben etwas zu leisten und Erfolg zu haben (Leistung).

Diese Wertorientierungen wie auch Toleranz gegenüber anderen, Kooperation und die Möglichkeit, Wohlstand und Besitz zu steigern (Erwerb/Ökonomik) sind von vergleichsweise größerer Wichtigkeit für die jüngere Generation. Im Gegensatz dazu ist die Kontemplation, das heißt das Nachdenken über sich selbst, um Sinn und Zufriedenheit für das eigene Leben erreichen zu können, für Jung und Alt gleichermaßen wichtig, während sich beim Altruismus, die Bereitschaft sich um das Wohl anderer Menschen zu kümmern und sich dafür einzusetzen, ein gewisser Vorsprung der Wichtigkeit bei den Alten vor den Jungen ergibt."

Interessant! Wer gedacht hat, die Pension, der Ruhestand bedeuteten auch mehr Ruhe für das Nachdenken, scheint sich geirrt zu haben. Dieser „Kontemplation" obliegen, jedenfalls nach dieser Umfrage, die Jungen genauso, obgleich man doch annehmen sollte, sie hätten keine Zeit und vielleicht auch keine Lust dazu, weil das Nachdenken über den Sinn des Lebens, wie man gemeinhin (und offenbar fälschlich) annahm, eher den reiferen Jahrgängen zukommt.

Aber natürlich gibt es noch immer etliche von den althergebrachten Werten (möglicherweise heute bereits als Anachronismen angesehen), die vom Hedonismus der Alten nicht überrollt worden sind. Wenden wir uns der sogenannten „Reife-Kultur" zu, einem Begriff, der gleichfalls analysiert werden sollte. Vor allem: Was versteht man in diesem Fall unter Kultur? Die Lebensumstände? Die Geisteshaltung? Das Ambiente, die Wünsche, das Begehren? „Reife-Kultur" ist ein schillerndes Wort. Angeblich verschwinden bei den Alten die alten Werte. Angeblich sind solche Wörter wie Sparen und Ermahnen bei der „silberhaarigen" Fun-Generation nicht mehr aktuell. Wirklich?

Immer wieder werden, scheint es, alle Teile der 60plus-Generation über einen Leisten geschlagen. Es gibt, könnte man sagen, so viele Gruppen, wie es Menschen gibt. Die Typologie des Golden Age ist ebenso kompliziert wie umfangreich. Die Debatten um die Anonymität von Sparbüchern zeigten eindrucksvoll, wie wichtig auch heute noch von einem Teil der Menschen, die sich im Ruhestand befinden, das Sparen genommen wird; die Großmutter, die ihr „Sparbüchl" den Enkeln schenkt, ist da immer wieder als Beispiel genommen worden. Sollte das Sparen wirklich nicht mehr „alterstypisch" sein? Die Banken sagen da etwas ganz anderes.

Und was heißt denn eigentlich „Wert"? Der Begriff, scheint es, ist für viele einer aus der Mottenkiste. „Wertfrei" zu fühlen, zu sprechen, etwas zu meinen, ist längst in die Alltagssprache eingedrungen. Werte, so könnte man glauben, sind von vorgestern. Aber immerhin: Elternhaus und Schule gelten noch immer als sogenannte „wertsetzende Institutionen", bei den Alten und interessanterweise auch bei den Jungen zwischen 16 und 34 Jahren. An dritter Stelle stehen die Universitäten. Selbst Parteien und Politiker werden unter den „wertsetzenden Institutionen" genannt, da besteht zwischen den Generationen weitgehend Konsens.

Weit unten rangieren freilich – und das sollte in einer zunehmend säkularisierten Gesellschaft nicht erstaunlich sein – die Kirchen, denen man offenbar Erneuerung und Modernisierung nicht abnimmt. Auf die Feststellung „es ist sehr schade, daß die alten Glaubensweisheiten heute von den meisten Menschen nicht mehr beachtet werden" antworteten immerhin 39 Prozent der jungen Generation mit ja, die Mittelgeneration bejahte es mit 56 Prozent und die alte gar mit 72 Prozent. „Auch eine Aussage wie ‚Religion ja, Kirche nein' findet bei fast der Hälfte aller Befragten Zustimmung, wobei in diesem Fall allerdings die Zustimmung bei der jungen Generation mit 51 Prozent deutlich größer ist als bei den Alten (38 Prozent). Die beiden vergleichsweise hohen Zustimmungsquoten für die beiden eben beschriebenen Aussagen korrespondieren mit wesentlich geringeren Quoten der Zustimmung, wenn es um die Frage geht, ob und inwieweit man mit Kirchen und Religion nichts im Sinn hat und ob Religion als der tragende Grund des Lebens gesehen wird. Hier ist deutlich erkennbar, daß die Religion in Verbindung mit Kirche vor allem bei den Jüngeren auf Ablehnung stößt, während immerhin noch knapp die Hälfte der Alten der Ansicht zustimmt, daß Religion für sie der tragende Grund ihres Lebens ist."

Alles in allem, sagt die Generationenstudie 2002, werde deutlich erkennbar, daß die Einstellung zu Religion, Religiosität und den Glaubenswahrheiten in einem wesentlichen Maß „von den negativeren Grundeinstellungen gegenüber den Kirchen geprägt wird. Diese genießen offenbar vergleichsweise wenig Akzeptanz. Während jüngere Menschen Glaubenswahrheiten und Religion als tragende Grundorientierung für das eigene Leben vergleichsweise häufiger ablehnen ‚und vor allem dann mit ablehnenden Reaktionen aufwarten, wenn das Thema Religion in Zusammenhang mit den Amtskirchen gebracht wird'", reagieren laut Generationenstudie die alten Befragten umgekehrt. Für sie seien alte Glaubenswahrheiten und religiöse Grundorientierungen für die eigene Lebensgestaltung vergleichsweise wichtiger. Sie seien deshalb auch eher bereit, diese Glaubenswahrheiten und die Religiosität in Verbindung mit den Kirchen zu akzeptieren und zu praktizieren.

Faust wird von Gretchen gefragt: „Wie hältst du's mit der Religion?" Als sogenannte Gretchenfrage ist nicht nur sie in den allgemeinen Sprachgebrauch gekommen, sondern jede Erkundigung nach entscheidenden Meinungen oder Bewußtseinskomplexen wird als Gretchenfrage bezeichnet. Daß der Ursprung der Floskel aber eben die Frage nach der Religion ist, zeigt die Wichtigkeit einer solchen Erkundigung. Sie ist gleichzeitig die Frage nach dem doch entscheidenden Wert im Leben des Menschen, vor allem des alten. Vieles von dem, was das Alter geistig beschwerlich macht, vor allem auch die Einsamkeit (diese Nuance des Pensionsschocks und ihre Überwindung sind ein eigenes Kapitel wert) ist selbst in einer Zeit der erwähnten Säkularisierung mit Religiosität zu überwinden.

Aber ganz allgemein nimmt das Wertebewußtsein eher ab – mit einer Ausnahme –, und gerade die ist eine der Ursachen des Pensionsschocks: Der Wert des Geldes – bildlich und nicht buchstäblich gemeint – ist ungebrochen, ja nimmt immer mehr zu. Da können die anderen Werte, die noch mehr oder minder von der alten Generation akzeptiert werden, kaum mithalten. Der Wert der Wahrheit etwa oder eben auch der Pflichterfüllung, des Patriotismus oder der Leistung. Wir leben in einer Gesellschaft, die den althergebrachten Werten immer weniger Bedeutung zumißt. Die Frage, wie dies sein wird, wenn die Jungen alt sind, könnte sich dann von selbst beantworten. Die Gretchenfrage „Wie hältst du es mit den Werten?" wird dann wahrscheinlich kurz und bündig beantwortet werden: „Ich halte nichts davon."

Kapitel 18
Alte Kameraden, neue Freunde

Einsamkeit – die große Gefahr der Pension

Im Polizeibericht ist es mindestens einmal jährlich zu lesen: Ein alter Mensch wird in seiner Wohnung tot aufgefunden. Er ist niemandem abgegangen, deshalb hat man ihn auch nicht vermißt. Vielleicht haben sich Zeitungen vor seiner Tür gehäuft, vielleicht auch ist der Briefkasten übergequollen. Vielleicht sind die Geruchsnerven der Nachbarn schließlich und endlich allzusehr strapaziert worden.

Die Polizei wird verständigt, bricht die Türe auf. Da endlich weiß es jeder: der alte Mann, die alte Frau hat ihr Leben beendet. Bisweilen sogar freiwillig. Aber noch einmal: niemand hat sie vermißt. Nicht die Nachbarn, nicht allfällige Verwandte. Sie ist einsam gewesen, einsam und allein. Interviews im Haus bringen nichts Interessantes zutage. Höchstens, daß der Geldbriefträger sich gewundert hatte, weil die Pension nicht ausbezahlt werden konnte. Höchstens, daß die Bank erstaunt war, weil der alte Mensch sich so lange nicht gezeigt hatte.

Einsamkeit in der Großstadt. Einsamer Tod eines Pensionisten, einer Pensionistin. Einsamkeit vor allem deshalb, weil es jenes soziale Netz nicht mehr gibt, das nichts mit Geld zu tun hat, sondern nur mit Zuwendung oder vielleicht auch Zuneigung. Was auf dem Land noch selbstverständlich ist, scheint in der Stadt ausgestorben. Es gibt keine Nachbarschaft im wahren, echten Sinn mehr. Die neuen Ghettos legen Wert auf Komfort, aber nicht auf zwischenmenschliche Beziehungen. Aber wenn in einer Wohnanlage tausend Menschen leben, kann man solche Beziehungen ja nicht verlangen. Die Fluktuation ist groß, man kennt die Nachbarn nicht, will sie vielleicht auch nicht kennen. Mei Ruah will i habn!

Es ist einer der drückendsten Faktoren des Pensionsschocks, sich vor der Einsamkeit zu fürchten. Das Singledasein unterliegt keiner Altersbeschränkung. Wie anders denn soll man die alten Männer und Frauen nennen, die nun allein leben, weil sie allein leben müssen, vielleicht deswegen, weil sie keine Angehörigen mehr haben oder diese sich nicht um die Alleinstehenden kümmern.

Es gibt Ausnahmefälle, und sie werden immer zahlreicher: Silberhaarige, die selbst im hohen und höchsten Alter das Alleinsein schätzen, solange sie es gesundheitlich ertragen können. Alleinstehende Neunzigjährige sind gar keine Seltenheit mehr. Die Mehrzahl der alten Menschen ohne Angehörige freilich ist einsam. Noch einmal: Die Furcht vor der Einsamkeit ist ein Teil des Pensionsschocks.

Im Betrieb, in der Firma, im aktiven Arbeitsleben also ist dies anders gewesen. Tagtäglich hat man das gehabt, was wir Ansprache nennen. Von einem Tag auf den anderen ist diese Ansprache verstummt. Wer alleinstehend war, ist dies nun noch intensiver. Daß der Mensch ein soziales Wesen ist, weiß er insgeheim und fühlt es. Aber was nützt es?

Meine Mutter hat selbst als Grauhaarige, ja Weißhaarige, eine kleine Drogerie geführt. Im Laden stand vor dem Verkaufspult ein Sessel. Ich erinnere mich noch genau an ihn: an seine breite Sitzfläche, an die gebogenen Chromteile, die ein leises Wippen ermöglichten. Eine Art Schaukelstuhl ist es gewesen – man konnte sich auf ihm niederlassen und ihn kurz und leise bewegen.

Fast immer, wenn ich meine Mutter besuchte, saß auf dem Stuhl eine alte Frau. Es war nicht immer dieselbe, aber das Alter war ungefähr das gleiche. In der Umgebung wohnten zahlreiche Witwen. Liebenswürdige Damen, doch stets allein, weil ihr Mann gestorben war. Sie suchten „Ansprache" und fanden sie in der Drogerie meiner Mutter. Das Geschäft ist eine Art Sozialzentrum der Umgebung geworden.

Da wurde lange geplaudert, stundenlang, wie mir schien. Da wurde von den Enkeln erzählt, von den stets mit Interesse aufgenommenen Kulturereignissen, gelegentlich auch von Politik. Da wurde die Höhe der Pension besprochen und ganz selten auch die Frage, wieviel man den Nachkommen vererben solle. Noch einmal: Der Laden war in der Tat ein Mittelding zwischen Aussprachezimmer, Beichtstuhl und psychologischer Hilfsstelle.

Man denkt nicht an die Einsamkeit des Alters, wenn man jung ist. Man plant nicht die Schritte, Maßnahmen und Erwägungen, die notwendig wären, um die besagte Einsamkeit zu vermeiden. Im Gegenteil: Man verläßt sich auf Verwandtschaften und Freundschaften und rechnet nicht damit, daß sie dann, wenn man sie braucht, oft nicht mehr vorhanden sind. „Gott schütze mich vor meinen Freunden, vor meinen Feinden kann ich mich selbst schützen", wird immer wieder gesagt.

Daß Planung, so sonderbar dies auch klingen mag, die Einsamkeit vermeiden läßt, ist indes fast eine Binsenweisheit. Ein Beispiel erlebte ich vor einiger Zeit in einem kleinen Ort in Colorado. Vor dem Motel, in dem wir übernachteten, hielt ein Bus, dem eine Unzahl von alten Damen entquoll: Grauhaarig, weißhaarig, blauhaarig, alle im Abendkleid, alle munter plaudernd, lachend, den Ereignissen des Abends sichtlich freudig entgegensehend. „Happy grandmothers" stand auf dem Bus und auch im Saal des Motels, der für die alten Damen festlich geschmückt war.

„Come on, girls!" rief eine der Grandmothers. Langsam bewegten sie sich in das Innere des Hauses, wo sie von den Klängen einer Band erwartet wurden. Sie aßen und tranken und tanzten miteinander, und der Besucher aus Europa kam aus dem Staunen nicht heraus.

Sie haben sich alle gekannt, diese Girls mit grauem Haar, diese alten Damen, die gewußt haben, was für sie die wirksamste Methode des „Anti-Aging" war. Sie hatten sich vorgenommen, dieses Aging (und die Pension, meist die ihrer verstorbenen Ehemänner) und mit ihm die Einsamkeit zu vermeiden.

Für sie hatte es sichtlich keinen Pensionsschock gegeben. Sie waren eben „happy grandmothers", ohne daß man wußte, ob sie wirklich Enkel hatten; vielmehr sollte ihre Bezeichnung offenbar auf ihr Alter hinweisen.

Kann man Einsamkeit durch Planung vermeiden? Planung ist in diesem Fall natürlich ein nicht ganz zutreffendes Wort für einen Begriff, der in der zweiten Lebenshälfte wesentliche psychologische Unterstützung bietet. Einsamkeit – das ist, noch einmal sei es gesagt, gleichsam elementares Alleinsein. Man kann einsam sein und doch in einer Familie leben. Man kann sich alleingelassen fühlen und dadurch einsam werden. Einsamkeit ist vor allem auch ein Zustand der Seele.

Ihn zu vermeiden, ist im Normalfall leichter, als man glaubt. Die Verteidigung des Biertisches ist fällig. Oder des Sparvereins? Bleiben wir beim Biertisch. Man hat ihn immer wieder diffamiert. Man nennt „Biertischpolitik" abfällig das, was von Unwissenden gleichsam nichtsahnend und doch rüpelhaft über politische Ereignisse kommentiert wird. Aber was kann der Biertisch dafür, daß gelegentlich in seiner Runde Unsinn gesprochen wird? Um ihn versammeln sich nur allzuoft auch Freunde, die wissen, daß Freundschaft gepflegt werden muß – und sei es bei einem Krügel.

So verstanden, ist der Biertisch auch ein Synonym für das Hochhalten von Kameradschaft (die nicht mit Kameraderie verwechselt werden darf). Und wenn am Biertisch Kriegserlebnisse ausgetauscht werden? Na, wenn schon! Kriege gehören zu jenen Ereignissen, die, weil in jungen Jahren erlebt, Freundschaften gründen, die bis ins Alter andauern. Veteranen gibt es in jedem Land und in verschiedenster Ausprägung. Die Amerikaner haben sogar einen eigenen Festtag, den „Veterans day". Die Teilnehmer tragen ein „Schiffchen", obgleich sie bereits achtzig und mehr Jahre auf dem Buckel haben. Die französischen Veteranen treffen einander immer wieder bei einem Marsch über die Champs Elysee. Und die russischen: Man sieht sie gelegentlich auf den TV-Schirmen, ordenüberladen und oft mit roten Fahnen und Stalinbildern. Es sind jene alten

Menschen, die das Zerbrechen der Sowjetunion noch immer nicht verkraftet haben. Sie zehren von Minipensionen und sind, so betrachtet, fast ein Gegenstück zu den alten Herren in der Hauptallee, die Josef Weinheber so rührend beschrieb.

In der Tat: Einsamkeit läßt sich durch Lebensplanung vermeiden; Freundschaft ist ein Teil davon. Schulfreundschaft ein besonders intensiver. Die Flucht aus der Einsamkeit ist auch Motiv zur Teilnahme an Gesellschaftsreisen, die unter dem Motto „60plus" durchgeführt werden, ohne als solche ausgeschildert zu sein. Pensionisten als Reisende: Sind sie nicht „Cash Cows" für alle Agenturen?

Noch einmal: Planung gegen die Einsamkeit? Planung gegen das Alleinsein? Sie ist möglich. Bedingung scheint freilich eine Absage an die Introvertiertheit zu sein. Wer in der Pension gleichsam in sich selbst hineinkriecht, wer die Zäsur als einen Schnitt betrachtet und nicht als einen Abschnitt, wird sich mit der Planung schwer tun. Er fällt in jenes schwarze Loch, von dem immer wieder die Rede ist.

Kapitel 19
Der Herr Sektionschef auf der Harley

Die Würde der Pension hat vielerlei Gestalt

Man kann es nicht oft genug sagen, nicht oft genug schreiben: in Pension zu gehen (wann auch immer), das bedeutet heutzutage: alt sein. Ausnahmen bestätigen, wie wir wissen, die Regel – Mitglieder des Staatsopernballets sind etwa dann pensionsreif, wenn andere noch tief im Berufsleben stehen und sich nicht einmal gedanklich mit der Frühpension beschäftigen. Im allgemeinen heißt eben Pension gleich Alter und Alter gleich Pension. Aber da ist dann doch immer wieder die Behauptung, die von den „Pensionspsychologen" und den Soziologen stets ins Treffen geführt wird: „Man ist so alt, wie man sich fühlt." Man kann es auch schärfer ausdrücken: alt ist, wen oder was man dafür hält. Das zieht sich durch jede nicht absolut expertengerechte Beschreibung der Pension und der Pensionisten.

Und weil wir noch immer in einer Zeit leben, in der die Aktiven, soll heißen: die Jüngeren, weit höher geschätzt werden als jene, die sich im Ruhestand befinden: Weil wir uns also in einer solchen Zeit befinden, ist es nicht zu verwundern, wenn von denen, die vom vermeintlichen oder tatsächlichen Pensionsschock betroffen sind, entgegengehalten wird: „Ich bin doch nicht alt!"

Sie wehren sich zu Recht gegen jene Stigmatisierung, die den Älteren, sprich: jenen, die sich bereits in Pension befinden, entgegengebracht wird. Sie wehren sich gegen das Stigma des Alters oder des Alterns. Sie wehren sich auch dagegen, daß sie – siehe oben – für alt gehalten werden. Sie wollen es nicht sein, und demgemäß sind sie es auch nicht.

Sie haben freilich dagegen zu kämpfen, daß sie in die Spaßgesellschaft Eingang finden müssen, obwohl ihnen möglicherweise gar nicht danach ist. Sie wollen (oder müssen sogar) Mitglieder der „Fun Generation" sein, weil sie sich sonst gegen die generelle und pauschale Inkompetenzvermutung nicht wehren können, die (siehe Wegwerfgesellschaft) von den noch nicht Pensionsreifen, also den Jüngeren, behauptet wird: Wer in Pension geht, hat nicht nur gesetzliche Gründe, sondern auch die des einfachen Altseins, denn, wie gesagt, Pension ist gleich alt und alt ist gleich Pension.

Es ist kein Wunder, daß sie sich daher gegen die Stigmatisierung wehren, die Pensionisten. Es ist kein Wunder, daß viele von ihnen sich auf Teufel komm raus mit der Spaßgesellschaft anfreunden, ja mit ihr sogar identifizieren wollen – den immer wieder auch von mir zitierten Kierkegaard-Satz mißachtend, der da sagt, es werde bald Witwer, wer sich mit dem Zeitgeist verlobe.

Ich möchte da, weil er es so treffend formulierte, noch einmal den Soziologen Prisching zu Wort kommen lassen: „Die Stigmatisierung des Alters korrespondiert mit einem ‚Jung-dynamisch-lustig-Syndrom', das zum gesellschaftlichen Idealbild geworden ist. Alte werden deshalb höflich aufgefordert, so zu tun, als ob sie noch jung wären." Die Maxime, man sei so alt, wie man sich fühle, führe zu einem „Juhu-Rollenverhalten". Sie wüßten, diese Alten – und man geht nicht fehl, wenn an dieser Stelle immer „Pensionisten" eingesetzt wird –, daß es nur Heuchelei sei.

Diesem gewiß direkten, ja brutalen Urteil (oder der Verurteilung?) zuzustimmen, fällt nicht schwer. Gemeint sind nicht die Pensionisten beiderlei Geschlechts, die sich nicht alt fühlen und, so wie etwa die alten Damen, die in dem kleinen Ort in Colorado zum Ball der „happy grandmothers" fuhren, eine „good time" haben wollen, sich unterhalten wollen, ohne sich partout jugendlich zu geben. Die Damen hatten sich ihres Silberhaars nicht geschämt. Sie waren alt und lustig. Aber sie wollten sich nicht als Junge gerieren.

Gemeint sind aber sehr wohl jene vermeintlich „ewig Jungen", von denen – abermals Prisching –, „die rheumatischen Beschwerden ignoriert, verheimlicht und geringgeschätzt" werden. Man müsse, sagen diese Älteren, und noch einmal: man darf durchaus einen Teil der Pensionisten dazu rechnen, „gefälligst jugendlich und gut drauf sein" und nicht zulassen, daß der Körper Spuren des Alterungsprozesses aufweise. „Der auf breiter Front aufmarschierende Infantilisierungsdruck mündet oft in einen Kitsch der Jugendlichkeit."

Besser kann man es kaum formulieren. Juhu-Rollenverhalten. Infantilisierungsdruck. Gibt es Pensionisten, die ihren Pensionsschock auf diese Weise überwinden wollen? Es gibt sie. Man muß freilich in Rechnung stellen, daß die sogenannte Stigmatisierung des Alters auch vom Alter der Jungen abhängt. Als in meiner Gymnasialzeit die Parties und Clubbing-Events noch „Kränzchen" hießen und Buben- und Mädchenklassen einander keusch zum bei Elmayer gelernten Tanze trafen, ist mir gelegentlich ein Herr aufgefallen, der, offenbar ohne geladen zu sein, die 15- oder 16jährigen Mädels mit Stielaugen betrachtete. Wir raunten einander zu, was dieser Alte, dessen Gesicht bereits völlig un-jugendliche Furchen zeigte, denn hier verloren habe. Er war, wie ich heute glaube, kaum dreißig Jahre alt.

„Sozialinfantilistischer Lebensstil" nennt Prisching – ich muß ihn immer wieder zitieren – den Versuch, der Fun Generation zu entsprechen und sich gleichsam zum Narren zu machen, wie es in Shakespeares „Wie es euch gefällt" der Haushofmeister Malvolio tat, der in gelben Strümpfen herumstolzierte, weil er seiner Herrin Olivia gefallen wollte. „Kitsch der Jugendlichkeit" würde man vielleicht heute zu dieser Maskerade sagen, die allenthalben vorkommt, weil Alte eben nicht altern wollen.

Man spricht immer wieder von der „grey revolution", meint zumeist jene, die sich im Ruhestand befinden und muß doch die ausnehmen, die sich nicht als Grau- oder gar Weißhaarige betrachten. Es sind jene, die – vielleicht deshalb, weil sie es nicht ertragen, daß auf ihren Krankenscheinen „Pensionist" steht – nicht wissen, daß es eine Würde des Alters und des Alterns gibt.

Es sind jene, die zwar das Pensionsalter herbeigesehnt haben, aber doch, als es soweit war, immer sich selbst und andere fragen, ob sie wirklich nicht mehr fähig seien, mit den Jüngeren mitzuhalten. Würde des Alters: Warum legen manche keinen Wert darauf? Ich kenne Menschen, die im öffentlichen Leben stehen und dies, wiewohl bereits längst in die Jahre gekommen und pensionsreif, noch lange tun wollen, deshalb sorgen sie dafür, daß nicht einmal ihre Schläfen grau werden. Manche Politiker nahe der Altersgrenze sind bei jedem Fernsehauftritt „anders getönt" – ihre Haare werden nie grau. Man merkt die Absicht und ist verstimmt, weil man sich düpiert vorkommt: Warum will der Betreffende (es sind zumeist Männer) partout vermeiden, als weise zu gelten in der Wissensgesellschaft, in der wir ja doch noch immer leben? Warum ist es bedeutsam, nicht zu zeigen, daß man schon in das weise Alter eingetreten ist? Dürfen nicht auch Politiker der 60plus-Generation angehören?

Hier möchte ich noch einmal Bruno Kreisky als Beispiel nehmen. Einerseits hat er immer wieder gesagt, zu jener Zeit, da man in Österreich in der Politik ans Aufhören denke, sei Konrad Adenauer gerade erst Politiker geworden. Dennoch hat er sich immer wieder die Haare färben lassen, nicht ohne freilich darauf zu achten, daß der Übergang von den Schläfen zum Haupthaar von weiß ins Grau hinüberspielte, bis die schließlich erreichte Haarfarbe dann vollends rötlich blond getönt war. „Kreisky-rot" haben wir diese Farbe immer genannt, oder auch: „karottenfarben".

Allein, der damalige Langzeit-Bundeskanzler hat es jedenfalls nicht notwendig gehabt, jugendlich auszusehen. Von Viktor Klima, einem seiner Nachfolger, war das nicht zu behaupten. Er hat es zwar nicht zugegeben, konnte aber nie beweisen, daß sein rabenschwarzes Haar von Natur aus diese Farbe besaß.

Manfred Prisching, der sich mit diesem „Juhu-Rollenverhalten", wie ich schrieb, ausführlich befaßte (wenngleich er es nicht auf pensionsreife Politiker bezog), ist freilich auch mit dem weiblichen Geschlecht hart ins Gericht gegangen: Auch „die blondgefärbte Aufgedonnertheit amerikanischer Touristinnen, die schlichte Leugnung von Jahren, stellt eine Attacke auf die Würde des Alters dar. Es ist eine optische Rücknahme von Lebenserfahrung, die sich nun auch einmal in den Runen des Gesichts eingegraben hat. Es wird eine Atmosphäre geschaffen, in der das Interesse der Älteren, zu beweisen, daß sie noch nicht senil sind, in Form rosafarbener Schleifchen im Haar umgesetzt wird oder in Form massenhafter Bastelaufträge, die auf den Tischen von Schönheitschirurgen vollzogen werden."

Es gibt indes – und natürlich nicht nur in Amerika – auch zahlreiche andere Attacken auf die Würde der Pension, die Würde der Pensionisten, die Würde des Alters. Siebzigjährige, die in knallroten Jeans spazieren, machen sich lächerlich. Sich in der Mode den Jungen anzugleichen, ist für Betagte ein Unfug. Sie tun es gerne, aber nicht mit dem Erfolg, den sie sich erwarten. Sie sind allzuoft ein Gegenstand des Spotts – gerade von jener Altersgruppe, der sie gleichen wollen. Es fällt mir da ein Ausspruch von Jean Cocteau ein: „Seid lieb zur Mode – sie lebt nicht lange."

„Jeder dritte Mann über fünfzig trägt gelegentlich eine Schirmmütze, auch Basecap genannt. Ein Symbol der Jugendlichkeit!" So stand es in einer Fachzeitschrift zu lesen. Der „silvering trend" stört da nicht, im Gegenteil. „Der Siegeszug der Reifekultur geht in die nächste Runde", titelt diese Zeitschrift. In der Altersgruppe zwischen sechzig und neunundsiebzig Jahren erklärten 1992 kaum mehr als 5 Prozent der Befragten, sich modisch zu kleiden sei ihnen sehr wichtig. Zehn Jahre später war der Prozentsatz auf 15 gestiegen, und 40 Prozent gaben an, die modische Kleidung sei ihnen wichtig. Es gäbe immer weniger Attribute des Altseins, heißt es.

Nur: Welche modischen Attribute gehören zur Pension? Offener Hemdkragen bei den Herren? Entsprechende Rocklänge bei den Damen? Oder gehört auch zu den jetzt gewandelten Altersattributen, einen großen Whiskey statt einem großen Braunen zu trinken?

Auch die Motorisierung kann als Beispiel genannt werden. Allein: Daß der Herr Sektionschef auf der teuersten Harley Davidson oder auf der „Golden Wing" von Honda durch die Gegend segelt, erregt zwar Neidgefühle, aber keinen Spott. Selbst dann nicht, wenn er sich in eine Lederkluft kleidet.

Trotzdem muß man auch die andere Seite betrachten. Sie besteht in eben jener Stigmatisierung, in jener erzwungenen Infantilisierung, die die Alten nur, weil sie auf diese Weise in Drehbücher oder Theaterstücke passen, als fast schon verblödet hinstellt. Der Großvater weiß nicht mehr, wo Gott wohnt, plappert nur mehr, zeigt unausgesetzt seine Demenz: „Is er net gscheit, der Burli?" sagt er immer wieder in der ansonsten gelegentlich sehr spaßigen sonntäglichen Radio-Kabarettsendung „Guglhupf".

Der Großvater – warum nicht die Großmutter, da es ja doch nicht allzu schwer wäre, eine Darstellerin zu finden? – spielt den Dummen. Er hat sich der pauschalen Inkompetenzvermutung zu stellen, die den direkten Gegensatz zur „grey revolution" bildet. Aber Spaß muß sein in der Spaßgesellschaft – auch wenn manche ihrer Mitwirkenden das Pensionsalter längst überschritten haben. Sie sind dann selbst Gegenstand jenes „Fun", von dem sie fälschlich meinen, daß sie aktiv daran mitwirken können. Sie glauben, den Pensionsschock dadurch ertragen zu können, daß sie ihn verleugnen. Daß er sie dann umso eher und umso intensiver trifft, verdrängen sie.

Mangelnde geistige Mobilität, sofern vorhanden, hindert sie aber auch daran, sich in der modernen Technologie zurechtzufinden, deren Gebrauch keineswegs nur ein Vorrecht der Jungen ist.

Dieser geistige „Defekt" mag auch Ursache dafür sein, daß die Frage der Pensionsreife keineswegs nur eine der Altersgrenze ist. Immer wieder kommt da eines der schon bis zum Überdruß genannten Wahrworte ins Spiel, das sich durch alle Betrachtungen über das Problem Altern ziehen sollte: „Man ist so alt, wie man sich fühlt." Oder auch, wie gesagt: „Alter ist das, was man dafür hält."

Mangelnde geistige Mobilität führt beispielsweise zur Angst, mit der allgemeinen Innovation nicht mithalten zu können. Den alten Harley-Davidson-Fahrern auf der einen Seite stehen jene Pensionisten gegenüber, die meinen, zu Hause bleiben zu müssen, ganz einfach daheim, in ihren eigenen vier Wänden, die man kennt, in die man sich vielleicht während der aktiven Berufszeit nicht oft genug zurückgezogen hat.

Der Soziologe Manfred Prisching – ich habe schon viel aus einem Beitrag zitiert, den er für den im Wiener Universitätsverlag erschienenen Sammelband „Hoffnung Alter" geschrieben hat –, Manfred Prisching also drückt dies, ohne auf die technischen Beschwerden und infrastrukturellen Probleme des Pensionistendaseins einzugehen, treffend aus: „In der postindustriellen Wissensgesellschaft wird vermutet, daß der hohe Altenanteil in der Übergangsphase die Dynamik dieser Gesellschaft (in wirtschaftlicher, politischer und kultureller Hinsicht) bremsen könnte – weil ältere Menschen mit der hohen Wandlungsgeschwindigkeit weniger leicht mithalten können, weil sie risikoscheuer sind als Jüngere, weil sie die Qualifikationsstrukturen durch altersbedingte Verzögerung des Wandels langsamer verändern. Aber das sind Spekulationen: Es läßt sich mit guten Gründen bestreiten, daß sich ein Modell konstruieren läßt, demzufolge Altersstruktur und Wandlungsgeschwindigkeit einer Gesellschaft einfach zu korrelieren wären oder gar eine optimal-wachstumsfreundliche Altersstruktur einer Gesellschaft zu konzipieren wäre.

Selbst wenn ältere Menschen mit dem Veränderungsdruck weniger gut mithalten können (was zu beweisen bliebe), wäre es wert zu überlegen, ob unsere Gesellschaft wirklich unter mangelnder Veränderungsgeschwindigkeit leidet, daß auch noch die letzten Reserven potentieller Innovationsfreudigkeit mobilisiert werden müssen, um ein auf Dauer gestelltes gesamtgesellschaftliches Change Management auf höchster Rate zu bewerkstelligen. Selbst wenn die realisierte Altersstruktur – mit einem Übergewicht an Älteren – nicht wachstumsmaximierend wäre, bliebe die Frage zu stellen: Ist diese technisch-wirtschaftliche Veränderung um ihrer selbst willen das einzige, was wir gesellschaftlich noch wollen? Die Wachstumsmaximierung als alleinig verbliebenes Maß für Gesellschaftsgestaltung?"

Inwieweit der Pensionsschock die von ihm Betroffenen (auf die eine oder andere Weise unterliegt ihm, wie wir gesehen haben, fast jeder, der die aktive Berufstätigkeit verläßt) dazu treibt, an dieser Gesellschaftsgestaltung mitzuwirken, ist ein in erster Linie soziologisches Problem. Die Gesellschaft gestaltet vorerst die (im übertragenen Sinn gemeinte) Pension. Man kann es auch marxistisch ausdrücken: Das Sein bestimmt das Bewußtsein. Der Pensionist, die Pensionistin sind nun andere Mitglieder der Gesellschaft geworden und fühlen sich auch als solche.

Wüßten sie, was „chatten" heißt, würden sie sich besser fühlen. Viele von ihnen sprechen gerne (nicht zuletzt mit Gleichgesinnten und Gleichaltrigen), sind redselig bis zur Schwatzhaftigkeit. Aber die Internet-Problematik ist vielen von ihnen fremd (siehe auch „Zwei-Klassen-Gesellschaft").

Freilich ist die Liste jener Fakten, mit denen die älteren Menschen Probleme haben, verhältnismäßig lang. Da steht weit oben – neben dem „Verstehen von Bedienungsanleitungen" und der Bedienung von Handys – die Schriftgröße auf der Verpackung und auf Beipackzetteln. Auch das Finden des Ablaufdatums von Lebensmitteln, das Lesen von Kassabons, die Bedienung von Bankomaten, die Orientierung in großen Einkaufszentren werden angegeben. Nicht auf der Liste steht das Drücken der richtigen Liftknöpfe; wahrscheinlich deswegen, weil auch Junge sich damit nicht immer auskennen.

Warum sitzen Pensionisten so gerne in den Wartezimmern von Ärzten? Warum stört es sie nicht, unter Umständen stundenlang auszuharren? Deswegen, weil sie, so sie vorher einsam waren, mit Gleichgesinnten und Gleichbetroffenen plaudern können, die Geschichten ihrer Wehwehchen austauschen, Ratschläge geben und solche empfangen. Auch die Wartesäle der

Ambulatorien – egal nun, ob es Gebühren zu entrichten gibt oder nicht – spielen als soziale Treffpunkte eine ganz wichtige Rolle. Es wird geplaudert, nicht gechattet.

Was nicht heißt, daß das „chatten" nur ein Vorrecht der Jungen ist. Jüngst sagte mir ein in Ehren ergrauter und natürlich längst pensionierter Ex-Mandatar, der sich am Computer auskennt wie ein Junger, er habe von seiner Enkelin eine Botschaft erhalten: „Hi, Opa! Laß uns chatten!" Und sie taten es dann auch.

Andererseits habe ich vom Sessel im kleinen Geschäft meiner Mutter erzählt, der abwechselnd von Hofrats- und Direktorenwitwen besetzt war, als Instrument der Sozialtherapie. Die Wartezimmer, wo immer sie sich befinden und auf wen oder was in ihnen gewartet werden muß, sind Zentren solcher Sozialtherapie. Es stellt sich da dann immer heraus, daß gerade jene Menschen, die sonst meinen, die Zeit laufe ihnen davon, ungemein viel Zeit haben, wenn sie plaudern können. „Ich habe Zeit, ich bin ja in Pension", sagen sie.

Und sie wissen nicht, wie oft ihnen die Würde dieser ihrer Pension – nicht deren Höhe, nein, sondern gleichsam die Ehre, alt geworden zu sein – abgesprochen wird, weil es (und nicht nur in Betrieben, sondern auch im gesellschaftlichen Leben) am entsprechenden Fingerspitzengefühl fehlt. Zwar haben bis jetzt alle Umfragen ergeben, daß die Jüngeren Wert darauf legen, die Älteren und Alten als integrierenden und wichtigen Bestandteil der Gesellschaft zu betrachten, aber in der Realität sieht es häufig anders aus.

Die Jungen wissen nicht, daß sie verletzen können.

Kapitel 20
Homo sapiens, das graue Lerntier

Das Seniorenstudium
als Mittel zur Lebensverlängerung

Die Erzdiözese Wien bietet immer wieder einen „Theologischen Kurs" an, für Laien bestimmt und für vier Semester anberaumt. Zwei Stufen gibt es: eine für Nicht-Maturanten und eine zweite für Absolventen der Gymnasien und Akademiker. Als „Gasthörer" habe ich zeitweilig diesen Kurs besucht. Ich konnte feststellen, daß sich mindestens 50 Prozent der anderen Hörer schon in Pension befanden. Sie hatten so wie ihre jüngeren „Kommilitonen" (wenn ich das Wort hier verwenden darf) Prüfungen zu absolvieren und am Ende der vier Semester eine Arbeit zu schreiben, die mindestens 20 Seiten umfassen sollte – das Thema war egal, die Materie mußte den Vorlesungen des Kurses entstammen.

Und diese waren gleichsam ein Theologiestudium en miniature – Kirchenrecht, Altes Testament, Neues Testament, Liturgie, Kirchengeschichte und was dergleichen Fächer mehr sind. Sie sind alle mit Feuereifer bei der Sache gewesen, diese Hörerinnen und Hörer, haben den Prüfungen entgegengebangt, mit den Lehrern und Professoren den Inhalt ihrer „Papers" besprochen – und mir kam es vor, als ob sich alle, mich eingeschlossen, in die Schulzeit und demgemäß auch in die Schulbank zurückversetzt gefühlt hatten.

Es war dies eine Art Seniorenstudium, auch wenn es kein universitäres gewesen ist. Es war auch nicht nur Zeitvertreib in der Pension. Es war zweckgebundene Wissensanreicherung, wobei der Zweck nicht immer augenscheinlich war. Einige dieser älteren und alten Kursteilnehmer wollten in ihrer Pensionszeit kirchliche Funktionen erfüllen, wofür der Besuch eines solchen Lehrgangs vorgeschrieben ist. Einige aber absolvierten den Kurs, um sich ganz einfach in der Pension weiterzubilden. Sie waren (und sind) ein Beweis dafür, daß Lernen auch im Alter nicht nur möglich, sondern vor allem auch sinnhaft ist – und daß die Annahme, mit dem Alter nehme die Lernkapazität ab, einfach nicht wahr ist.

In meinem Freundes- und Bekanntenkreis gibt es eine ganze Reihe von Damen und Herren, die ein solches „Seniorenstudium" betreiben, wobei in diesen Fällen nicht der Besuch von Kursen gemeint ist, sondern ein regelrechtes Universitätsstudium. Es sind Menschen, die auch nach dem Ende ihrer aktiven Berufslaufbahn jener Maxime folgen, die man „lebensbegleitende Bildung" nennt, auch „life-long education" oder, wie schon einmal erwähnt, ‚éducation permanente'. Sie setzen „ihre im Lebenslauf erworbene praktische Intelligenz, ihre Weisheit dafür ein, sich ein aktives und erfülltes langes Leben zu ermöglichen", wie Franz Kolland, Wissenschaftlicher Leiter des Ludwig Boltzmann Instituts für Sozialgerontologie und Lebenslaufforschung, schreibt. Wie auch alle anderen Experten der Gerontologie postuliert er, daß ältere Erwachsene in der Lage seien, „ihr Wissen weiterzuentwickeln, auszubauen und ein hohes Leistungsniveau zu halten."

Den Beweis liefern alle jene vielen hundert „jungen Alten", die in den Hörsälen der Universitäten neben jungen Studenten sitzen, von ihnen längst anerkannt sind und sie mitunter sogar an Eifer überflügeln. Ich selbst habe als Lektor am Institut für Publizistik und Kommunikationswissenschaften in Wien immer wieder solche grauhaarigen Hörerinnen und Hörer gehabt, konnte den Fleiß der Sechzig- und Siebzigjährigen bewundern und konnte auch feststellen, daß ihre Arbeiten punkto Qualität jenen der Jüngeren kaum nachstanden. Vielleicht hatte dies damit zu tun, daß die Betreffenden nicht unter Lernzwang agierten, daß, wie Franz Kolland schreibt, „dem Lernen im dritten und vierten Lebensalter berufsvorbereitende, berufsqualifizierende oder auf den Beruf gerichtete weiterbildende Funktionen fehlen". Es müsse sich die Zielorientierung ändern. „Lernen muß zu einer Aktivität werden, die ihren Sinn größtenteils in sich selbst und in ihrer Bezogenheit auf andere findet." Anders ausgedrückt: Wenn auch die höher- und hochbetagten Studenten und Studentinnen nach Abschluß ihres Seniorenstudiums es nicht erwarten können, dieses finanziell zu lukrieren, so „liegt gerade in der Freiheit gegenüber der unmittelbaren Verwertbarkeit des Erlernten der besondere Vorteil von Bildung im späteren Leben".

Einer meiner Freunde, ein bekannter HNO-Facharzt und Universitätsprofessor, studierte in der Pension Archäologie. Warum tat er das? Zwei andere Freunde hatten sich der Theologie verschrieben – es störte sie nicht, Hebräisch lernen zu müssen. Etliche Damen aus meinem Bekanntenkreis wurden in der Pension Kunstgeschichtlerinnen. Alle waren und sind Beweise dafür, daß die „life-long education" bis ins hohe Alter weitergehen kann. Es gibt keine wie immer gearteten Gründe dafür, in der Pension nicht zu lernen. Im Gegenteil: Weiterbildung und intellektuelle Aktivität können sogar lebensverlängernd wirken. Ich möchte noch einmal Kolland zitieren, der sich mit dem Problem „Lernen im Alter" besonders intensiv befaßt hat: „Lernen hängt mit Fragen der Veränderung des Organismus zusammen. Lebensbegleitende Lernprozesse wirken sich auf Veränderungen in der Gehirnstruktur aus." Die intellektuelle Leistungsfähigkeit steht im positiven Zusammenhang mit der Lebenserwartung. Menschen mit niedrigen Schulabschlüssen leben im Durchschnitt, wie eine Untersuchung ergab, um ein Jahr kürzer.

Angeblich sind Senioren, die auch im Alter noch lernen, sich bilden, Kurse besuchen, ein Studium absolvieren, auch mit ihrem Leben zufriedener als Menschen, die sich „nach getaner Arbeit" zurücklehnen. Die „allgemeine Lebenszufriedenheit" sei höher, wobei ältere Frauen diesbezüglich stärkere Wirkungen fühlen als ältere Männer. Studieren, liest man, erweitere auch die Möglichkeiten sozialer Kommunikation. Der Freundeskreis wird größer. Die „Ausdünnung sozialer Beziehungen" findet weniger oft statt, schreibt Kolland. „Ältere Menschen, die an organisierten Lernprozessen teilnehmen, tun dies häufig mit der Absicht, sich austauschen, mit anderen vergleichen zu können. In Kontakten mit anderen kann sich der einzelne vergleichen, er konfrontiert sich, um Unsicherheiten und Ambiguitäten zu mindern."

Ich weiß nicht, ob jene meiner Freunde, die sich einem „Seniorenstudium" widmen, alle diese Motive kennen. Sie tun es, weil sie sich daran freuen. Sie haben in den meisten Fällen schon lange geplant, sich in der Pension wieder in einen Hörsaal zu setzen. Sie streben meist kein Doktorat an, obgleich auch dieses nicht selten vorkommt. Manche Menschen, die sogar zu den Hochbetagten gehören, betrachten es als Herausforderung, als Challenge, zu promovieren. Viele von den Absolventen eines „Seniorenstudiums" wollen aber, wie mir immer wieder gesagt wird, einfach das hören, wofür sie sich schon immer interessiert hatten, obgleich sie einen völlig anderen Beruf ergriffen. Es stört sie dann auch nicht, daß sie sich einer zusätzlichen nervlichen Beanspruchung unterwerfen.

Aber die Nerven werden schon allein deswegen nicht beansprucht, weil die „grauen Studenten", die alten Lerntiere, wie sie einmal genannt wurden, ohne Zeitdruck arbeiten. Sie müssen auch, selbst wenn sie ein reguläres Studium absolvieren, keine Prüfungsangst haben. Sie studieren, weil sie sich für die Zeit ihrer Pension eine Tätigkeit ausgesucht haben, die das Gehirn nicht austrocknen läßt. Sie brauchen keinen Beruf mehr auszuüben, für den ihr Studium notwendig wäre. Sie studieren gleichsam zum Zeitvertreib. Sie wollen, wie es ein Psychologe ausdrückte, ihre grauen Zellen nicht dem „Altersheimer" anheim fallen lassen.

Gerontologen und Altersforscher haben auch immer wieder festgestellt, daß selbst das Sprachstudium im fortgeschrittenen Alter, soll heißen: in der Pension, keineswegs unmöglich sei, wenngleich vielleicht schwieriger als in jungen Jahren. Gewiß, die Merkfähigkeit wird geringer, sie läßt sich aber durch Training wieder verbessern. Im Zeitalter der Globalisierung und vor allem der Fernreisen werden deshalb die Sprachkurse nicht zuletzt an den Volkshochschulen immer beliebter. Der Wunsch, sich – und sei es mit einem Wörterbuch bewaffnet – mit der einheimischen Bevölkerung wenigstens radebrechend unterhalten zu können, ist nicht nur dort, wo man mit einer gemeinsamen Währung zahlt, immer heftiger. Polyglotte Alte findet man zwar nicht in jedem Transatlantikflieger, aber Pensionisten, die mehrerer Sprachen kundig sind, immer öfter.

Und noch etwas – abgesehen von der Fähigkeit, es zu tun, und von den zusätzlichen Synapsen, die das Lernen im höheren Alter dem Gehirn verschafft – spricht nicht nur für das „Seniorenstudium", sondern für diese oft zitierte „life-long education". Die allfällige Ausgrenzung wird vermieden, Pensionisten, die neben Studenten sitzen, laufen weniger oder überhaupt keine Gefahr, als „Grufties" bezeichnet zu werden. Sie kennen den Wert der Bildung – auch wenn ihnen eine zielgerichtete Ausbildung nicht mehr von Nutzen ist. Die altersstereotypen Faktoren werden nicht zur Geltung gebracht, wenn Pension nicht gleich Alter ist, sondern gleich Wissensbegierde. Nicht mitzuverdienen, mitzulernen sind sie da.

Und dies gilt keineswegs nur für jene, die von Jugend auf der Bildung das notwendige hohe Augenmerk geschenkt haben. Warum nicht in der Pension Italienisch lernen, da man doch immer wieder nach Italien fährt? Warum nicht ein paar Brokken Spanisch akquirieren, bevor man sich zur Überwinterung in Mallorca rüstet? Es gibt sogar Menschen, die in der Pension ein Instrument spielen lernen; es muß nicht unbedingt Blockflöte sein.

Aus all dem ergibt sich, daß es höchste Zeit ist, den Begriff „nicht zu alt" auf das Lernen anzuwenden. In der Zeitschrift „Zeitschritt" wird ein Goethe-Wort zitiert, das eigentlich für dieses ganze Buch als Motto dienen könnte: „Alt werden heißt, ein neues Geschäft zu beginnen." Es wird eine Dame zitiert, die, 1925 geboren, einen großen Teil ihrer Zeit dazu verwendet, jugendlichen Ausländern bei Schulproblemen zur Seite zu stehen. „Sie gibt kostenlose Nachhilfe in Deutsch, Englisch und Latein, allerdings nur denen, die sich einen bezahlten Nachhilfelehrer nicht leisten können."

Ihr Bruder, sagt sie, sei fast achtzig und studiere Russisch. Er ist einer der rund 8 000 Seniorstudenten in Österreich. Im Referat für Generationenfragen an der Universität Graz hört man diesen Ausdruck aber nicht sehr gerne. „Die Bezeichnung ‚Ältere Studierende' sei besser", wird erklärt.

Wer die Pension und für das Leben in ihr plant, ist gut beraten, auch dem Lernen in welcher Gestalt immer einen Platz einzuräumen. Dieser Platz kann durchaus das eigene Heim sein. „Die wichtigste Umwelt der Lernenden ist ihr Zuhause", schreibt Franz Kolland. Warum aber ergibt eine Mikrozensus-Erhebung 1998, daß in Österreich nur 7,7 Prozent der über Sechzigjährigen an Bildungs- und Kulturveranstaltungen „häufig" teilnehmen? 39,2 Prozent tun dies „gelegentlich" und 53,2 Prozent „praktisch nie", zitiert Kolland.

„Dem deutschen Alters-Survey zufolge besuchen 14 Prozent der Sechzig- bis Fünfundachtzigjährigen Kurse und Vorträge, wobei 8 Prozent dies seltener als einmal im Monat tun. ... Vergleichende internationale Studien zur Bildungsbeteiligung älterer Menschen kommen zu dem Schluß, daß in den meisten OECD-Staaten nicht mehr als zehn v. H. Bildungsangebote in Anspruch nehmen."

Erschütternd ist dabei die Erkenntnis, daß die Bildungsbeteiligung nach der Pensionierung stark zurückgeht, obgleich, wie wir gesehen haben, die intellektuellen Fähigkeiten in keiner Weise geringer werden. Sind es Zweifel, ist es Unsicherheit, ist es Unkenntnis des Wertes von Wissen? Scheuen sich die Pensionisten, in der Familie belächelt zu werden, wenn sie sagen: „Heute habe ich Uni!" Dabei gibt es eine Reihe von positiven Konsequenzen des „Seniorenstudiums" abseits des Wissenserwerbs: 30 Prozent der Befragten gaben an, durch das Studium körperlich aktiver zu sein, 23 Prozent ernähren sich bewußter, 15 Prozent betreiben mehr Gesundheitsvorsorge und 14 Prozent schlafen mehr, weiß Franz Kolland. Und vor allem Frauen geben an, sich durch das Studium jünger zu fühlen.

Ich möchte das Kapitel nicht abschließen, ohne noch einmal jenes Mittel anzupreisen, das mit dazu helfen kann, den Pensionsschock zu überwinden: die Planung eines Lernprozesses jenseits der Pensionsgrenze. Und wenn nichts anderes erhöht werden sollte als die Selbstzufriedenheit: ist das nicht genug?

Kapitel 21
Von hier nach dort – und anderswohin

Mobilität kann in der Pension großgeschrieben werden

Die Pensionisten sind mobil. Das ist auch im buchstäblichen Sinn zu verstehen. Zahlen liegen aus Deutschland vor, und die Prognosen, wenngleich möglicherweise nicht exakt, zeigen deutlich die Entwicklung. Im Jahr 2010 werden 7,5 Millionen männliche und 3,3 Millionen weibliche Pensionisten motorisiert sein. Sie sind in der Lage, Ortsveränderungen vorzunehmen, ohne auf öffentliche Verkehrsmittel angewiesen zu sein. Im Jahr 2020 – so sagt die deutsche Statistik – werden 8,6 Millionen Pensionisten und 5,3 Millionen Pensionistinnen ein Auto haben, wenn sich keine wirtschaftliche Katastrophe ergeben sollte.

Voraussetzung ist daher ein gesichertes Renteneinkommen, aus welchen Quellen auch immer es stammt. Das läßt aber trotzdem Platz, viel Platz für jene 60plus- (oder 65plus-)Menschen, die zwangsläufig ortsgebunden sind, weil sie aus welchen Gründen immer – vielleicht aus finanziellen – auf ein Auto verzichten müssen. Sie erleiden dann in der Tat einen Pensionsschock, der sich mit den anderen Facetten dieses seelischen Ereignisses nicht vergleichen läßt. Sie sind nicht nur freiwillig ortsgebunden, sie sind es notgedrungen.

Aber ich möchte mich vorerst mit jenen in die Pension Eingetretenen befassen, deren mangelnde Mobilität nicht eine der fehlenden Finanzen ist. Vielmehr meine ich jene älteren oder alten Menschen, die eine Ortsveränderung durchaus akzeptieren könnten, wenn nicht Trägheit oder Bequemlichkeit sie daran hindern würden. Es ist leicht, ein Motiv dafür zu suchen und auch zu finden: „Ein alter Baum läßt sich nicht verpflanzen."

Mag sein, daß dies die Medien dazu veranlaßt, immer dann, wenn in den Zeitungen oder im Fernsehen von Pensionisten, Pensionsreform oder einem anderen einschlägigen Thema die Rede ist, als Illustration Fotos oder Filmaufnahmen einzuschalten, die alte Menschen auf Parkbänken zeigen – nicht etwa am Strand, in die Ferne blickend, optimistisch, sondern so, als ob sie auf das Altersheim oder auf den Tod warten würden. Daß sich ein Viertel, also 25 Prozent, der Pensionisten als „neugierig" bezeichnen, aktiv und positiv sind, und daß sie gern fortfahren – unter dem Motto „Ich gönne mir noch etwas" –, das hat sich, was Illustrationen zu Pensionsthemen betrifft, offenbar noch nicht herumgesprochen. Die Ursache ist der Vorrang des geschriebenen oder gesprochenen Textes und die Aufgabe, dann ein passendes Bild zu finden. Was liegt näher als eine Aufnahme aus dem Park, Gott sei Dank nicht mehr Tauben fütternd.

Der Gegenbeweis wird alljährlich von Tausenden Pensionisten geliefert, die monatelang im Süden „überwintern". Es ist bei ihnen jene geistige Beweglichkeit vorhanden, die bei anderen Altersgenossen fehlt. Aber es fehlt dann auch an der Planung, die rechtzeitig begonnen werden kann, noch bevor das Pensionsalter erreicht ist. Die Frage „Was werde ich dann machen?" sucht viele Antworten, und eine davon bezieht sich auch auf die Mobilität.

Daß diese Mobilität freilich von der Motorisierung abhängt, kann nicht oft genug betont werden. Da ist einmal die sogenannte Nahversorgung. Der Trend zum Supermarkt bringt – und das ist eine Binsenweisheit – jene Geschäfte um, die von der Pensionistenkundschaft abhängen. Anderseits und umgekehrt sind die Alten und natürlich auch die nicht motorisierten eine zwar immer zahlreicher werdende Bevölkerungsschicht, aber es wird vorausgesetzt, daß sie sich auf vier Rädern und nicht auf den zweien des Rollstuhls fortbewegen. Deutlicher gesagt: Pensionisten und Pensionistinnen, die kein Auto haben, können sich schwer selbst versorgen; „Essen auf Rädern" ist da kein Ersatz.

Es gibt vor allem in den Großstädten immer weniger der sogenannten „Tante Emma-Läden", immer weniger Greißler oder Gemischtwarenhandlungen. Der Laden ums Eck wird zugunsten der Shopping Center am Stadtrand gesperrt. Nun mag zwar auch für die Pensionisten der Besuch eines solchen Einkaufszentrums gleichzeitig ein Erlebnis sein, frei nach der Devise „Shopping macht happy". Aber die Happiness ist dort nicht vorhanden, wo Straßenbahn, Schnellbahn oder Autobus die Rücksichtnahme auf ältere und alte Menschen vermissen lassen.

Und selbst wenn geistige Mobilität und Entschlußkraft vorhanden sind, anstelle der Nahversorgung sich in entfernteren Zentren einzudecken, ist da noch immer die technische Unbequemlichkeit. Vor einer Straßenbahngarnitur zu stehen, deren Alter höher ist als das eigene, führt zu einem Pensionsschock ganz eigener Art: zu dem der erzwungenen Inmobilität. Es ist nicht jedermanns Sache, nur mit Hilfe von Klimmzügen das Wageninnere zu erreichen. Nicht nur einmal war ich schon entschlossen, auf die Straßenbahnfahrt zu verzichten und ein Taxi zu nehmen, weil ich die Stufen des Wagens nicht hinaufsteigen zu können glaubte. Dann aber wurde mir glücklicherweise geholfen. Noch schwieriger ist es für ältere Personen – und sie sind, darf man annehmen samt und sonders Pensionisten –, in einen Eisenbahnwaggon einzusteigen, egal ob dies in Wien, Graz oder Bregenz ist.

Die mangelnde Bequemlichkeit, der Komfort, den man vermißt, sind Faktoren, die durchaus als Teil des Pensionsschocks verstanden werden dürfen. Dennoch sollen sie nicht als Entschuldigung für die fehlende Mobilität verwendet werden, die, wie gesagt, häufig bloß eine geistige ist. Immer wieder höre ich von alten Menschen, die es einfach nicht wagen auszugehen, weil sie einfach Angst haben – jene Angst, die sie daran hindert, an einem normalen, ihnen angemessenen Leben teilzunehmen.

Angst – in der Tat ein Teil des Pensionsschocks. Angst – gewiß ein Hindernis für die Mobilität. Daß sich freilich nur ein geringer Teil der Alterspensionisten fürchtet, und zwar vor dem Eintritt in das dritte oder vierte Lebensalter fürchtet, mag als Trost gelten. Noch einmal: die Pensionisten, auch die älteren unter ihnen, sind mobil, und zwar im buchstäblichen und im übertragenen Sinn.

Sie sind zumeist mobil, was die Ortsveränderung betrifft. Widerspricht dies nicht der Behauptung, der Mangel an kommerzieller Infrastruktur trage zur Immobilität bei? Der Zwang, sich anderswo hin zu begeben, um seine Einkäufe zu tätigen, geht von der falschen Voraussetzung aus, daß jeder Pensionist und jede Pensionistin motorisiert seien. Das stimmt natürlich nicht. Die Einkaufszentren liegen am Stadtrand.

Indessen zeigt die Zahl der Autokäufe, die von der Generation „50plus" getätigt werden, doch einen Fortschritt, der zwar noch lange nicht von einer Vollmotorisierung sprechen läßt, nicht einmal von einer teilweisen. Aber immerhin ist die Zahl der Autokäufe von „Ruheständlern" von 26 Prozent auf 28,5 Prozent der allgemeinen Neuzulassungen gestiegen. Das heißt, daß sich immer mehr Pensionisten ein Auto leisten – und offenbar auch leisten können.

In diesem Zusammenhang ist es nicht uninteressant, einen Blick auf die Zahl der Verkehrsunfälle zu werfen, in die Pensionisten und Pensionistinnen verwickelt sind. Dazu ist erst einmal zu sagen, daß es in Österreich keine Altersgrenze für das Lenken von Kraftfahrzeugen gibt. Man muß zwar ein gewisses Alter erreicht haben, um einen Führerschein zu erwerben, darf diesen aber sein Leben lang benützen, wobei die Betonung durchaus auf „lang" zu legen ist.

Es gibt keine zwangsweise Untersuchung von Sehfähigkeit und Gehör, auch keine psychiatrische. Wer Auto fahren will, darf dies auch als Höchstbetagter noch tun. Was solche in der Altersstufe von „85plus" stehende Menschen meist tun, ist das freiwillige Zurücklegen des Führerscheins. Aber wer tut das schon? Vielleicht wird darauf gewartet, bis Kinder oder Kindeskinder sich als Mitfahrer zu fürchten beginnen oder ganz allgemein dem Lenker oder der Lenkerin bedeuten, es möge doch endlich auf das Auto verzichtet werden.

Eine Tante, in Tirol beheimatet und leider indessen verstorben, steuerte ihren Wagen, als sie bereits hoch in den 80ern war. Sie hat ihn dann freilich immer seltener verwendet, das Auto blieb zumeist geparkt. Die Nachbarn begannen sich bei jeder Ausfahrt zu fürchten, aber man hat es nicht gewagt, die alte Dame zu bitten, nicht mehr zu lenken. Der Gendarm, aufmerksam gemacht, zuckte mit den Schultern. Die Tante ist dann über 90 Jahre alt geworden und nicht bei einem Autounfall, sondern im Bett gestorben.

Im Jahr 2002 gab es 2 679 Autounfälle in Österreich. 780 Autos, die in solche Unfälle verwickelt waren, sind von Personen gelenkt worden, die über 60 Jahre alt waren. Das spricht dafür, daß Pensionisten vorsichtiger fahren als junge Menschen. Freilich bedarf auch dies einer erklärenden Ergänzung. Menschen, die sich im Ruhestand befinden, benützen ihren „fahrbaren Untersatz" meist nicht als tägliches Verkehrsmittel, sondern recht oft nur am Wochenende.

Andererseits ist das Auto immer mehr auch ein Mittel, Freiheit zu genießen. Allein das Bewußtsein, sich von hier nach dort bewegen zu können, fördert die geistige Mobilität. Wer sich zeit seines Lebens an einem Ort, besser: an einem einzigen Arbeitsplatz befand (was in Zukunft wahrscheinlich kaum noch vorkommen wird), den zieht es in die Ferne, wobei das, was Ferne bedeutet, erst einmal definiert werden müßte. Ist die Begründung nichts anderes als das „fort von hier"?

Ich sah alte, behinderte Menschen, die im Rollstuhl bis zu ihrem am Gehsteigrand stehenden Auto fuhren, das Gefährt im Kofferraum des Wagens verluden und sich auf den Fahrersitz des (umgebauten) Wagens schwangen. Die Mobilität ist ein wesentlicher Teil des Freiheitsdrangs, und dieser wieder ist ein nicht minder wichtiger Faktor des Wohlbefindens, ja des Glücks.

Mag sein, daß dieser Lust an Ortsveränderung auch die Tatsache entspricht, daß Pensionisten beiderlei Geschlechts immer zahlreicher an Reisen teilnehmen – 32,5 Prozent der Urlaubenden absolvieren eine Auslandsreise. Man muß allerdings in Rechnung stellen, daß rund die Hälfte der Österreicher im Urlaub daheim bleiben – sei es aus Kostengründen, sei es, weil (siehe oben) die Unbequemlichkeit öffentlicher Verkehrsmittel, wozu natürlich auch die Eisenbahn und der Autobus zählen, eine Ortsveränderung behindert. Urlaubsaktionen der Pensionistenorganisationen ändern daran nicht viel.

Andererseits spricht es für die geistige Mobilität der Pensionisten, daß in Umfragen das Reisen sehr oft als liebstes Hobby der Pensionszeit angegeben wird. Es handelt sich dabei natürlich um eine höhere Einkommensschicht. Andererseits aber hat eine Umfrage des Instituts für Grundlagenforschung ergeben, daß sich die „Älteren" (über 70 Jahre) besser betreut fühlen als die „Jüngeren", in diesem Fall Personen im Alter bis zu 60 Jahren. Interessanterweise auch fühlen sich die Personen mit niedrigem Haushaltseinkommen in den Reisebüros besser betreut als Pensionisten, die über ein höheres Salär verfügen.

Sei dem wie auch immer: es wird viel gereist in der 60plus-Gruppe, von der 50plus-Gruppe ganz zu schweigen. Österreichische Pensionisten, die im Urlaub eine Ortsveränderung vornehmen, wählen zu 32,5 Prozent eine Fahrt ins Ausland – egal mit welchem Verkehrsmittel. Daß Gesellschaftsreisen und Gruppenreisen da an erster Stelle stehen, verwundert nicht, und ebenso wenig überrascht, daß der Prozentsatz von Pensionisten in dieser Reisekategorie hoch ist. Ich las von einem Achtzigjährigen, der einen dieser Autobusse enterte und sofort wieder ausstieg. „Da sind ja nur alte Leute", rief er. Ob er sich diesen dann trotz allem angeschlossen hat, wurde nicht berichtet.

Nur alte Leute! Reedereien können ein Lied davon singen. Gewiß sind es vor allem auch in diesem Fall Pensionisten mit höherem und hohem Einkommen, die sich eine Kreuzfahrt leisten können, aber es werden immer mehr, und umgekehrt werden die Kreuzfahrten immer billiger. Die schwimmenden Beherbergungsbetriebe sind längst zu schwimmenden Großhotels geworden, und jene Unternehmen, die Vier- und Fünf-Stern-Schiffe auf See schicken, freuen sich, daß selbst in Zeiten angespannter Wirtschaftslage sie keinen Mangel an Passagieren haben. Daß es sich bei ihnen vor allem um amerikanische „Ruheständler" handelt, steht auf einem anderen Blatt.

Amerika, du hast es besser. Besser? Amerikanische Pensionisten sind in der Lage, mit ihrem Wohnwagen nach Florida zu ziehen und dort den Winter über die Sonne zu genießen. Österreicher und Österreicherinnen dieser Altersgruppen tun es ihnen in zunehmendem Maße gleich. Immer mehr von ihnen haben, wie gesagt, die Möglichkeit, auf Mallorca und anderen Inseln die kalte Jahreszeit zu verbringen.

Reisen, Reisen, immer wieder Reisen. Es gab eine Zeit, da haben sich viele pensionierte Ministerialbeamte in Graz angesiedelt. „Pensionopolis" hat man damals die steirische Landeshauptstadt genannt. Vielleicht war es das als kleinere Ausgabe der Wiener Oper anmutende Grazer Opernhaus, das als Attraktion künstlerisches Heimatgefühl vermittelte. Daß Graz heute, was sein Kulturleben betrifft, zur beinahe modernsten Stadt Österreichs geworden ist, von der Styriarte angefangen, und zu Recht zur Kulturhauptstadt Europas 2003 gewählt worden ist – ist all das vielleicht ein Kontrapunkt zum längst vergangenen Ruf, eine Stadt der Pensionisten gewesen zu sein, die ihrerseits heute immer mehr an Fernweh leiden?

Selbst die Fernreisen werden immer beliebter – man muß nur die Menschen an den Gates im Flughafen Schwechat beobachten und die Destinationen, die sie gewählt haben. Da ist kaum eine Reisegruppe, die nicht ein paar grau- oder weißhaarige Teilnehmer oder Teilnehmerinnen hat. Aber auch als Einzelreisende sind betagte Menschen zu sehen. Wir trafen vor Jahren in Indien eine alte Wienerin, die von unserem Reiseleiter freudig begrüßt wurde. Sie sei, erzählte er später, praktisch das ganze Jahr auf Reisen und habe nicht nur einmal die Welt umrundet.

Nicht weniger interessant waren die – im „Kurier" wiedergegebenen – Äußerungen eines anderen Hobbyreisenden, der seinen Ruhestand damit verbringt, fremde Länder zu sehen. „Ich gönne mir noch etwas", sagte er im Interview. Er, das war der Mittsechziger, Dkfm. Dr. Gustav Rose. Im Kurier hieß es über ihn: „Vier bis fünf Mal pro Jahr organisiert sich der Mann, der vor sechs Jahren mit Freude in Pension ging, Individualreisen – vorwiegend mit dem Zug in den Osten."

Ob allein, ob in der Gruppe, ob mit der Eisenbahn, mit dem Autobus oder per Schiff – das Reisen ist, scheint es, der Pensionisten Lust. Es sind naturgemäß mehr Frauen als Männer, ebenso naturgemäß sind sehr viele Witwen darunter – aber auch eine infolge der steigenden Lebenserwartung immer größer werdende Zahl von Ehepaaren. Auch in diesem Fall scheint es keine Altersgrenze nach oben zu geben – 80-, ja 85jährige Fernreisende sind längst keine Seltenheit mehr. Und sie zählen, dem Ergebnis der erwähnten Umfrage zum Trotz, zu den treuesten Kunden der Reisebüros. Denn direkt über Internet zu buchen – das ist ihnen vorläufig doch zu schwierig.

Wie ja auch in der Liste der Dinge, die den älteren Menschen Probleme bereiten, etwas an der Spitze steht, das angesichts ihrer Mobilität verwundern sollte: das Lesen von Fahrplänen. Gleich an zweiter Stelle rangiert übrigens das Verstehen von Bedienungsanleitungen.

Kapitel 22
Weiterarbeiten ohne Lohn

Ehrenamt und Engagement als sinnvoller „Zeitvertreib"

Ich habe The Alamo, das berühmte Fort, das man noch immer „The cradle of Texas liberty" nennt, die Wiege der texanischen Unabhängigkeit, anfangs nur aus Filmen gekannt, in denen der Heldenkampf einer Handvoll Amerikaner 1836 gegen eine Übermacht von mexikanischen Truppen unter dem General Santa Anna geschildert wird. Die Verteidiger fanden den Tod, sechs Wochen später aber wurden die Mexikaner besiegt und der Schlachtruf der amerikanischen Soldaten war: „Remember The Alamo" (so wie sie Jahrzehnte später im amerikanisch-spanischen Krieg „Remember The Maine" gerufen hatten, weil dieses US-Schiff angeblich von Spaniern in die Luft gejagt worden war). In den siebziger Jahren des letzten Jahrhunderts habe ich die Ruine des Alamo besucht, heute eine Ehrenstätte. Grauhaarige Damen in Uniform sind als Wächterinnen tätig, geben Auskunft, aber nur leise, weil jedes laute Wort verboten ist. Wenn ein nichtsahnender Besucher die Stimme erhebt, wird er auf die Unschicklichkeit seines Benehmens aufmerksam gemacht: „Pssst!"

Die Damen sind samt und sonders ehrenamtlich tätig. Sie sind entweder Witwen, die von der zumeist sehr ansehnlichen Pension ihrer Männer leben, oder sie waren selbst berufstätig. Jedenfalls dienen sie jetzt gewissermaßen der Gemeinschaft, ihrem Staat, den USA, dessen Fahne in den Gedenkräumen des Alamo allenthalben zu sehen ist.

Ehrenamtlich. Es gibt viele ehrenamtlich tätige alte und ältere Menschen in Amerika. Die Museen, vor allem jene, die ihre Existenz Privatstiftungen verdanken, könnten ohne solche Ehrenämter nicht überleben. Die in ihnen Arbeitenden, zumeist weiblichen Geschlechts, sind höflich, freundlich und zuvorkommend, geben gerne jedwede Auskunft, verkaufen Tickets und Broschüren und lassen nicht ahnen, daß sie für ihre Tätigkeit keinen Cent bekommen. Ein Ehrenamt zu haben und in ihm ohne Entgelt zu dienen, ist gerade für die Anglo-Amerikaner eine Altersbeschäftigung, die sich, wie es aussieht, für beide lohnt: für die Gemeinschaft und für den, der kostenlos für sie arbeitet.

Denn auch in Großbritannien ist eine solche freiwillige Arbeit für jene, die den Ruhestand nicht beschäftigungslos verbringen wollen, gang und gäbe. Bei einer Enquete über das Thema „Das Ehrenamt im Spannungsfeld zwischen gesellschaftlicher Anerkennung und persönlicher Sinnfindung", die seinerzeit in Wien stattfand, kam unter anderen auch ein Vorstandsmitglied der „Association of Retired People" zu Wort, Mr. Eric Reid, der den österreichischen Zuhörern unausgesprochen die Leviten las. Seine Beschreibung der Popularität, die in seinem Land ehrenamtliche Tätigkeiten finden, und der Emsigkeit, mit der sie ausgeübt werden, ließ manch einen die Ohren spitzen. Er zeigte nämlich auf, was im Grunde auch für Österreich gilt: „Wir aktiven Ruheständler sind verpflichtet, den Jüngeren zu helfen – genauso wie diese verpflichtet sind, uns zu unterstützen." Er selbst, sagte er damals, befinde sich seit einer Reihe von Jahren „in dem, was ich nur den ‚tätigen Ruhestand' nennen kann", und sei Vorsitzender eines britischen Vereins für aktive Ruheständler, als freiwilliger, ehrenamtlicher Chef. Der Verein, eben die „Association of Retired People", habe 100 000 Mitglieder.

Es gäbe in Großbritannien eine wachsende Zahl von Pensionisten, die ihre Freizeit wohltätigen Vereinen und anderen Organisationen zur Verfügung stellen, erläuterte Reid: „Es gibt bei uns eine lange Tradition des freiwilligen Dienstes für das Allgemeinwohl, den ‚Voluntary Service'. Immer mehr ältere Menschen fühlen sich verpflichtet, zum Generationenvertrag zwischen Alt und Jung, insbesondere in der Familie, etwas beizusteuern." Ohne die Hilfe von pensionierten Freiwilligen gäbe es keine Sportvereine, keine Gewerkschaft, kein Essen auf Rädern und auch keine Wohnbauvereine. „Die Bürgermeister in jeder englischen Stadt arbeiten ehrenamtlich – was soviel eigenes Geld kostet, daß dieses Amt jedes Jahr wechselt. Dennoch finden sich immer wieder Nachfolger." Der „Govenor" einer britischen Universität sei bis zu seinem siebzigsten Lebensjahr tätig – ehrenamtlich.

Und dann kam eine Feststellung, die eigentlich jedem Gegenargument standhält: „Wir leben in einer ständig wechselnden Welt, wo wir alle mehr Freizeit haben. In einer Zeit, in der Pensionisten genauso viele aktive Jahre vor sich wie hinter sich haben." Der Direktor des Britischen Rates für Altenfragen, zitierte Reid, soll einmal gesagt haben: „Unser Ziel muß es sein, unserer alternden Bevölkerung mindestens zwanzig Jahre aktiven Ruhestands zu ermöglichen – und höchstens zehn Minuten völlige Abhängigkeit." Aber zwanzig Jahre ununterbrochene Ferien bedeute nicht, „daß wir unseren Teil des Generationenvertrags vergessen dürfen. Wir sind auch verpflichtet, das Allgemeinwohl unserer Gesellschaft zu fördern".

Das Allgemeinwohl fördern: In den USA sind, wie gesagt, solche ehrenamtliche Tätigkeiten tatsächlich fast Alltagsangelegenheiten. Einige freilich sind selbst für Zeitungen interessant. So berichtete die „International Herald Tribune" beispielsweise ausführlich über eine Einrichtung, die, wenn schon nicht dem Allgemeinwohl, so doch dem guten Eindruck nützlich ist, den amerikanische Großstädte bei ihren Besuchern hinterlassen. Da ist etwa Chicago. Wenn Menschen, die sich im Straßendschungel der Riesenstadt am Michigansee nicht auskennen, an einer Ecke eine Karte studieren, kann es durchaus vorkommen, daß eine Frau oder ein Mann sie unbekümmert anredet, fragt, ob sie Hilfe brauchen und die Besucher dann in irgendein Kaffeehaus führt, um ihnen Umgebung und Sehenswürdigkeiten zu erläutern. Mitunter kann dies auch darin bestehen, daß dieser Guide auf einer Papierserviette die nächsten Straßenzüge entwirft und die Punkte markiert, die man sich als unkundiger Beuscher ansehen sollte.

Die freundlichen Führer sind sogenannte „Greeters", von der Stadt beschäftigt, aber nicht angestellt; es sind zumeist Pensionisten und Pensionistinnen, oft aber auch Menschen, die diesen „Service" gratis und franko ehrenamtlich absolvieren. Während diese „Greeters" in Chicago seit verhältnismäßig kurzer Zeit „amtieren", gibt es sie in New York schon seit Jahren – nicht erst seit dem 11. September 2001. Dort sind sie die sogenannten „Big Apple Greeters", gleichfalls ehrenamtlich tätig, Menschen, die auch im Ruhestand eine sinnvolle Betätigung suchen und sie in der Hilfe für Fremde gefunden haben.

Ehrenamtlich und sinnvoll: mag sein, daß dies hierzulande ein Gegensatz ist, gewissermaßen eine Contradictio in adiecto. Aber was in Amerika, in England möglich ist – ist dies auch in Österreich, in Deutschland geboten? Die Dreiteilung der Lebenszeit wird immer aktueller, die Dreidrittel-Gesellschaft immer präsenter. Das erste Drittel der Lebenserwartung werde in der Ausbildung verbracht werden, heißt es. „Mit Hochschule und ähnlichen Institutionen ist eine Dauer von dreißig Jahren nicht ganz unrealistisch", meinte auch Martin Bartenstein, damals als Bundesminister für Umwelt, Jugend und Familie zuständig. Das zweite Drittel werde primär der Erwerbstätigkeit gewidmet werden, und im dritten Drittel werde man nicht nur Pensionist sein, sondern vor allem ehrenamtliche Tätigkeiten ausüben.

Nur: Was nichts kostet, ist, glaubt man recht oft, nichts wert. Ohne Entgelt, ohne Gehalt, ohne Lohn tätig zu sein, am Ende sogar zu arbeiten – das ist, sagen viele, reine Dummheit. Dem freilich steht die Tatsache entgegen, daß Dutzende von Organisationen, deren Mitglieder zumeist junge Menschen sind, ohne Bezahlung Hilfsdienste leisten. Ist das wirklich nur der Idealismus der Jugend? Könnte es da nicht auch einen Idealismus der Senioren geben?

Wohlgemerkt: Es handelt sich in diesem Fall um unbezahlte Arbeit neben der Pension. Es handelt sich um Arbeit ohne

Lohn, es sei denn um den vielzitierten „Gotteslohn". Es handelt sich zudem um Tätigkeiten, die keinem der Jüngeren irgendeine Chance rauben, einen Arbeitsplatz zu finden. Andererseits ist das Wort „chance" (zur Sinnfindung) auch auf die Senioren anzuwenden. Es ist für sie eine Kompensation der Tatsache, daß sie beim Ausscheiden aus dem Beruf auf eine Vielzahl von Sozialkontakten verzichten müssen, daß diese verloren gehen, wenn die Pension beginnt. In Deutschland hat man vor Jahren aus diesem Grund sogenannte „Seniorenbüros" geschaffen. Ihr Motto ist, daß ein freiwilliges Engagement für die Gesellschaft unverzichtbar sei. Die „Seniorenbüros" hatten die Aufgabe, über Möglichkeiten freiwilliger, ehrenamtlicher Tätigkeit zu informieren. Das Altersspektrum umfaßte die Altersgruppe zwischen 55 und 75 Jahren, und das Motiv der so vermittelten ehrenamtlich Tätigen ist ein relativ einfaches: Man habe das ganze Arbeitsleben hindurch von der Gesellschaft viel mitbekommen, und auch die Pension werde schließlich und endlich von dieser Gesellschaft getragen – es sei hoch an der Zeit, sich im Alter auf irgendeine Weise dafür zu revanchieren.

Immer wieder läuft dann diese ehrenamtliche Tätigkeit darauf hinaus, beratend aktiv zu sein – aber nochmals, völlig unentgeltlich. Einziger Grund ist, dem Leben jenen Sinn zu geben, den man vielleicht auf andere Weise nicht finden kann, möglicherweise nicht einmal in der Familie. Es ist dies zudem eine Art von Selbstverwirklichung im höheren und hohen Alter.

In der erwähnten Enquete über das „Ehrenamt" – das Motto war kurz und bündig: „Ist unbezahlte Arbeit wertlos?" – ist viel auch von der Erhaltung der psycho-sozialen Kompetenz die Rede gewesen. „Anregungen und Herausforderungen sollten angenommen werden. Ältere Menschen sollten ihre Eigenständigkeit und Eigenverantwortlichkeit nicht aufgeben, denn körperliche und geistige Beschäftigung ist die wichtigste Voraussetzung für die Erhaltung ihrer Gesundheit", hieß es. Die beste Prophylaxe sei eine aktive Lebensgestaltung und Kommunikation. Wenn ältere Menschen daher z. B. ehrenamtliche Tätigkeiten wahrnehmen, so diene dies nicht nur dem Wohle der Gemeinschaft, sondern auch ihrem eigenen Wohlbefinden.

Man muß nun andererseits offen sagen, daß Ehrenämter dieser Art – von kirchlichen Aufgaben bis zu künstlerischen – ein gewisses durch die Pension gesichertes Einkommen und natürlich auch ein entsprechendes intellektuelles Niveau voraussetzen. Ist dies der Fall, so ist die Zahl ehrenamtlicher, unbezahlter Betätigungsmöglichkeiten sehr groß. Eine Diplomatenwitwe etwa organisiert erfolgreich Reisen für Gleichgesinnte und von ähnlichem Schicksal betroffene Freundinnen. Andere veranstalten Ausflüge, wieder andere Ausstellungsbesuche, wobei zu vermerken ist, daß alle diese Tätigkeiten, die mit Reisen oder Kunst zu tun haben, eher von Seniorinnen als von älteren Herren veranstaltet werden. Ist das Ehrenamt demnach eine Sache für Frauen eher als für Männer? Oder hat dies mit der Tatsache zu tun, daß die Lebenserwartung der Frauen höher ist?

Faktum ist aber, daß es ganz allgemein in Österreich an dem fehlt, was man mit einem freilich vielseitig verwendbaren Ausdruck „Engagement" nennen könnte. Sich zu engagieren, dies führt, meinen viele, in die Irre. Dem gegenüber steht nicht nur das Beispiel vieler anderer Staaten, in denen der Begriff „Bürgergesellschaft" – civil society – nicht nur ein Schlagwort ist. Zurückgeben, was man empfangen hat, der Gesellschaft restituieren, was sie einem gab – in einer Zeit, da der Begriff Restitution immer wieder, wenngleich in anderem Sinn verwendet wird, wäre auch die Restitution an die Gemeinschaft zu fordern.

Läßt sich dieses planen? Natürlich ist es möglich. Anstatt sich vor dem Pensionsschock und dem „schwarzen Loch" zu fürchten, wäre es geraten, sich dann den Kopf darüber zu zerbrechen, ob nicht der Sinn, den man auch weiterhin dem Leben zu geben gedenkt, in einem Ehrenamt zu finden wäre. Warum nicht solches überdenken, wenn man noch im aktiven Leben steht? Warum nicht auch in dieser Hinsicht für jene Periode planen, die *nachher* kommt? Das freilich hat weder mit

Einkommen noch mit Niveau zu tun. Diese Planung ist eine Frage der Klugheit. Noch einmal gesagt, was die Pension betrifft: certus an, incertus quando. Die Pension kommt, so ist zu hoffen, ganz bestimmt. Für sie zu planen hat viele Gründe. Die Planung könnte auch ein Ehrenamt umfassen. Täglich den Gartenzwerg des Nachbarn zu waschen, ist darunter nicht zu verstehen.

Kapitel 23
Die neue Zwei-Klassen-Gesellschaft

Warum in der Pension sowohl Kommunikation wie Information so wichtig sind

Die „Neue Kronenzeitung" ist, im Verhältnis zur Bevölkerungszahl gesehen, die auflagenstärkste der Welt. Nirgendwo hat ein Printmedium einen so großen Teil der zeitunglesenden Schichten – die ab dem Alter von 16 Jahren angenommen werden – erfaßt, nirgendwo sonst ist die Reichweite einer Tageszeitung so umfangreich. Nicht einmal in China ist ein solches Medium vorhanden. Die „Krone" wird täglich von knapp der Hälfte der Österreicher gelesen. Was dies für die – ja, sagen wir es offen: Macht einer Zeitung bedeutet, braucht nicht eigens erwähnt zu werden.

Warum ist dies so? Die „Neue Kronenzeitung" und ihre Macher haben es zustande gebracht, eine Zeitung zu gestalten, die für alle Altersschichten und Bevölkerungsgruppen gleichermaßen lesbar ist, für einige sogar die einzige gedruckte Informationsquelle. Die „Krone" ist stolz darauf, Leserschichten jeden Niveaus zu vereinen, und sie lehnt es vehement ab, als „Hausmeisterblatt" bezeichnet zu werden, was im übrigen auch nicht stimmt. In absoluten und relativen Zahlen gehören zu ihren Lesern mehr Teile der A-Schicht, also Akademiker und Maturanten, als alle Qualitätszeitungen des Landes zusammenrechnen können. Denn wer vieles bringt, wird manchem etwas bringen ...

Tatsache ist freilich, daß die „Neue Kronenzeitung" vor allem der 60plus-Generation etwas bringt. Sie ist keine Pensionistenzeitung, aber hat naturgemäß einen höheren Anteil von

Pensionisten unter ihren Lesern als etwa „Die Presse" oder „Der Standard". Auch in dieser Hinsicht scheint die „Krone" ein internationales Unikat zu sein. Sie ist mit jenem Fingerspitzengefühl gestaltet, das es erlaubt, mit Hilfe von einfacher Sprache und dem größtmöglichen Verzicht auf Fremdwörter die Generationen der Ruheständler zu informieren und zu unterhalten, ohne sie zu „infantilisieren". Daß dennoch auch Universitätsprofessoren sich nicht genieren, die Zeitung zu lesen, spricht für die Kunst ihrer Macher.

Vielleicht hängt diese Kunst damit zusammen, daß die „Krone"-Leute von ihrem Chef und Zeitungs-Neugründer Hans Dichand lernen konnten, wie man journalistisch umsetzt, daß Jugend auch ein Alter sei. Wie man Informationen weitergibt, ohne daß die älteren und alten Rezipienten Lexikon und Duden neben der Zeitung liegen haben müssen. Man kann viel, sehr viel gegen die „Krone" einwenden. Eines kann man nicht behaupten: daß sie nicht in der Lage sei, nicht zuletzt durch die Einfachheit (nicht mit Simplizität zu verwechseln) ihrer Wortwahl, ihrer Satzgestaltung, kurz ihres Inhalts, vor allem bei der 60plus-Generation zu punkten. Nebenbei trifft auf dieses große Medium zu, was in der Gruppendynamik immer wieder gesagt wird: nicht einen Trend zu schaffen, sondern zu spüren, wo einer liegen könnte, und ihn zu verstärken und sich gegebenenfalls an die Spitze zu setzen. Dieses „Gespür" hat die „Krone", das angebliche „Hausmeisterblatt", noch allemal – nota bene in einem Land, wo die Hausmeister längst Seltenheitswert haben.

In der Mediennutzung der Pensionisten liegen Zeitunglesen und Fernsehkonsum fast gleich auf. Täglich sitzen 74 Prozent vor dem Fernseher, 64 Prozent lesen Zeitungen oder Illustrierte. Interessant ist, daß das Durchschnittsalter aller TV-Konsumenten immerhin 47 Jahre beträgt. Fast noch interessanter ist die Altersgruppe jener, die die Show „Starmania" sahen: Nicht weniger als 25 Prozent waren über 50 Jahre alt.

90 Prozent der 60plus-Generation besitzen einen Farbfernseher; daß nur 86 Prozent über ein Telefon verfügen, gehört zu

den Skurrilitäten unserer Zeit. Vor diesem Farbfernseher verbringt ein Drittel dieser Altersgruppe zwischen drei und fünf Stunden täglich. Die über Achtzigjährigen verbringen sogar 50 Prozent ihrer „Wachzeit" – die mit 15 Stunden angenommen wird – vor dem Fernseher.

„Der Fernsehkonsum nimmt mit höherem Alter stetig zu und ist bei älteren Menschen im Vergleich zur Gesamtbevölkerung überproportional ausgeprägt, während das Radio unterproportional genützt wird", erklärt der Medien- und Werbeexperte Wolfgang Koschnick. „Das Fernsehen informiert aus Sicht älterer Menschen am besten darüber, was in der Welt geschieht, ist am glaubwürdigsten und hat den höchsten Unterhaltungswert im Medienvergleich." In der Tat vermittelt die Television diese Glaubwürdigkeit in der Meinung der Pensionistengenerationen vor allem dadurch, daß sie Ereignisse ungefiltert präsentiert; die Manipulationsmöglichkeiten und -methoden, auf ebenso eindrucksvolle wie humoristische Weise in dem amerikanischen Film „Wag the dog" demonstriert, wo ein Krieg simuliert wird, um vom Ehebruch eines Präsidenten abzulenken, sind auch heute noch nicht allgemein bekannt.

Gilt das Fernsehen den Pensionisten wirklich glaubwürdiger als die Zeitung? Mein Onkel, Akademiker und langjähriger Pensionist, hatte zu Lebzeiten immer wieder behauptet, in den Printmedien stimme nur das Datum. Bemerkung am Rande: Zu meinem Entsetzen (ich war damals Chefredakteur) ist die Bundesländer-Ausgabe der „Presse" einmal mit dem Datum vom Vortag erschienen. Ich habe es meinem Oheim damals verschwiegen, und er hat es nicht gemerkt.

Sind die Menschen im Ruhestand informiert? Wissen sie, was vor sich geht – in der Stadt, im Land, in der Welt? Gelegentliche Straßenbefragungen – ein gerne geübtes dramaturgisches Mittel in den elektronischen Medien – zeigen mitunter das Gegenteil, sind aber oft manipuliert. Man braucht ja nur Antworten, die nicht „ins Bild passen", in den Kübel werfen. Nein, die „jungen Alten" sind mitunter informierter als die jungen Jungen, die immer wieder behaupten, weder fürs Zeitunglesen noch fürs Fernsehen Zeit zu haben. Die Resultate sind leider oft ersichtlich.

Aber hat der Fernsehkonsum der 60plus-Menschen wirklich mit Informiertheit zu tun? Ist er nicht eher die beliebteste Art der Freizeitgestaltung, wird das Fernsehgerät nicht als Berieselungsanstalt verwendet? Ich erinnere mich an einen Leserbrief, der vor sehr vielen Jahren in der sozialistischen „Arbeiterzeitung" erschienen ist. Damals hatte das österreichische Fernsehen, das längst noch nicht ORF hieß, seine tägliche Sendezeit bis 22 Uhr verlängert; dann wurde die Bundeshymne gespielt und die Staatsfahne wehte im Wind. In seinem Brief an die AZ ereiferte sich der Leser, ein offenbar in Ehren grau gewordener Sozialdemokrat: Er finde es unerhört, daß er jetzt so lange aufbleiben müsse.

Leopold Rosenmayr, der „Alterswissenschaftler", hat freilich dazu seine eigene – und, wie ich glaube, durchaus richtige – Meinung. Er findet starke Zusammenhänge zwischen überdurchschnittlich hohem Fernsehkonsum, der wieder eine Folge von Passivität und Initiativearmut sei, und Trägheit, die ihrerseits wieder zu „Altersgejammer" führe.

Das heißt: Es sich in der Pension nur im Fernsehsessel bequem zu machen, und dies einen halben Tag lang, sei nicht nur der Tod jeder alterskonformen Aktivität, sondern auch jeder Art von Kommunikation. Schon vor Jahrzehnten ist behauptet worden, der Familienkreis habe sich zum Familienhalbkreis umgebildet, zum Halbkreis vor dem Fernsehapparat. Und unter den Illustrationen eines humorvollen Buchs, das von der Archäologie im vierten Jahrtausend handelte, war eine Zeichnung besonders bemerkenswert. Es zeigte die Skelette zweier Menschen, die vor einem als Fernseher erkenntlichen Apparat lagen. Die Meinung der Archäologen war, es habe sich um die Reste von Betenden vor einem Hausaltar gehandelt, der einer unbekannten Gottheit gewidmet war.

Dienen Zeitung und Fernsehen der Kommuniktion? Sind sie Teil der Kommunikation, was die Menschen im Ruhestand betrifft? In der Tat ist es Teil des Pensionsschocks, plötzlich von der Kommunikation ausgeschlossen zu sein. Ausgegrenzt, wie es immer wieder heißt. Dem freilich steht die Tatsache gegenüber, daß die „neuen Alten" die „jungen Alten" immer häufiger und immer intensiver mit den neuen Mitteln der Kommunikation vertraut machen wollen und dies auch erreichen.

Wir sind unterwegs in eine neue „Zwei-Klassen-Gesellschaft", in der es nicht um reich oder arm geht, sondern um die Fähigkeit, sich auch im Alter noch mit neuen technischen Errungenschaften zu befassen. Ohne minimale Grundsätze der Computerisierung bleibt man in einer anderen, in der zweiten Klasse der Gesellschaft festgehalten. Daher gibt es keine andere Altersgruppe der Bevölkerung, die sich so intensiv mit der Kommunikation im allgemeinen und jener der technisierten zwischenmenschlichen im speziellen befaßt wie jene der über Sechzigjährigen.

Die Pensionistenverbände wissen ein Lied davon zu singen. Computerkurse, Anleitungen zum Gebrauch von Mobiltelefonen, vor allem auch zur Nutzung des Internets sind „überbesetzt", meist ausgebucht und müssen wiederholt werden. 18 Prozent der Pensionisten zwischen 61 und 65 Jahren nutzen das Internet, von 66 bis 70 Jahren sind es immerhin noch 12 Prozent und drei Prozent der Internet-Nutzer sind älter als 71.

Parallel dazu – und das trifft nicht nur den Briefmarkenverkauf der Post, sondern vor allem auch die Philatelistenvereine – vermindert sich die Zahl der Briefmarkensammler von Jahr zu Jahr. Versuche, der Philatelie neues, junges Blut zuzuführen, sind meist wenig erfolgreich. Selbst unter den Hoch- und Höchstbetagten finden sich immer mehr E-Mail-Enthusiasten. Wer sich mit diesen Innovationen à la longue nicht anfreundet, reist kommunikationstechnisch nicht in der ersten, sondern in der zweiten Klasse.

Aber wer will das schon? Der Pensionsschock manifestiert sich besonders drastisch, wenn man nicht in der Lage ist, mit seinen Enkeln zu „kommunizieren", da man ja, wie gesagt, nicht einmal mehr ihre Sprache versteht.

Noch einmal: Die Jugendsprache, ja die Kindersprache

überfordert die Älteren und Alten. Aber nicht deswegen, weil sie sich in dieser Sprache nicht verständigen könnten, sondern eher, weil die Sprache sich fast alljährlich verändert, weil neue Wörter geschaffen und alte auf den Misthaufen der Sprachgeschichte geworfen werden, sodaß die Pensionisten, die sich, aller Infantilisierungsgefahr zum Trotz, der Jugendwörter bedienen, sofort als Mensch gewordene Anachronismen erkannt werden. Die Wörter, die sie gebrauchen, um gleichsam à jour zu sein, sind schon wieder von vorgestern.

Auch das aber ist eine Facette der Ausgrenzung, wie sie im Pensionsschock gefürchtet wird: Nicht kommunizieren zu können, wenn nicht in der Lage ist, die neuen Kommunikationsmittel zu nutzen. Die Sprache, aber auch jene Mittel, die auf Interaktivität beruhen. Es ist begreiflich, daß alte Leute – sprich Pensionisten – mit dem Lesen von Fahrplänen Schwierigkeiten haben. Daß aber an zweiter Stelle dann gleich die Handhabung von Mobiltelefonen steht, ist nicht nur Schuld der im Pensionsschock verweilenden, sich nicht rechtzeitig auf die Ruhezeit vorbereitet habenden Pensionisten. Es ist auch Schuld der Geräteproduzenten, deren Bedienungsanleitungen sich mitunter lesen, als ob sie von Ingenieuren für Ingenieure geschrieben seien. Es gibt keine dummen Pensionisten, es gibt nur bedienungsfeindliche elektronische Geräte.

Ist indes nun auch das Briefeschreiben unaktuell geworden? Ist die Epistel im Zeitalter des Internets ein Anachronismus? Es wäre schade. Noch mehr aber wäre es bedauerlich, wenn im Zeitalter der neuen Kommunikation auch die Bücher nur noch in Bibliotheken verstaubten. Das findet Gott sei Dank nicht statt, das „wird nicht gespielt", wie man so schön sagt. Freilich, die Zukunftswünsche angehender Pensionisten sind nicht immer wörtlich zu nehmen. Wenn einer oder eine sagt, in der Pension werde er oder sie endlich Zeit haben, Bücher zu lesen, darf man dies nur mit Einschränkung zur Kenntnis nehmen. Wer vor der Pension nicht gelesen hat, wird es nachher auch nicht tun. Wer immer wieder behauptet hat, er oder sie habe ganz einfach keine Zeit, wird auch nachher dafür keine finden.

Das wichtigste Kommunikationsmittel freilich, der wichtigste Ausdruck der Beziehung von Mensch zu Mensch ist immer noch das Gespräch. Zumindest auf dieses wird in der Pension von niemandem verzichtet – es sei denn, er ist der Sprache nicht mehr mächtig. Es ist das Gespräch in der Familie, in der Ehe, unter Freunden. Es ist das Gespräch im Wartezimmer, sogar im Zug, im Flugzeug. Ich bitte, ältere und alte Leute nicht als Schwätzer zu betrachten, wenn sie das Gespräch suchen – und sei es mit Wildfremden. Sie wollen kommunizieren, sie brauchen Kommunikation, und sie benötigen dazu weder E-Mail noch Mobiltelefon. Sie wollen in einer volltechnisierten Welt, die von Robotern bevölkert scheint, Menschen bleiben. Sie wollen dem Pensionsschock entgehen. Ich bitte, sie Menschen bleiben zu lassen.

Kapitel 24
Der übersehene Reichtum

Wie lange wird die Werbung noch dem Jugendkult huldigen?

Zwei Fernsehspots sind es, die mir nach langer Zeit noch in Erinnerung blieben. Beide Spots haben mit alten Leuten, mit Pensionisten zu tun. Der eine ist hervorragend, der andere abgrundtief dumm. Beide sind, glaube ich, von Versicherungsgesellschaften bestellt worden.

Fangen wir mit dem klugen an. Ein junges Paar (offenbar verheiratet) verabschiedet sich vom weißhaarigen Vater, der es am Stock zur Tür begleitet. Das Paar ist offensichtlich unterwegs in eine Diskothek. Kaum hat der Papa hinter den beiden die Tür geschlossen, wirft er den Krückstock weg, schlüpft in ein elegantes Sakko – und man sieht ihn in einem Cabriolet mit Freundin unterwegs zur Abendunterhaltung. Und siehe da: Die beiden besuchen dasselbe Tanzlokal, in dem sich auch das junge Paar vergnügt. Es sieht die beiden jungen Alten – und staunt über alle Maßen. Punkt. Aus.

Und jetzt der dumme Werbespot. Eine junge Frau im Brautkleid steht neben einem uralten Mann, der offenbar der Bräutigam ist, vor dem Standesbeamten. Dieser stellt die üblichen Fragen: Sind sie bereit …? Ja, ruft die Braut freudig. Der Beamte wiederholt für den Bräutigam, wiederholt die Frage ein zweites Mal, weil der alte Herr sichtlich schwerhörig ist, und erst als die junge Frau ihn aufrüttelt, antwortet der Greis. Punkt. Aus.

Wie sind die beiden Spots zu interpretieren gewesen? Der eine zeigte einen typischen Vertreter der „Yollies" (Young old leisurely living people), der zweite einen Gruftie, der von der jungen Braut sichtlich um seiner Rente willen geheiratet wird. Der eine ist in der Tat als junger Alter geschildert, der zweite als Sabbergreis, als Mensch, der infantilisiert wurde, der – könnte er noch springen – fast als Hampelmann wirken würde.

Die beiden Werbespots zeigen Verständnis und Unverständnis der Werbung gegenüber jener Altersgruppe, die immer umfangreicher werden wird. Gegenüber auch jener Gruppe, deren Lebenserwartung – und Konsumzeit – immer länger wird. Man kann nicht oft genug darauf hinweisen: Die Menschen werden ihre Pension länger genießen, als sie gearbeitet haben – viel länger. Und sie sind die wohlhabendsten Pensionisten der Sozialgeschichte.

Im Jahr 2020 werden etwa die deutschen Pensionisten insgesamt doppelt so viel Geld für ihren Konsum ausgeben wie heute. Daß dies in Österreich nicht viel anders sein wird, ist anzunehmen. Die „Frankfurter Allgemeine Zeitung" zitiert den Prognose-Forscher Michael Gschlesinger: Zwar könnten die künftigen Senioren deutlich weniger Geld aus den gesetzlichen Rentenkassen erwarten. „Aber sie haben viel mehr Kapitaleinkünfte". Selbst unter Berücksichtigung der Geldentwertung gäbe es noch einen realen Konsumzuwachs um ein Drittel.

Und weiter: „Die künftigen Alten werden ihr Geld anders ausgeben als die heutigen Senioren. Für die heute Berufstätigen ist Freizeitkonsum selbstverständlich. Das werden sie sich auch im Alter nicht abgewöhnen. Tourismus, Fitness und Bildungsangebote profitieren davon."

Man kann nicht umhin, von einer zusätzlichen Version des Pensionsschocks zu sprechen, der in diesem Fall ein heilsamer Schock ist: Ein Pensionsschock für die Werbung. Sie wird freilich von Menschen gemacht, die, sind sie älter als 30, fast schon zum alten Eisen gerechnet werden. Sie werben für ihresgleichen und huldigen dem Jugendkult, übersehen dabei aber, daß sie an den wirklich „Betuchten" vorbeiwerben. Die illustrierten Inserate, die Reklambeilagen etwa von Peek & Cloppenburg zeigen ausschließlich junge Männer und junge Frauen, die kaum jenem Alter entwachsen sind, das die jugendlichen Werber für das beste erachten. Wenn ein graues Haar vorkommt, ist es bestenfalls gemasht. Jugend ist Trumpf, die Alten mögen ihre satten Pensionen lukrieren, aber sie sind offenbar nicht interessant. Oder waren es zumindest.

In Wahrheit hat es eine Änderung der Kultur gegeben – der Jugendkultur, aber auch der Kultur der Senioren. Halt: Prüfen wir erst einmal (und nicht nur aus werbetechnischen Gründen), ab welchem Alter man denn nun wirklich „Senior" ist. Auch hier bietet eine Umfrage des Institutes für Grundlagenforschung (IGF) Auskunft. Gefragt wurden 304 Personen über 55 Jahre. Die Mehrzahl meint, daß man Menschen als Senioren bezeichnen dürfe, die das 60. Lebensjahr überschritten haben. Immerhin ein Viertel der Männer und 20 Prozent der Frauen behaupten, erst nach 65 Jahren sei man Senior, und ebenso viele Frauen, nämlich ein Fünftel, stufen Senioren erst ab 70 Jahren ein, während es bei den Männern nur 11 Prozent sind. Das heißt: Die Männer setzten das Seniorenalter deutlich früher an; die Hälfte der befragten Personen sieht sich ab 60 Jahren als Senior.

Bei dieser Frage stellte das IGF fest, daß mit steigendem Bildungsniveau auch der Begriff „Senior" erst ab einem höheren Alter eingestuft wird. Im Klartext: Bei den Leuten mit Matura oder Universitätsabschluß sehen mehr als ein Drittel den Begriff Senior erst ab 70 Jahren.

Was heißt das? Fühlen sich die Menschen mit höherem Bildungsgrad fitter, geistig vifer, punkto Kapazität und Kompetenz besser ausgestattet als die anderen? Oder kann man die Ursache für diese Differenz darin suchen, daß Akademiker, auch wenn sie aus dem Beruf ausscheiden oder ausscheiden müssen, doch lieber länger gearbeitet hätten? Vielleicht ist auch der Drang zur Frühpension dementsprechend differenziert zu sehen. Vielleicht ist die „Pensionssucht" bei Maturanten und Akademikern weniger häufig als anderswo.

Doch bleiben wir bei der erwähnten Änderung der Kultur. Sie ist, sagen Werbemanager von gesetzterem Alter, also nicht die „jungen Spunde", längst durch die Alterung der Gesellschaft von innen heraus verändert worden. Die heute immer wieder genannten „jungen Alten" legen den Akzent auf jung, obgleich die „jungen Jungen" noch immer Konsum und Markt zu beherrschen glauben. Die Jugendkultur – es kann nicht oft genug gesagt werden – geht in den nächsten Jahrzehnten ihrem Ende zu, parallel mit der Verlängerung der Lebenserwartung, parallel mit der Alterung der Gesellschaft, parallel auch mit der immer wieder festzustellenden Tatsache, daß die Menschen weitaus länger in Pension sein werden, als sie im Arbeitsprozeß stehen.

Das ergibt sich schon einmal aus der Tatsache, daß es immer mehr – und immer weniger infantilisierende, despektierliche, disqualifizierende – Bezeichnungen für die Senioren gibt, die im übrigen selbst nicht Senioren genannt werden wollen. Da gibt es die „Best Agers", die „Winning Generation", die „Master Consumers", „Mid Agers", die „Surplus Generation", die erwähnten Yollies, die „Woopies" (Well-off older people), die „Grampies" (besonders kompliziert: „Growing retired active moneyed people in an excellent state") oder, eine vernünftige Bezeichnung: „Selpies" (Second life people). Allesamt können diese Bezeichnungen unter einer subsumiert werden: Neue Alte.

All das zeigt, daß – was die Werbung langsam begreift, aber eben nur langsam – die Attribute des Altseins auch bei den Alten, den Pensionisten und Pensionistinnen, verschwinden. Sie sind – wie oft habe das jetzt schon geschrieben, wie oft werde ich es noch schreiben? – jünger, als man glaubt (oder früher geglaubt hat), während der alte Schluß, daß Jugend auch ein Alter ist, eben die Abkehr vom Jugendkult einleitet. Man muß dabei nicht so rigoros vorgehen wie Saparmurat Nijasow, der Präsident von Turkmenien. Selbst 62 Jahre alt, erließ er ein Dekret, das forderte, „alt" dürfe nur derjenige genannt werden, der das 85. Lebensjahr erreicht habe.

Gehen wir nochmals zurück zur Veränderung der Kultur durch die Älteren und Alten. Da sich deren Zahl dauernd verändert und immer größer wird, verändert sich auch der Zeitpunkt des Ausstiegs aus dem Beruf. Demgemäß wird es zu einer Verjüngung der „nicht mehr aktiven" Bevölkerung kommen, wie Wolfgang J. Koschnick schreibt.

Parallel dazu ergibt sich dann auch natürlich immer wieder die Frage, wie es mit der finanziellen Ausstattung dieser Generation der „jungen Alten" bestellt ist. Wieder soll da eine IGF-Erhebung zitiert werden, die sich mit der Frage beschäftigte: „Welche Altersgruppe hat ihrer Meinung nach am meisten Geld zur Verfügung?" Gefragt wurden wieder 304 Personen über 55 Jahre, also Mitglieder der „50plus"-Gesellschaft. Die Antworten waren relativ klar. 56 Prozent hielten Leute zwischen 46 und 60 für die „reichsten", 27 Prozent jene über 60 Jahre. Das heißt: Mehr als drei Viertel der Befragten widersprachen der landläufigen Meinung, im Alter zwischen 30 und 45 Jahren erreiche man den Höhepunkt seines Einkommens. Und was gar die vielzitierten „jungen reichen" Leute betrifft, die ihren finanziellen Höhepunkt bereits in den späten Zwanzigern erreicht haben, so sind sie in der Meinung der Befragten völlig unterrepräsentiert. Nur ein Prozent stimmt dieser Auffassung zu. Mehr als ein Viertel der befragten Personen ab 55 Jahren ist laut IGF sogar der Meinung, die Pensionisten hätten am meisten Geld zur Verfügung. Es sind offenbar jene, die der Feststellung zustimmen, die Pensionistengeneration des angehenden 21. Jahrhunderts sei die reichste der Geschichte.

Daß dies unbestritten ist, weiß man. Aber daß es keine Altersarmut mehr gäbe, darf bestritten werden. Sie ist natürlich vorhanden – in Wohnsilos, in Heimen, in Spitälern. Es gibt die Altersarmut genauso, wie es die Alterseinsamkeit gibt. Deswegen täuschen alle Statistiken und Berichte über den wachsenden Konsum der „Neuen Alten". Vielleicht sind da auch viele Fakten zu erzählen, bei denen Wünsche die Väter der Gedanken sind.

Tatsache ist jedenfalls, daß die deutschen Reiseveranstalter (und viele österreichische haben bereits deutsche „Mütter") zwar deutlich weniger Buchungen von Familien feststellen; der Rückgang sei auf die derzeitige Wirtschaftslage zurückzuführen. „Bei den Senioren spüren wir hingegen keine Rückgänge", sagte Christian Boergen vom deutschen Reisebüro und Reiseveranstalterverband DRV Ende 2002 der „Frankfurter Allgemeinen Zeitung".

Luxusreisen, Kreuzfahrten, großer Komfort, ferne Länder – diesbezüglich müssen sich die Reisebüros noch immer keine Sorgen machen. Und was für Deutsche und Österreicher recht ist, scheint für Amerikaner trotz der auch dort zeitweilig herrschenden wirtschaftlichen Flaute billig zu sein, freilich nur im übertragenen Sinn. Ich traf vor einigen Jahren in Ushuaya an der Südspitze Argentiniens eine Reisegruppe, die mit einer speziell ausgestatteten Boeing 747 eine Reise um den Globus machte und in Feuerland einen Stop einschaltete. Die Gruppe bestand fast zur Gänze aus Ruheständlern beiderlei Geschlechts, die Tausende von Dollars für die Reise ausgegeben hatten. Einer trat in kurzärmeligem Hawaiihemd und Shorts auf, weil er der Meinung war, je weiter man in den Süden reise, desto heißer werde es. Vom Äquator und der Antarktis scheint er nichts gehört zu haben.

In Amerika gilt offenbar, was auch in Europa und im speziellen in den deutschsprachigen Ländern immer häufiger anzutreffen ist. Nicht mehr die Erbschaft, nicht mehr das Vererben an Kinder und Kindeskinder ist in Mode, sondern immer mehr die bereits erwähnten hedonistischen Neigungen. Abermals darf eine GFK-Umfrage bemüht werden: Fast die Hälfte von 1800 Befragten zwischen 50 und 79 Jahren, nämlich 45 Prozent gaben an, „sie würden sich lieber ein schönes Leben machen, als immer nur zu sparen". Die „jungen Alten" fühlen eine neue Lebenslust.

Wieder ist der Kulturwandel eine der Ursachen, vielleicht die wichtigste. Die 50plus-Generation, vor allem die 60- und 70jährigen und jene, die noch älter sind, haben die Mangeljahre des Krieges und der ersten Nachkriegszeit verdrängt oder vergessen, sonnen sich im Bewußtsein, der Wiederaufbaugeneration anzugehören und konsumieren.

Freilich wird sich da schon bald eine Diskrepanz ergeben

zwischen Produzenten und Konsumenten. Wieder will ich eine demographische Statistik zu Hilfe rufen. Wenn, wie in Deutschland 2035, der Anteil der arbeitenden Bevölkerung 15 Prozent kleiner ist als heute, und wenn die Menschen weiterhin so konsumieren wie heute, muß diese Menge an Gütern und Dienstleistungen von weniger Arbeitskräften produziert werden. Die Pensionistengesellschaft wird dennoch weiter lustvoll konsumieren. Aber der Sozialforscher Meinhard Miegel rechnet in seinem Buch „Die deformierte Gesellschaft" vor, daß „der Konsum in abnehmendem Maße sinnstiftend wirken werde".

Die Gesellschaft ist freilich nicht deformiert, wenn sie sich da und dort direkt an die Älteren wendet. Wenn gerade die Älteren zu Käufen animiert werden – und nicht nur, was Arzneien betrifft. Die Idee, „50plus Läden" zu schaffen, greift um sich. Das Verkaufspersonal ist nicht unter Fünfzig und die Kundschaft zumeist grau oder weißhaarig. Die Regale sind so eingerichtet, daß die Artikel auch für Gebrechliche leicht erreichbar sind, und die Preise sind größer angeschrieben.

Zwischen Konsumzunahme und Konsumabnahme steht die Werbung und ist, wie wir gesehen haben, dabei, ihren eigenen Pensionsschock zu überwinden. Es scheint, als habe sie ihren Weg, was die „jungen Alten", die „neuen Alten" betrifft, noch nicht gefunden. Schon vor Jahren, sagt Dr. Rudolf Bretschneider, Chef des Fessel- und des GFK-Instituts in Wien, habe sich in Deutschland die „Gruppe Grey" mit diesen Zielgruppen beschäftigt und sich gefragt, welche Werbestile notwendig seien: „Was soll man tun und was soll man besser unterlassen." Wobei da natürlich bei diesen einfachen „Do's and Don'ts" zum Teil simple Dinge herauskommen, wie: Nimm deine Konsumenten, die du ansprechen willst, ernst, erniedrige sie nicht – was häufig passiert, indem man sich wie gesagt über ältere Leute in Bild und Ton lustig macht.

Man kann auch davon ausgehen, daß etwas reifere Konsumenten einen im großen und ganzen rationaleren Anprachestil bevorzugen, einen weniger schnellen, etwa, was die elektronischen Werbemöglichkeiten betrifft, einen nachvollziehbaren

Stil. Das mag physiologische Gründe haben – weil die Wahrnehmung in manchen Bereichen etwas langsamer wird. „Das mag aber auch durchaus mit dem zu tun haben, was man als ‚Consumer Capital' bezeichnet. Menschen über 60, 65 haben in ihrem Leben mehr gesehen, haben mehr vergleichen können, fallen vielleicht auf bestimmte Dinge nicht mehr so gern herein, oder nicht mehr so schnell. Kurz, es gibt ein paar Dinge, die Werbespezialisten, die sich für diese Zielgruppe interessieren, herausgefunden haben und die man berücksichtigen sollte, wenn es um Konsumenten im Alter über 55, 60, 65 geht", sagt Bretschneider.

90 Prozent dieser Altersgruppe haben schon vor Jahren auf die Frage: „Wie finden sie die gegenwärtige Werbung?" geantwortet: „Das ist Jugendwerbung, die interessiert mich nicht." 78 Prozent sagten: „Die sollen mehr Leute zeigen wie mich. Wer bin ich denn?" und 60 Prozent meinten: „Die reden nicht mit Leuten wie mir, die sprechen mich überhaupt nicht an". Die Umfrage, veranstaltet von der bereits erwähnten „Gruppe Grey", ist nicht die allerneueste, dürfte aber nach wie vor nicht unaktuell sein und das laut Bretschneider immer noch existierende Unverständnis auf Werberseite teilweise behoben haben. Und dieses Unverständnis hängt wie gesagt mit dem Alter der Werber zusammen. Dazu Bretschneider: „Es ist eben traditionell eine sehr junge Generation; die werden jetzt aber auch etwas älter und kennen die Probleme und Sichtweisen auch ihrer Umwelt und ihrer Lebenswelt etwas besser. Vielleicht wird es sich aus diesem Grund verändern. Aber es bedingt natürlich, wie jedes Eindringen in spezifische Zielgruppen, denen man nicht persönlich angehört, eine Beschäftigung mit den sich eben ändernden Kulturen – wie Jugendkultur und Seniorenkultur."

Intensiv befaßte sich vor kurzem ein Fachmagazin für Marketing mit dieser Problematik: „Jenseits des ‚Altenmarketing'. Langsam beginnt das Marketing, die Irrtümer zu verstehen, die sich bislang um die neuen Altersmärkte rankten. Es geht nicht um Telefone mit großen Tasten, Seniorenportionen in der

Tiefkühltheke oder Rollstühle mit mehr Komfort. Es geht um ausgereifte, schöne, edle Qualitäts-Produkte, die generationsmäßig ‚nach oben offen' sind. Es findet ein Qualitätstransfer von ‚jung' nach ‚alt' statt. Die A-Klasse von Mercedes zum Beispiel war als Einsteigermodell für jüngere Familien gedacht, wird aber von Älteren wegen der hohen Sitzposition gekauft, ebenso wie viele Offroad-Autos, Genuß-, Wellness- und Verwöhnurlaube, meist mit jungen Damen vermarktet, in Wahrheit von der 60plus-Generation zum Verkaufsschlager gemacht werden."

Die schönsten (und teuersten) Harley Davidson-Motorräder werden fast ausschließlich an Pensionisten über 60 Jahre verkauft. Vor Jahren hat es im ersten Bezirk ein Treffen solcher Motorrad-Fans gegeben – darunter viele pensionierte Anwälte, Ärzte, Manager. Das Nenngeld wurde einem guten Zweck zugeführt. Die hedonistische Kulturwandlung äußert sich sogar in der Tätigkeit einer Agentur für „Senior Models". Und weil wir gerade dabei sind: In Wiener Massen-Zeitungen finden sich unter „Kontakte" oder „Massagen" sogar solche, die eine „Oma" anpreisen. Das Alter ist jeweils nicht angegeben.

Bretschneider ist mit Leopold Rosenmayr der Meinung, es gäbe eine „altersbunte Gesellschaft". Die Gruppe zwischen 50 und 85 sei nicht einheitlich, „und sie wird vermutlich immer weniger einheitlich werden, je mehr diese Individualisierungstrends, die es in der Gesamtgesellschaft gibt, auch in diese höheren Altersgruppen einwandern bzw. dorthin mitgenommen werden".

Kapitel 25
Harmonisierung, das unbekannte Wesen

Gleiche Pensionen für alle – oder bleiben manche gleicher als gleich?

Der letzte Schrei ist die Harmonisierung. Der letzte Wehschrei? Harmonisierung heißt Übereinstimmung aller Pensionssysteme, von denen wir ja in Österreich sehr viele unterschiedliche haben; das ASVG und das Pensionsrecht der Beamten sind da nur ein Beispiel. Harmonisierung ist der nächste Schritt nach der Reform des ASVG-Pensionssystems. Man bemüht sich, diesen Schritt zu unternehmen. Der Weg, auf dem man ihn zurücklegt, trägt viele Stolpersteine. Bis man am Ende des Weges angelangt sein wird, dürfte noch viel Zeit vergehen.

Es gibt nicht nur einen Weg zur Harmonisierung, sagt Prof. Theodor Tomandl, der Vorsitzende der Pensions-Reformkommission. Den ersten Teil seiner Arbeit, die Reform des ASVG-Pensionssystems, hat er hinter sich gebracht, ohne mit dem Ergebnis zufrieden zu sein. Er war vor allem nicht einverstanden mit den Nachjustierungen, die vorgenommen werden mußten, um das Gesetz parlamentsreif zu machen. Er meinte, daß sich der Staat à la longue das, was beschlossen worden ist, nicht werde leisten können. Er ist mit der Deckelung nicht glücklich gewesen und auch mit verschiedenen anderen Bestimmungen, die er sich anders und für den Staat billiger vorgestellt hätte.

Aber nun ist es einmal so weit, das Parlament hat gesprochen, Roma locuta, causa finita – ohne daß ich den Nationalrat mit Rom vergleichen möchte; und auch dieses hat sich ja, wie wir wissen, gelegentlich geirrt. Um einem Irrtum zu entgehen, wird das Thema Harmonisierung noch lange diskutiert werden müssen – so sagt zumindest Prof. Tomandl.

Unausgesprochen meint er, daß nicht alle, die von einer Harmonisierung der Pensionssysteme sprechen, auch wirklich verstehen, wovon sie reden. „Ich glaube, es ist nicht möglich, dann herzugehen und zu sagen: wir haben jetzt alle einheitlich ein System. Seien es Selbständige, Beamte des Bundes, der Länder und Gemeinden und so weiter. Ich glaube nicht, daß das geht. Aber einige vertreten offenbar diese Auffassung."

Harmonisierung kann aber auch bedeuten, daß man eine möglichste Annäherung herbeiführt, daß die Grundsätze für alle gleich sind, daß aber trotzdem in einzelnen Fällen unterschiedliche Regelungen hie und da vorhanden sind. Daß es da ganz besondere Probleme gibt, sieht man beispielsweise an der Frage: Soll es auch in Hinkunft ein Mindestpensionsalter geben? Wenn das der Fall sein soll, sagt Prof. Tomandl, ergibt sich eine weitere Frage: Soll das nun für Männer und Frauen einheitlich gleich oder soll es unterschiedlich sein?

„Da sehen wir nämlich heute etwa das Problem: daß wir im Bereich der Sozialversicherung ein unterschiedliches Pensionsalter haben, bei den Beamten aber nicht. Da gibt es ein einheitliches Pensionsalter für Männer und Frauen. Wenn ich daher jetzt sage: Es muß alles gleich sein, dann müssen wir für den Gesamtbereich entweder ein unterschiedliches oder ein einheitliches Pensionsalter haben. Beides wird rechtlich kaum zu verwirklichen sein."

Die Harmonisierung der Pensionssysteme dürfte also nicht zuletzt an den Beamtenpensionen scheitern, vorläufig zumindest. Dazu wieder Tomandl: „Wenn man sagt, man werde in Hinkunft auch für Beamte ein unterschiedliches Pensionsalter einführen, also für Männer anders als für Frauen, dann geht das überhaupt nicht mehr, weil es dem EU-Recht widerspricht. Und das kann man dann auch nicht mit einem Verfassungsgesetz aus dem Weg räumen. Da bliebe nur der andere Weg über, nämlich auch im Bereich der Sozialversicherung ein einheitliches Recht, wie es derzeit bei den Beamten der Fall ist. Das aber geht aufgrund des bestehenden Verfassungsgesetzes erst ab dem Jahr 2033. Wenn man das vorher machen will, bedarf es einer Verfassungsänderung. Wenn die zustandekommt – ok. Dann kann man das früher einführen."

Die nächste Frage beim Thema Harmonisierung sei die nach den Beiträgen, sagt Theodor Tomandl. Da gäbe es die Idee, die Beiträge sollten für alle gleich sein. „Wir haben aber heute sehr unterschiedliche Beiträge." Ein weiteres Problem sei das eines Pensionskontos, das als Idee bereits Form angenommen hat. „Aber das Pensionskonto, das man hier angedacht hat, ist kein echtes Konto, das kapitalgedeckt ist, sondern man will im Umlageverfahren bleiben." Das heißt, daß aus den Beiträgen der im Erwerbsprozeß stehenden Menschen die Pensionen bezahlt werden.

Es werde aber, sagt Tomandl, ein sozusagen fiktives Pensionskonto eröffnet. „Es werden die Beiträge des jeweiligen Einzahlers auf einem individuellen Konto verbucht. Und diese Beiträge werden dann verzinst, obwohl ja natürlich kein echtes Kapital vorhanden ist. Das heißt, sie werden aufgewertet, wobei man daran denkt, daß das in irgendeiner Weise der Lohnentwicklung folgen soll. Auf diese Art und Weise wird ein Kapital jetzt aufgebaut, eines, das nur in den Büchern steht. Es soll dann dazu dienen, die individuelle Pension finanzieren zu können."

Beim Pensionskonto gibt es zwei grundlegende Richtlinien. Die eine ist das beitragsorientierte Konto. „Da kommt es wirklich nur darauf an, wieviel an Beiträgen eingebucht ist. Wie hoch ist dann das Kapitalkonto, das verzinst wurde, zu dem Zeitpunkt, an dem der oder die Betreffende in Pension geht? Danach errechnet sich die Pension. Das heißt: Wie hoch die Pension wirklich ist, kann man erst am Ende des Berufslebens feststellen. Und dies hängt wieder davon ab, wann der Betreffende in Pension gehen will."

Es kann aber auch das leistungsorientierte Pensionskonto geben. „Da soll von Haus aus festgelegt werden, wie hoch die Leistung ist. Das heißt, man geht davon aus, daß hier bereits zu dem Zeitpunkt, wo die Beträge einfließen, festgehalten wird, wie hoch die Pension ist. Es wird hier in Wahrheit alles vorweggenommen, die künftige Entwicklung wird gleichsam vorausberechnet und dient als Grundlage für dieses Pensionskonto".

Im Verhältnis zu diesen Harmonisierungsproblemen mutet der Parlamentsbeschluß über die ASVG-Pensionen an wie ein glasklares Modell. Es leuchtet ein, daß die vieldiskutierte Harmonisierung der Pensionssysteme nicht von heute auf morgen erledigt werden kann. Aber erst dann, wenn auch sie beschlossen sein wird, ist ein Vorhaben abgeschlossen, das zu Recht eines der wichtigsten des 21. Jahrhunderts genannt wird. Es will nicht mehr oder nicht weniger erreichen als Gerechtigkeit. Aber zu ihr zu gelangen, braucht Zeit. Ob die Jungen von heute diese Gerechtigkeit empfinden werden, wenn sie alt sind, steht vorerst noch in den Sternen.

Epilog

Journalisten schreiben am besten dann, wenn sie Berichte über Dinge verfassen, die sie selbst erlebt haben, wenn sie Ereignisse und Entwicklungen kommentieren, von denen sie selbst betroffen sind – oder glauben, betroffen worden zu sein. Es gibt viele in meiner Branche, die das Pensionsalter (das derzeit geltende, wohlgemerkt) erreicht haben. Sie beweisen Gott sei Dank, daß die angeblich sogar statistisch bewiesene Behauptung nicht stimmt, wonach Journalisten, was die Lebenserwartung betrifft, am unteren Rand der Skala aufscheinen. Etliche Zeitungsmacher sind Workaholics und heute noch voll tätig, obwohl sie sich längst hätten in den wohlverdienten Ruhestand zurückziehen können.

Ich bin einer von jenen, die am liebsten bis zum altersbedingten Umfallen gearbeitet hätten, wenn ich nicht buchstäblich umgefallen wäre – krankheitsbedingt. Weil ich nicht abergläubisch bin, sondern auf den lieben Gott vertraue, sage ich: Ich habe trotzdem der journalistischen Lebenserwartung ein Schnippchen geschlagen. Aber ich weiß, wovon ich in diesem Buch geschrieben habe, zumindest teilweise. Noch einmal: Journalisten wissen die Leser dann am ehesten zu fesseln, wenn sie schreiben, was sie selbst am meisten interessiert.

Ich habe für dieses Buch unzählige Informationen gesammelt, viele Gespräche geführt, zahlreiche Interviews gemacht. Ich habe Bücher gewälzt, vor allem aber auch wieder jenes Archiv bemüht, das ich für eines der besten deutschsprachiger Zeitungen halte, jenes der Wiener „Presse" mit Günther Haller, Christian Benda und Monika Prüller. Danken möchte ich auch meinem Verleger Fritz Molden, einem Freund seit vielen Jahren, und meiner Lektorin Helga Zoglmann, sowie meiner Nichte Veronika Chorherr, die gemeinsam mit Gabriele Schenk für mich am Computer geschrieben hat und die nicht nur tippten, sondern mir auch zahlreiche Anregungen gaben.

Es ist schwierig, in eine Entwicklung gleichsam hineinzuschreiben, ein Problem zu behandeln, das sich gewiß noch in vieler Hinsicht ändern wird. Ich habe es dennoch gewagt. Ich wollte eine Bestandsaufnahme schildern. Den „Pensionsschock" wird es wahrscheinlich immer geben. Er wird sich nur wandeln, aber zur Panik gibt es keinen Grund. Mit Vernunft und Gelassenheit kann er überwunden werden – von der Gesellschaft, vom Staat und von jedem einzelnen.

Wien, im August 2003   Thomas Chorherr

ANHANG I

Beschluß des Nationalrates vom 20. Juni 2003 über die Pensionsreform laut „Wiener Zeitung"

Frühpensionen

Die Frühpension wegen langer Versicherungsdauer wird abgeschafft und läuft 2017 aus. Pro Jahr wird das Antrittsalter von derzeit 56,5 bzw. 61,5 Jahren um vier Monate erhöht. Die Frühpension wegen Langzeitarbeitslosigkeit ist bereits mit 1. 1. 2004 Geschichte. Sie wird durch ein Altersübergangsgeld (die Höhe des Arbeitslosengeldes plus 25 Prozent) ersetzt, das bis 2006 ausgeschüttet wird.

Durchrechnung

Der Durchrechnungszeitraum wird bis 2028 von den besten 15 auf 40 Jahre erhöht. Eine Erleichterung gibt es für Mütter: Ihnen werden drei Jahre pro Kind abgezogen. Gleiches gilt für die Familienhospizkarenz. Die Bemessungsgrundlage für Kindererziehungszeiten wird in 25 Zweiprozentschritten von 100 auf 150 Prozent des Ausgleichszulagenrichtsatzes (zur Zeit etwa 650 Euro) erhöht. Pensionsbegründend sind 24 Monate.

Steigerungsbeträge

Die Steigerungsbeträge werden in fünf Jahresschritten bis 2008 von 2 auf 1,78 Prozent gesenkt. Damit wird die Höchstpension – 80 Prozent der Höchstbemessungsgrundlage – künftig nach 45 statt 40 Jahren erreicht.

Abschläge

Die Abschläge gibt es noch so lange, als die Frühpension läuft. Sie werden von 3,75 auf 4,2 Prozent der Bruttopension erhöht.

Der Maximalabschlag liegt bei 14,2 Prozent. Auch der Bonus für einen späteren Pensionsantritt wird erhöht.

Pensionsanpassung

Neu für Neuzugänge ist, daß die erste Erhöhung erst im übernächsten Jahr nach Pensionsantritt erfolgt. Ausgenommen sind Hinterbliebenen-Pensionen, die sich vom Bezug des Verstorbenen ableiten. In den nächsten beiden Jahren wird die Inflation nur bis zur so genannten Medianpension (derzeit 660 Euro) voll abgegolten. Bei darüber liegenden Bezügen gibt es einen kleinen Fixbetrag.

Hacklerregelung

Die Hacklerregelung bleibt bis 2006 fast unverändert. Männer mit 45 und Frauen mit 40 Beitragsjahren können mit 60 bzw. 55 in Pension gehen. Durch die Abschläge, die vom jeweils gültigen Frühpensionsalter gerechnet werden, gibt es Verschlechterungen. Von 2007 bis 2010 ermöglicht die Regelung nur noch, mit 61,5 bzw. 56,5 in Pension gehen zu können. Bis 2007 soll eine Schwerarbeiterregelung kommen. Dann kann die oder der Betroffene bei 40 bzw. 45 Beitragsjahren in Pension gehen – wenn mindestens die Hälfte der Jahre in einer erschwerten Tätigkeit.

Nachgekaufte Zeiten

Künftig können sechs Monate (statt vier) pro Studiensemester und zwölf Monate (statt acht) pro Schuljahr erworben werden.

Abfederungen

Der Maximalverlust aus der Reform darf für heute über 35jährige zehn Prozent nicht übersteigen. Zudem wird ein Härtefonds eingerichtet, der vor allem Personen zugute kommen soll, die unter 1 000 Euro Pension beziehen, obwohl sie 40 Versicherungs- oder 30 Beitragsjahre aufweisen können. Ebenfalls Zuwendungen erhalten können Personen, die besonders lang dauernde Beiträge entrichtet haben. Was für jene gelten könnte, die zwar unter die Hacklerregelung fallen, aber trotzdem gröbere Verluste zu befürchten haben. Der Ausgleichszulagenrichtsatz für Ehepaare steigt auf 1 000 Euro.

Mehreinnahmen

Die Höchstbeitragsgrundlage wird unabhängig von der jährlichen Anpassung um 30 Euro monatlich erhöht. In der Pensionsversicherung bringt dies zusätzlich 23 Millionen Euro, in der Krankenversicherung 8 Millionen.

Sonderfall

Personen, die freiwillig über das gesetzlich mögliche Alter hinaus arbeiten, sind von den Maßnahmen nicht betroffen.

Beamte

Für den öffentlichen Dienst gelten dieselben Neuregelungen wie im ASVG. Hinzu kommt, daß der Pensionssicherungsbetrag künftig 3,3 Prozent beträgt.

Politiker

Ihr Antrittsalter wird auf 65 Jahre angehoben, auch gibt es Abschläge analog zum ASVG. Ex-Politiker werden künftig für Pensionsanteile unter der ASVG-Höchstbeitragsgrundlage acht Prozent „Solidarbeitrag" bezahlen müssen, für darüber liegende Teile 15 Prozent. Doppelbezüge sind künftig nicht mehr möglich. Die Entgeltfortzahlung wird gekürzt: Sie soll künftig für Politiker mit Berufsverbot (Regierung, Klubobleute, Nationalratspräsident) nur mehr sechs statt zwölf Monate ausbezahlt werden, für alle anderen drei statt sechs. Gekürzt wird auch die Höhe der Fortzahlung: Kamen bisher 100 Prozent des Aktivbezuges zur Auszahlung, sind es künftig 75 Prozent.

SV-Funktionäre

Die 24 noch verbliebenen potentiellen Funktionärspensionisten müssen aus ihren Einkünften in der Sozialversicherung insgesamt acht Prozent als Solidarbetrag abliefern. Im Ruhestand sind dann 3,3 Prozent abzuliefern.

Härteausgleich für Pensionisten

Die Pensionsreform sieht einen Härteausgleich von 44 Millionen Euro von 2004 bis 2006 für die Bezieher(innen) von Pensionen bis zu einer Höhe von 1 000 Euro brutto monatlich vor. Betroffen sind rund eine Million PensionistInnen, die weniger als 1 000 Euro erhalten. Voraussetzung für eine Leistung aus dem Härtefonds ist, daß die Betroffenen „von besonderen Härten" durch die Reform betroffen sind. 44 Millionen Euro für eine Million PensionistInnen in drei Jahren würde bedeuten, daß jede/r in dieser Kategorie durchschnittlich etwas mehr als einen Euro Härteausgleich pro Monat bezieht (14 Monate Pension pro Jahr sind 42 Monate für drei Jahre. Pro Monat: 44 Euro dividiert durch 42). Konkret ist vorgesehen, daß der Fonds im Sozialministerium für 2004 zehn Millionen vorsieht, 16 Millionen für 2005 und 18 Millionen Euro für 2006. Er soll dort ausgleichen, wo Menschen besonders lange Beitrags- und Versicherungszeiten haben, um im Fall sozialer Härten Abschlagsverluste auszugleichen. Besonders Frauen würden betroffen werden. Nach aktuellen Daten der Statistik Austria aus 2001 wiesen 805 000 Alters- und 162 000 Mehrfach-Pensionist(inn)en weniger als 1 000 Euro Pension auf – 70 Prozent sind Frauen.

**Erläuterungen zur Berechnung der Pension –
Auch Hackler zahlen drauf**

Unverändert geblieben ist nach den jüngsten Änderungen zur Pensionsreform die Tatsache, daß die Österreicher(innen) künftig länger arbeiten müssen und weniger Pension erhalten. Für die heute über 35jährigen sind die Verluste allerdings mit zehn Prozent gedeckelt.

Betroffen sind von den Kürzungen ebenso Arbeitnehmer(innen), die kurz vor der Pension stehen – auch „Hackler(innen)" zahlen damit drauf. Festgeschrieben wurde im Gesetzesentwurf ein sogenannter Deckel von zehn Prozent. Das heißt, daß man nicht mehr als zehn Prozent der Vergleichspension – nach altem Recht – verlieren darf. Bei den „Hackler(innen)" zählen die Beitragsjahre – 45 Männer, 40 Frauen –, nicht die Versicherungsjahre. Demnach werden etwa Zeiten von Krankengeld- oder Arbeitslosengeldbezügen nicht mit einbezogen.

Laut Angaben der Arbeiterkammer wird für die Bemessung der Pension bei „Hackler(innen)" das Frühpensionsalter herangezogen. Basis für die Berechnung des Abschlags ist der frühestmögliche Pensionsantritt bei vorzeitiger Alterspension wegen langer Versicherungsdauer.

Der Steigerungsbetrag, der bis 2008 in fünf Schritten von 2 auf 1,78 Prozent gesenkt wird, wird prinzipiell nach der Günstigkeitsregelung angewandt. Wer mehr als 41 Beitragsjahre aufweisen kann, dessen Pension wird mit 1,78 Prozent berechnet, darunter liegende mit dem aktuellen Wert. Arbeitnehmer(innen) mit über 40 (Frauen) bzw. 45 Jahren (Männer) können auch auf mehr als 80 Prozent Pension kommen.

Männer, die zwischen 1. Jänner 1947 und 30. Juni 1948 geboren sind, und Frauen zwischen 1. Jänner 1952 und 30. Juni 1953 und 45 bzw. 40 Beitragsjahre zusammenbringen, sollen erst mit 61,5 in Pension gehen können.

Im alten Recht werden Abschläge übrigens in Prozentpunkten abgezogen, im neuen Recht in Prozenten, was allerdings wiederum zu einer Verschlechterung für jene mit mehr Versicherungsjahren führe, kritisiert die AK.

Anhang II

Keine Panik vor der Pensionslücke! Es wird freilich künftig notwendig sein, sich mit dem Gedanken vertraut zu machen, daß die Altersvorsorge auf drei Säulen ruht: staatliche Pensionsversicherung, Pensionskassen, private Vorsorge. Mit letzterer hat sich der Verein für Konsumenteninformation ausführlich befaßt. Ich zitiere aus den Ratschlägen, die unter dem Titel „Ihr Plan für die Pension" in der Zeitschrift „Konsument" 5/2003 erschienen sind und die verschiedenen Formen des Kapitalbedarfs in der Pension behandeln:

„Wer immer mit einem niedrigen Einkommen leben mußte, wird es verschmerzen, wenn die Rente ebenfalls nicht üppig ausfällt. Umgekehrt bedeutet das: Geld, das Sie eigentlich zum Leben brauchen, sollten Sie nicht für die Altersvorsorge heranziehen. Hier hat Vorsorge ihre Grenzen. Wichtig ist, überhaupt einen Pensionsanspruch zu erwerben. Fällt dieser sehr niedrig aus, sorgt die Ausgleichszulage dafür, daß wenigstens das Existenzminimum erreicht wird.

Die private Vorsorge ist quasi das Schlagobers auf dem Kaffee: ein Extra, um sich kleinere oder größere Wünsche zu erfüllen, und keine bittere Notwendigkeit, weil man sonst im Alter betteln gehen müßte. Österreich gehört zu den reichsten Ländern der Welt und wird wahrscheinlich auch in Zukunft die Grundbedürfnisse der nicht mehr Erwerbstätigen sichern können. Bei der Abschätzung des Bedarfs sollten Sie bedenken: Einige Ausgaben fallen im Alter weg. Ein kostspieliges Hobby wiederum kann den Geldbedarf erhöhen. Und richten Sie Ihre Strategie darauf aus, Ihren Lebensabend schuldenfrei zu beginnen.

Ein weiser Rat lautet: Leg nicht alle Eier in einen Korb. Aber nicht nur wegen der Risikostreuung sollten Sie grundsätzlich auf mehrere Karten setzen. Angenommen, Sie haben ausschließlich in eine zwar hochseriöse, aber langfristige Veranlagungsform investiert. Wenn Sie da unvermutet arbeitslos werden – ein Schicksal, das heute fast jeden treffen kann – und an Ihr Erspartes nicht herankommen, haben Sie ein Problem.

Ein Problem haben Sie auch, wenn Sie dem Vorschlag eines unseriösen Beraters nähertreten und Bausparvertrag, Kapitalsparbuch und Lebensversicherung vorzeitig kündigen, um alles in sein Produkt zu investieren. Das sollte – schon wegen der Auflösungsspesen – ebenso tabu sein wie Altersvorsorge auf Kredit.

Ehe Sie sich für eine bestimmte Geldanlage entscheiden, sollten Sie sich über mehrere Produkte informieren. Wenn Sie sich für ein konkretes Produkt entschieden haben, holen Sie dafür mindestens zwei Angebote ein. Lassen Sie sich keinesfalls zum Abschluß drängen, und machen Sie einen großen Bogen um fragwürdige Produkte und Vertriebsmethoden ...

Bei der Höhe des monatlichen Veranlagungsbetrages können wir nur ganz allgemein von ‚niedrigen', ‚mittleren' oder ‚höheren' Summen sprechen und keine exakte Höhe angeben. Wieviel Sie jeweils investieren, richtet sich nicht nur nach Ihrem Einkommen, sondern hängt auch davon ab, wieviel Geld Sie monatlich zur freien Verfügung haben. So umfaßt der ‚niedrige' Betrag den Bereich von 20 bis 200 Euro, ‚mittlere' Beträge liegen zwischen 50 und 300 Euro. Unter ‚höheren' Beträgen verstehen wir ensprechend mehr, wobei es nach oben keine Grenze gibt.

In jeder Altersgruppe sinnvoll ist ein ‚Notgroschen' (in der Höhe von ungefähr drei Monatseinkünften). Hier empfehlen sich Sparbücher – entweder täglich fällig oder als Kapitalsparbuch: fix, aber nicht allzu lange gebunden ..."